LECTURES MAISON ROUGE

Carlo Scarpa
L'Art d'exposer

Philippe Duboÿ

JRP|Ringier

À Afra

« Je suis mort et froid. Mais tes mirages ne sont pas inutiles aux cadavres ; je te prie d'en laisser une bonne provision près de ma tombe à la disposition de ma voix. Qu'il y en ait de toutes sortes : de toute heure, de toute saison, de toute couleur et de toute grandeur. […] Adieu ! Amuse-toi bien, et proclame ma renommée. […] Proclame ma renommée, car tu sais que je fus un enchanteur prophétique. De longtemps, la terre ne portera plus d'enchanteurs, mais les temps des enchanteurs reviendront. »
– Guillaume Apollinaire, *L'Enchanteur pourrissant*, 1909

LECTURES MAISON ROUGE

Carlo Scarpa
L'Art d'exposer
Philippe Duboÿ

Une anthologie d'écrits et de déclarations de Carlo Scarpa
Une expographie commentée de ses réalisations
muséographiques

Avant-propos de Patricia Falguières

JRP|Ringier

Sommaire

AVANT-PROPOS

P. 7   *L'arte della mostra.*
Pour une autre généalogie du *White Cube*
Patricia Falguières

INTRODUCTION

P. 47   Le jeu savant, correct et magnifique des
formes sous la lumière (méditerranéenne)
Philippe Duboÿ

ANTHOLOGIE & EXPOGRAPHIE
Choix et commentaires par Philippe Duboÿ

P. 79	Carlo Scarpa & al. La Polémique sur l'architecture. Adhésions au mouvement rationaliste	1931
P. 85	La Galerie du Cavallino, Venise	1942-1947
P. 93	L'exposition d'Arturo Martini, XXIIIᵉ Biennale de Venise	1942
P. 99	Le nouvel aménagement des Galeries de l'Académie, Venise	1941-1947
P. 103	La XXIVᵉ Biennale de Venise Les expositions Arturo Martini, Carlo Carrà, Giorgio De Chirico, Giorgio Morandi, Massimo Campigli, Filippo De Pisis, Paul Klee et de la Collection Peggy Guggenheim	1948

P. 123 L'exposition de Giovanni Bellini, Palais Ducal, Venise 1949
P. 129 La deuxième Galerie du Cavallino, Venise 1949-1960
P. 133 L'exposition de Piet Mondrian, Galerie nationale d'Art moderne, Rome, et Palazzo Reale, Milan 1956-1957
P. 143 L'exposition d'Alberto Viani, XXIXe Biennale de Venise 1958
P. 151 L'exposition *Vitalità nell'Arte*, Palazzo Grassi, Venise 1959
P. 163 L'exposition *Marcel Duchamp Ready-made*, Bureaux Gavina, Rome 1965
P. 171 L'exposition de Lucio Fontana, XXXIIIe Biennale de Venise 1966
P. 177 *Une heure avec Carlo Scarpa* 1972
P. 203 Aula Magna, Institut universitaire d'architecture de Venise 1975
P. 209 Aménagement d'un « Musée Picasso », Paris 1976
P. 215 Carlo Scarpa *L'architecture peut-elle être poésie ?* 1976

ÉPILOGUE

P. 221 Gabriel Orozco, *Shade Between Rings of Air*, Biennale de Venise 2003

ANNEXES

P. 224 Biographie de Carlo Scarpa
P. 230 Muséographie de Carlo Scarpa
P. 234 Bibliographie scarpienne de Philippe Duboÿ
P. 236 Notes sur cette édition

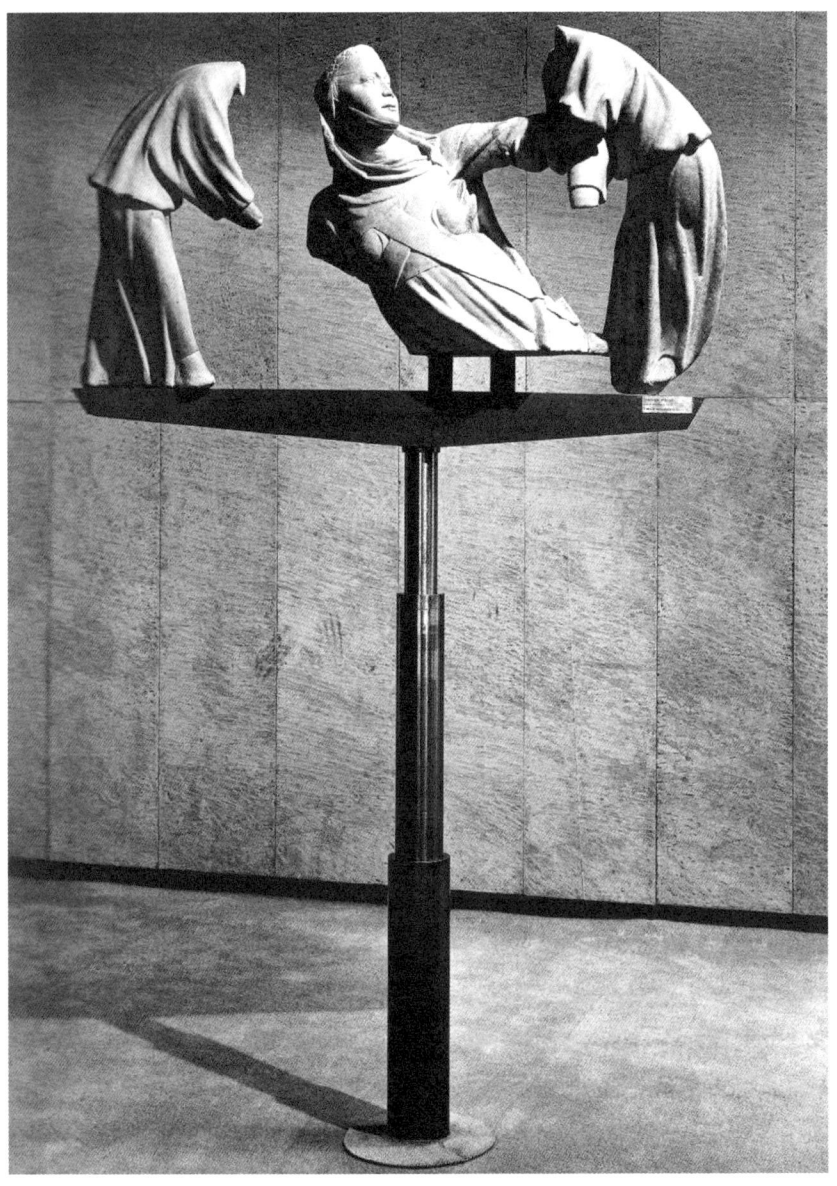

Marguerite de Brabant (c. 1313) de Giovanni Pisano sur son pied télescopique, Palazzo Bianco, Gênes ; architecte : Franco Albini, 1949

AVANT-PROPOS
L'arte della mostra
Pour une autre généalogie du *White Cube*
Patricia Falguières

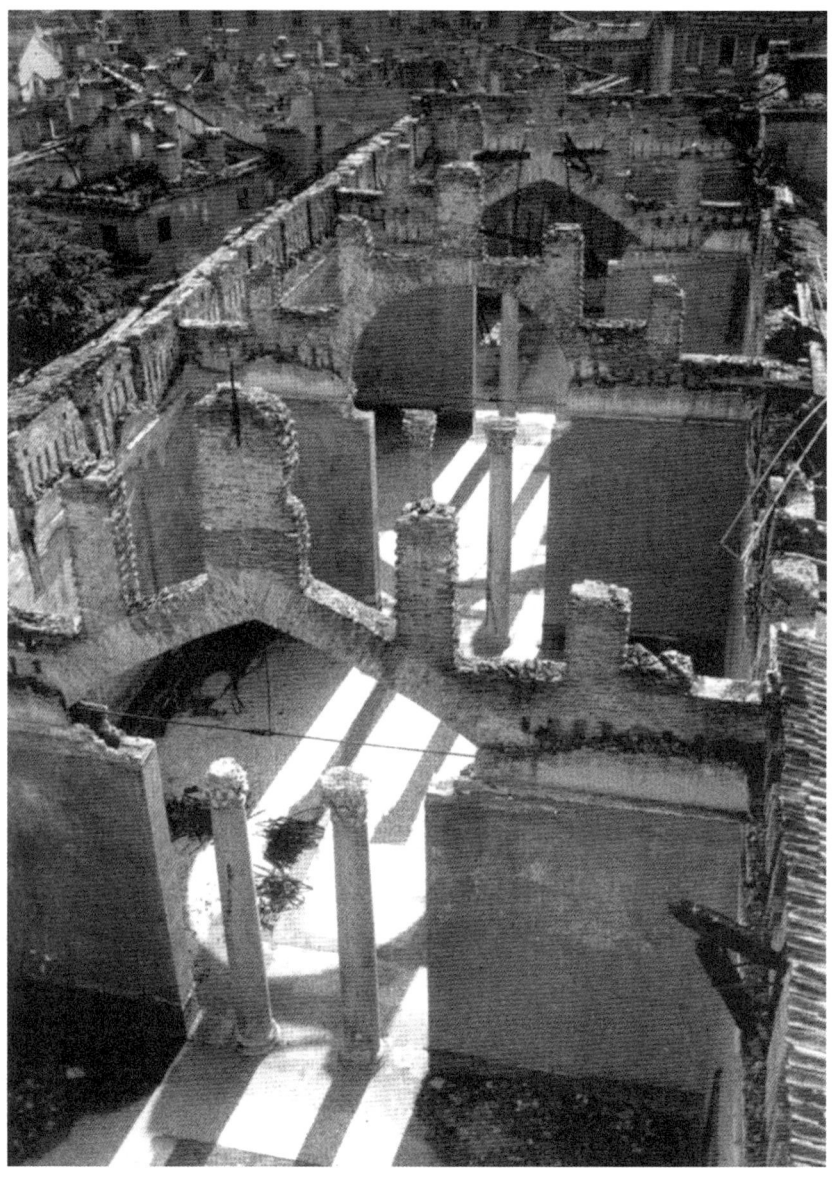

La Pinacothèque de l'Académie de Brera, Milan, après les bombardements de la Seconde Guerre mondiale, c. 1945

I. ITALIE, ANNÉE ZÉRO

Il est difficile aujourd'hui d'imaginer l'ampleur des destructions qui, à la fin de la Seconde Guerre mondiale, ont frappé l'Italie et ses musées. L'occupation nazie et les bombardements alliés ont détruit une part considérable du paysage monumental italien – pensons à l'Abbaye du Mont-Cassin ou au Camposanto de Pise –, et n'ont pas épargné les musées. À Milan par exemple, les bombardements de 1943 ont quasiment rasé la Pinacothèque de Brera, et frappé durement, au point de les rendre inutilisables, à peu près tous les autres musées de la ville, le Castello Sforzesco, l'Ambrosiana, la Galleria d'arte moderna au Palazzo Reale. Mais en 1945, les ruines ne sont pas seulement matérielles. C'est avec le *Ventennio*, les vingt années du régime fasciste, qu'il s'agit de rompre pour édifier enfin la culture et les institutions de l'Italie démocratique[1]. Tel est le double enjeu de ce qu'on pourrait appeler *la révolution de l'art d'exposer* dans l'Italie des années 1950. *L'exposition* est alors investie d'enjeux éthiques et politiques et prend place au premier rang des débats publics les plus vifs. Elle mobilise artistes, architectes, critiques, historiens, conservateurs et directeurs de musée, la presse, le personnel politique et, en général, l'opinion publique. Elle suscite quelques-unes des élaborations architecturales et critiques les plus neuves et les plus sophistiquées du XXe siècle.

À l'avant-garde d'un monde intellectuel en ébullition, les architectes et les théoriciens de l'architecture ainsi que les revues dont la génération précédente, celle d'Edoardo Persico, de Giuseppe Pagano, avait fait le fer de lance du rationalisme moderne. Aux revues historiques comme *Domus* ou *Casabella* s'ajoutent, dans les années 1950, *Metron, Nuova Città, Spazio, Sele-Arte, Zodiac, Civiltà delle Macchine...* : une myriade de revues animées ou dirigées par des architectes et des critiques qui sont des figures intellectuelles d'envergure, comme Ernesto Nathan Rogers, à la fois membre du groupe milanais BBPR et rédacteur en chef de *Casabella – Continuità*. Les grandes revues généralistes telle *Comunità*, la revue créée par l'industriel Adriano Olivetti, l'un des principaux promoteurs de l'architecture moderne en Italie[2], ou *Marcatrè*, la revue génoise des avant-gardes, offrent aux architectes des tribunes régulières. Bruno Zevi à lui seul crée *Metron* puis *L'Architettura. Cronache e storia*, non sans publier régulièrement dans les quotidiens et les hebdomadaires de la presse nationale un commentaire suivi de tout ce qu'il y a de notable dans l'architecture du temps, en Italie et dans le monde. Ce qui donne aux débats une intensité toute particulière, c'est que le moment où l'architecture italienne renoue officiellement avec la modernité est également le moment où celle-ci est profondément remise en cause « de l'intérieur » : les années 1950 sont à la révision du fonctionnalisme des pionniers, comme en témoignent les propositions de Alvar Aalto, de Jørn Utzon, de Louis Kahn, ou l'extraordinaire regain de faveur dont jouit alors Frank Lloyd Wright en Europe. Carlo Scarpa comme Ignazio Gardella ou les milanais du groupe BBPR illustrent en Italie la puissance d'attraction de ce révisionnisme éclairé. Et le rationalisme exemplaire du Bauhaus, et l'architecture organique de Wright, et Mondrian et Le Corbusier : on les trouve tous dans la bibliothèque de Carlo Scarpa, comme ces livres que publient alors Giulio Carlo Argan et Bruno Zevi, qui dessinent la configuration du débat critique de la décennie : dès 1945, *Verso un'architettura organica* (Zevi) ; en 1948, *Saper vedere l'architettura*, puis, en 1950, *Storia dell'architettura moderna* (Zevi) ; en 1951, *Gropius e la Bauhaus* (Argan) ; en 1953, *Poetica dell'architettura neo-plastica* (Zevi)... On comprend que, dans un pays où la figure de l'architecte jouit, depuis la Renaissance, d'un prestige inégalé, où le geste architectural est reconnu dans toute sa portée anthropologique et culturelle, les polémiques et les publications abondent. Elles scandent pas à pas toutes les innovations muséologiques qui marquent l'Après-guerre.

 C'est que l'architecture est la voie par excellence d'un projet sur lequel tous s'accordent : l'éducation par l'art. Ici convergent les fondements doctrinaux de la résistance au fascisme dans toutes ses variantes (l'historicisme radical de Benedetto Croce, le matérialisme complexe d'Antonio Gramsci) et les *aggiornamenti* que la fin du *Ventennio* rend possibles. En 1951, *Art as Experience* (1934) de John Dewey est traduit par l'historien de l'art Corrado Maltese ; en 1954, c'est au tour d'*Education through Art* (1941) d'Herbert Read, qu'Argan a lui-même traduit pour les éditions Comunità.

 Dès 1949, dans la revue *Comunità,* un article de Giulio Carlo Argan intitulé « Il museo come scuola » avait salué *Art as Experience* comme « la première grande construction théorique de l'art comme expérience en acte, et donc, par conséquent, comme éducation »[3]. Et de désigner le musée, un musée actif, riche d'une vie d'étude et de recherche, dont l'enrichissement médité des collections sera le reflet, comme lieu privilégié, de ce qu'il nomme « l'éducation aux formes » *qui est la condition d'une vie politique* : « seule l'éducation aux formes que donne l'art nous donne l'aptitude à situer les actes de la vie quotidienne dans un temps et dans un espace définis, et à prendre conscience du monde dans lequel nous opérons ». La conclusion a la rigueur du syllogisme : « si l'art est éducation, le musée doit être école ». John Ruskin, William Morris sont alors invoqués (aucune pratique artistique ne peut ignorer le champ de la production en général dans lequel elle s'inscrit et prend sens), et l'article s'achève sur une référence inattendue pour une feuille de route destinée au *musée* : « le programme complet d'éducation aux formes que Walter Gropius avait tracé à la précédente après-guerre et qui avait été mis en œuvre à Weimar et à Dessau », *l'école du Bauhaus*.

Sans doute les réflexions italiennes s'inscrivent-elles dans ce mouvement international qui, initié dans les années 1930 par la Société des Nations, porte à la création sous l'égide de l'Organisation des Nations Unies, en 1947, du Conseil international des musées, l'ICOM. Et, de fait, Argan se fera pour *Museum*, la revue de l'ICOM, le chroniqueur des mutations que connaissent alors les musées italiens, dont il détaille les transformations matérielles et les politiques éducatives[4]. Mais la situation italienne cumule les singularités.

La première est qu'une nouvelle génération de surintendants et de directeurs de musée vient se substituer aux notables par trop compromis avec le régime fasciste ou ceux qu'il aura, au contraire, écartés sans retour. Fernanda Wittgens et Costantino Baroni à Milan, Cesare Gnudi à Bologne, Mario Salmi à Florence, Caterina Marcenaro à Gênes, Palma Bucarelli à Rome, Licisco Magagnato à Vérone : une nouvelle génération d'intellectuels et d'intellectuelles est en charge des musées, certains ont été des figures de la Résistance. Ce sont aussi, le plus souvent, des historien(ne)s de l'art réputé(e)s, participant à l'élaboration de leur discipline. Ils/Elles jouissent d'une autonomie qui paraît aujourd'hui inimaginable : le prix accordé à la compétence et au prestige intellectuel leur permet d'imposer des choix d'avant-garde tant à leur tutelle ministérielle qu'à des municipalités tétanisées de conservatisme provincial. Les épisodes les plus éclatants de la révolution muséale des années 1950 sont dus à ces associations surintendant(e)/architecte dont Caterina Marcenaro et Franco Albini à Gênes, Costantino Baroni et BBPR à Milan, Licisco Magagnato et Carlo Scarpa à Vérone ont forgé le modèle. On mesurera l'engagement éthique et l'envergure de ces figures institutionnelles en rappelant les mots qu'envoyait en 1941, du fond de sa prison, Fernanda Wittgens (1903-1957), résistante anti-fasciste, à sa mère : « quand une civilisation s'effondre, quand l'homme devient une bête sauvage, qui a le devoir de défendre les idéaux ? Ceux qu'on nomme les

‹ intellectuels ›. Ce serait trop facile d'être un ‹ intellectuel › en temps de paix et de devenir lâche au premier danger »[5]. Qu'en 1953, Wittgens, surintendante des musées de Lombardie, ait su, contre vents et marées, imposer à la ville de Milan l'installation de *Guernica* dans les ruines de la salle des Cariatides du Palazzo Reale bombardé prend alors tout son sens[6].

Le retour des grandes figures de l'émigration anti-fasciste, qu'il s'agisse de Lionello Venturi, l'historien de Cézanne et des Impressionnistes, réfugié à Paris puis à Baltimore, ou du jeune Bruno Zevi, rapportant dans ses bagages d'étudiant à Harvard une connaissance intime des œuvres de Walter Gropius et de Frank Lloyd Wright, cristallise le processus *d'aggiornamento*[7]. Mais dans cette vaste entreprise collective de mise à jour de la culture italienne de l'après-fascisme, la Biennale de Venise est un atout essentiel. Tous les deux ans, l'Italie doit se présenter au monde. Tous les deux ans, elle peut faire un état des lieux de la culture mondiale. Son comité organisateur rassemble des experts qui ne sont pas des administrateurs mais des auteurs : des artistes, le gotha des historiens de l'art et des directeurs de musées d'Italie et d'Europe. Par-delà les tensions polémiques qui animent sa chronique, il est frappant de constater à quel point le programme des premières biennales de l'Après-guerre, celles dont l'historien de l'art vénitien Rodolfo Pallucchini est le secrétaire (de 1948 à 1956), est concerté. Chaque biennale doit présenter, outre les Pavillons nationaux (à la charge de leurs responsables politiques respectifs), une ou plusieurs expositions rétrospectives destinées à « déprovincialiser » la culture figurative italienne et lui permettre de renouer le fil d'une l'histoire de l'art moderne que ses historiens de l'art (dont Lionello Venturi, Giulio Carlo Argan) sont alors en train d'écrire. Ce projet *pédagogique*, âprement discuté par les artistes, les critiques, les historiens, fait de chaque exposition à la fois un événement et un choix stratégique, qu'il s'agisse des grandes rétrospectives des artistes français du XIXe siècle dans l'aile Napoléon des Procuratie Nuove, place Saint-Marc, pilotées par Roberto Longhi (l'Impressionnisme français en 1948, les Fauves en 1950, Corot en 1952, Courbet en 1954, Delacroix en 1956), ou, à la Biennale de 1948, de la première présentation en Italie des œuvres de Picasso (sur proposition du peintre Renato Guttuso) et de Klee (sur proposition du peintre Felice Casorati), et, par l'entremise de Giulio Carlo Argan, de l'installation dans le Pavillon grec des Giardini de la Collection Peggy Guggenheim, vrai *panoramique* accéléré sur l'histoire des avant-gardes du XXe siècle. On notera que Carlo Scarpa, dès 1948, dès la Biennale de la « résurrection de l'Italie », celle qui consacre de son Grand

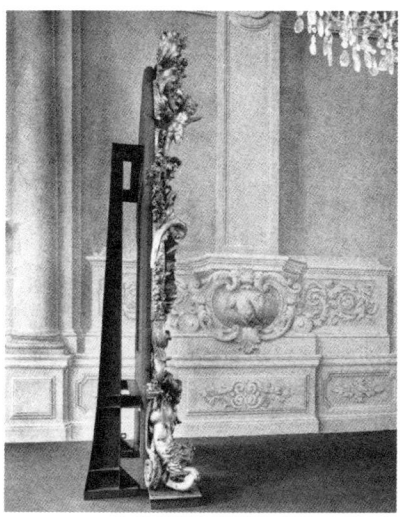 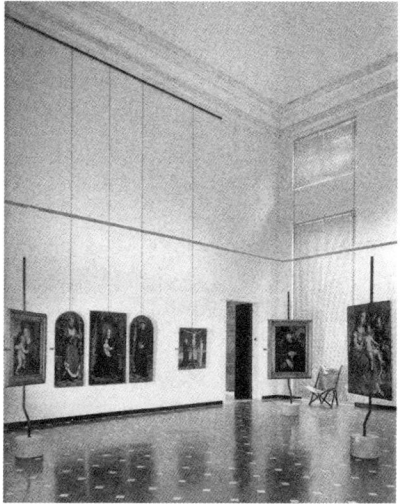

Support métallique pour grand miroir baroque, Palazzo Rosso, Gênes ; architecte : Franco Albini (réalisation : 1952-1962)

Salle des Maîtres Flamands, Palazzo Bianco, Gênes ; accrochage de Caterina Marcenaro ; architecte : Franco Albini (réalisation : 1949-1951)

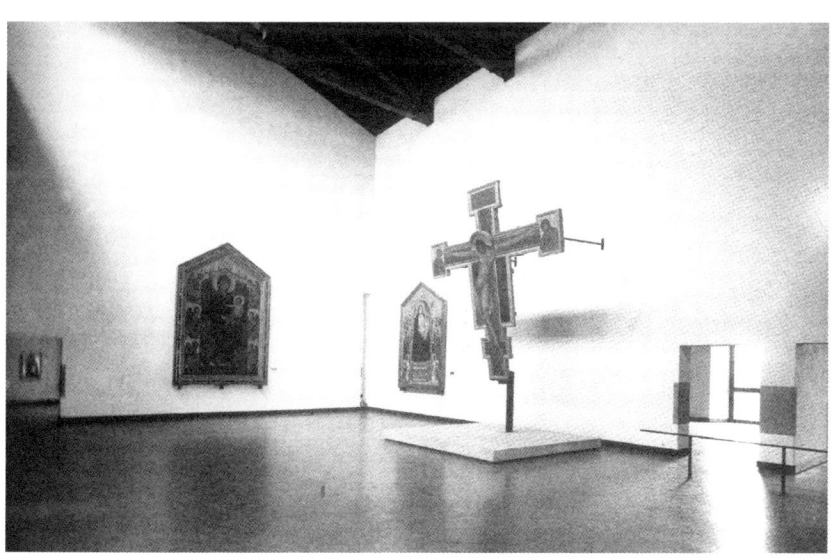

Salle Giotto, Musée des Offices, Florence ; architectes : Ignazio Gardella, Giovanni Michelucci, Carlo Scarpa (réalisation : 1953-1956)

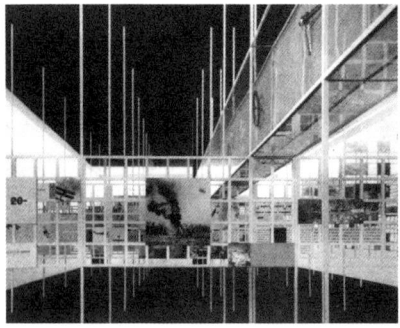

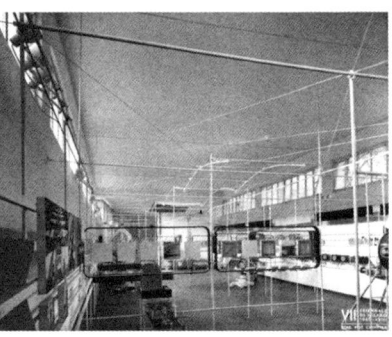

La « Salle des Médailles d'or », exposition de l'*Aéronautique italienne*, Ve Triennale de Milan, Milan, 1933 ; architectes : Marcello Nizzoli et Edoardo Persico

Salle de l'aérodynamique, exposition de l'*Aéronautique italienne*, Ve Triennale de Milan, Milan, 1933 ; architecte : Franco Albini

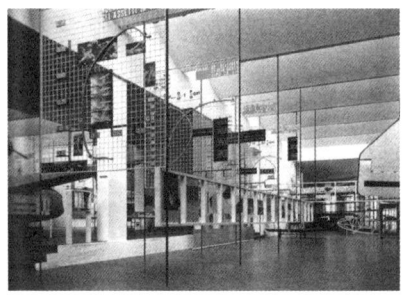

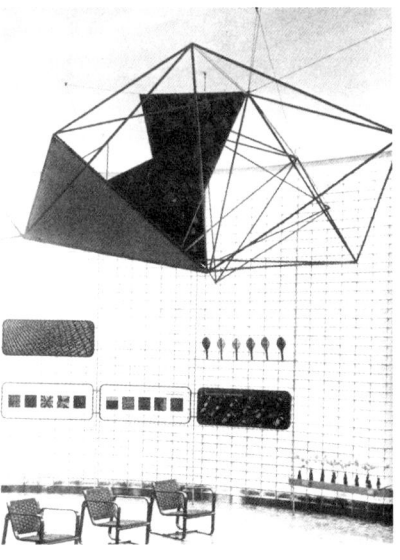

Exposition internationale de la production en série, VIIe Triennale de Milan, Milan, 1940 ; architecte : Giuseppe Pagano

Exposition internationale de la production en série, VIIe Triennale de Milan, Milan, 1940 ; architecte : Giuseppe Pagano

Prix Georges Braque, est au cœur de ce programme *d'aggiornamento* qui leste chaque exposition d'enjeux politiques et culturels cruciaux.

DES BARAQUES INTELLIGENTES

Une autre singularité italienne explique l'éclat de la révolution muséale qui marque l'Après-guerre. Elle tient aux conditions d'exercice de la profession des architectes dans l'Italie des années 1930. Les architectes italiens ont acquis au fil du *Ventennio* fasciste une expérience exceptionnellement riche de l'exposition. Elle ne concerne pas les expositions d'art (qui, généralement, se passent de l'intervention des architectes), mais deux types d'événements qui requièrent leur savoir-faire : les expositions de la Triennale de Milan, des foires de Milan et de Bari ; les grandes expositions de propagande par lesquelles le régime entend célébrer ses ambitions et ses triomphes – ce sont souvent les mêmes. Paradoxalement, c'est par le canal de ces exercices de haute rhétorique architecturale que les praticiens italiens ont pu conserver un contact avec les avant-gardes européennes de leur temps. De fait, c'est à l'occasion des expositions *Révolution fasciste* (1932), *Aéronautique italienne* (1933), *Sport* (1935), *L'Empire, Exposition augustéenne de la Romanité* (1937), *Autarcie minière* (1939) ou *Léonard et la supériorité du génie italique* (1939) que les architectes italiens ont pu mettre à profit les innovations de Max Bill et d'Herbert Bayer, de El Lissitsky, des constructivistes russes et hollandais et du Bauhaus, en matière de photo-montage, de typo-photo, de sculpture, de technologies lumineuses de toutes sortes, renouant, pour nombre d'entre eux, avec l'inventivité de leur jeunesse futuriste ou, comme Luciano Baldessari, disciple de Fortunato Depero puis scénographe de Piscator et de Max Reinhardt à Berlin, avec leur familiarité du théâtre d'avant-garde des années 1920[8]. Le fragile treillis de bois blanc de la « Salle des Médailles d'or », conçue par Nizzoli et Persico, pour l'exposition *Aéronautique italienne*, lors de la cinquième Triennale de Milan en 1933, la « Salle de la Victoire » de Nizzoli, Palanti et Persico à la sixième Triennale de Milan en 1936 constituent autant de manifestes anti-académiques. Erberto Carboni, Marcello Nizzoli, Franco Albini, Luciano Baldessari, Edoardo Persico, Giuseppe Pagano ont imaginé quelques-uns des dispositifs d'exposition les plus inventifs et spectaculaires du XXe siècle[9]. Mais ces « parades industrielles » ne constituaient pas seulement un débouché à l'exercice de leur profession ; leurs *displays* stupéfiants d'audace, destinés à convaincre le régime des vertus de l'architecture rationaliste moderne, excédaient la demande officielle et en dénonçaient le monumentalisme pompier[10]. Au printemps 1941, le numéro 159/160 de *Costruzioni–Casabella* intitulé « Architetture delle mostre » dresse le panorama de cette suite d'expositions triomphales (quatre-vingt pages pour quinze ans d'expositions). Giuseppe Pagano, le rédacteur en chef, envoie du front grec un éditorial, « Parliamo un po' di esposizioni ». Il y formule ce rêve moderniste qu'il associe à l'exposition industrielle et de propagande, un genre neuf qui, désormais, après une longue suprématie scandinave et allemande, apparaît comme une production spécifiquement italienne. C'est une profession de foi (l'architecte, supplantant le commanditaire et l'historien d'art, sera le seul démiurge de cet art nouveau, l'homme du *projet total* enfin réalisé) et un programme : ce que les profanes prennent pour de futiles exercices modernistes, ce sont des occasions uniques d'expérimentation, libérées des contraintes économiques ordinaires, en fait de matériaux, de dispositifs, de solutions spatiales. Ce sont aussi de formidables outils pédagogiques pour éduquer les commanditaires, les critiques et le public, si réticents, conservateurs, voire réactionnaires soient-ils, aux formes et aux enjeux de l'architecture moderne : « ce sont, conclut Pagano, ces baraques intelligentes [*queste intelligenti baracche*] qui ont enseigné au public italien les rudiments de l'architecture moderne »[11].

De fait, on constate, par-delà la césure de la guerre, qu'il n'y a pas de rupture entre les expérimentations audacieuses des pavillons et des stands des années 1930 et les audaces architecturales dont, au fil des années 1950, chaque Triennale et chaque Foire de Milan, chaque Foire du Levant à Bari enchantent le public de l'Après-guerre. En témoigne le stupéfiant escalier d'honneur de la Triennale de 1951 conçu par Luciano Baldessari et illuminé d'une arabesque de néon (*Struttura al neon per la IX^a Triennale di Milano*) de Lucio Fontana. On y découvre aussi, cette année-là, le Pavillon des États-Unis dessiné par BBPR, le Salon d'honneur de Figini et Caccia Dominioni, le Pavillon de l'Industrie du verre de Sottsass père... La même année, à la Foire de Milan, Baldessari imagine une véritable « promenade architecturale et métallurgique » : un gigantesque conduit métallique qui, littéralement, draine un public ébahi[12]. Les pavillons Breda et Sidercommit de Baldessari, les stands Montecatini de Franco Albini, les pavillons de l'ENI de Leonardo Sinisgalli sont des références pour l'architecture d'exposition industrielle des années 1950 comme le seront, dans les années 1960, ceux des frères Achille et Pier Giacomo Castiglioni pour la RAI. Une culture de la *mostra* devenue discipline en soi prend alors consistance en Italie. Elle vérifie et explore la convergence de l'architecture, du design et du graphisme ; elle assume ce rapport à la production industrielle où Giulio Carlo Argan identifiait l'avenir d'un art délivré du carcan de la tradition des Beaux-Arts du XIXe siècle[13].

Et puis la *mostra* cristallise le programme de modernisation de la culture dont l'architecture se veut porteuse. Apprendre à soustraire l'objet à la série à laquelle il appartient, à le doter d'individualité à partir de ses qualités formelles, à conduire le public au fil d'un parcours médité, à théâtraliser la rencontre de l'objet et du public – ce sont, *jusqu'à un certain point,* des apprentissages communs à tous les types d'exposition. Dans les années 1960, les frères Castiglioni se référeront à Luciano Damiani, le scénographe du Piccolo Teatro de Milan. En 1951, alors qu'il s'active encore à la Triennale, Baldessari dresse au Palazzo Reale de Milan l'exposition dédiée à Van Gogh en revendiquant son expérience d'homme de théâtre : « Mes expositions, explique-t-il, sont, comme mes architectures publicitaires, des visions fugitives (pourtant mon travail a beaucoup apporté à la muséographie) : des jeux de couleur, des arrière-plans, des lumières indirectes dissimulées qui créent une lumière diffuse stabilisée, l'ouverture des cimaises à angle obtus. [...] L'objet importe plus que la mise en scène qui doit l'exalter, pas l'occulter. Le visiteur est guidé par l'ordonnance de la planimétrie, et la vision des objets est favorisée, ici pour la première fois, par l'ouverture des angles »[14]. Franco Albini livre une version plus subtile de cette affinité du théâtre et de l'exposition ; il en limite aussi la portée. « L'exposition est, par nature, temporaire. Sa brève durée en détermine le caractère et la distingue nettement du musée. [...] L'exposition a une certaine affinité avec le spectacle par son lexique visuel aussi ; et puis comme le spectacle, elle a besoin d'un thème clair, défini, délimité et d'une ordonnance qui en proportionne les parties, les mécanismes, et le porte à la conclusion, comme la mise en scène le fait pour les actions d'une comédie »[15]. De fait, l'enseignement principal de la culture de la *mostra*, c'est peut-être la rapidité : il s'agit pour l'architecte d'agir vite, et en situation. Cette urgence est le *moment de vérité* du projet architectural. Baldessari conçoit et monte en dix-huit jours l'exposition de Van Gogh ; Carlo Scarpa conçoit et monte en moins de trois semaines l'exposition de Paul Klee de la Biennale de 1948. Il lui faut une nuit de l'hiver 1973 pour monter l'exposition posthume de son ami le peintre Tancredi à Milan, et sa biographie abonde en témoignages sur ces solutions légendaires trouvées *in situ*, dans l'urgence, malgré (ou grâce à ?) une grande parcimonie de moyens, en étroite symbiose avec les savoir-faire des artisans qui l'entourent[16].

Mais le paradigme théâtral a ses limites. Les organisateurs des grandes expositions d'art des années 1950 y auront puisé le sens du « coup de théâtre » : Guernica dans la ruine spectaculaire des Cariatides du Palazzo Reale, c'est, dans l'esprit de Fernanda Wittgens, d'Attilio Rossi, le peintre, et de Giancarlo Menichetti, l'architecte, un moment *cathartique* pour le Milan de l'Après-guerre. La salle des Cariatides sera, dans les années qui suivront (et jusqu'aux années 1980), le « clou » de chaque exposition d'art, moderne ou ancien, dans le palais néo-classique. Au Palais Abbatellis, à Palerme, le surgissement du *Triomphe de la Mort* est ménagé par Carlo Scarpa avec une science consommée de la révélation tragique, comme l'épiphanie de la statue *de Cangrande della Scala* juché sur son cheval enchante la visite du Castelvecchio de Vérone. Le registre de la *surprise* et de *l'émerveillement*, si longuement élaboré par les poètes, les peintres, les architectes et les philosophes italiens depuis la Renaissance, n'est certes pas étranger aux rénovateurs du musée et de l'exposition dans l'Italie des années 1950. Mais c'est aussi la résistance au modèle théâtral qui fait la force et la beauté de leurs propositions. Car s'il put concevoir et monter en dix-huit jours l'exposition de Van Gogh, la confrontation serrée de Luciano Baldessari avec Abraham Hammacher, l'historien de l'art hollandais, et Gian Alberto Dell'Acqua, le nouveau surintendant des musées de Lombardie, révèle qu'il en va de l'exposition d'œuvres d'art autrement que de la mise en valeur de machines à écrire ou de forages pétroliers. Investir le musée n'était pas, pour les architectes, une petite affaire.

II. LES MUSÉES, AVANT-POSTES DE L'AVANT-GARDE

Dès 1944, Carlo Scarpa est chargé de réaménager les salles des Galeries de l'Académie à Venise et ce chantier l'occupera jusqu'en 1960. C'est un tournant dans l'histoire de la muséographie : le musée devient, en Italie, un terrain privilégié du projet architectural. La salle des Primitifs aux Offices à Florence, le Castelvecchio à Vérone, le Palazzo Bianco et le Palazzo Rosso à Gênes, le Musée Correr et le Palais Querini Stampalia à Venise, le Castello Sforzesco à Milan, le Couvent de San Matteo à Pise, le Palais Abbatellis à Palerme, la Gypsothèque de Possagno et tant d'autres musées de moindre réputation à travers l'Italie témoignent encore de la force et de la pertinence des projets qu'une poignée d'architectes, de surintendants et d'historiens de l'art ont su mener à bien au fil des années 1950[17]. Au-delà des édifices eux-mêmes, c'est un ensemble diffus de pratiques d'accrochage et de conception des espaces d'exposition que

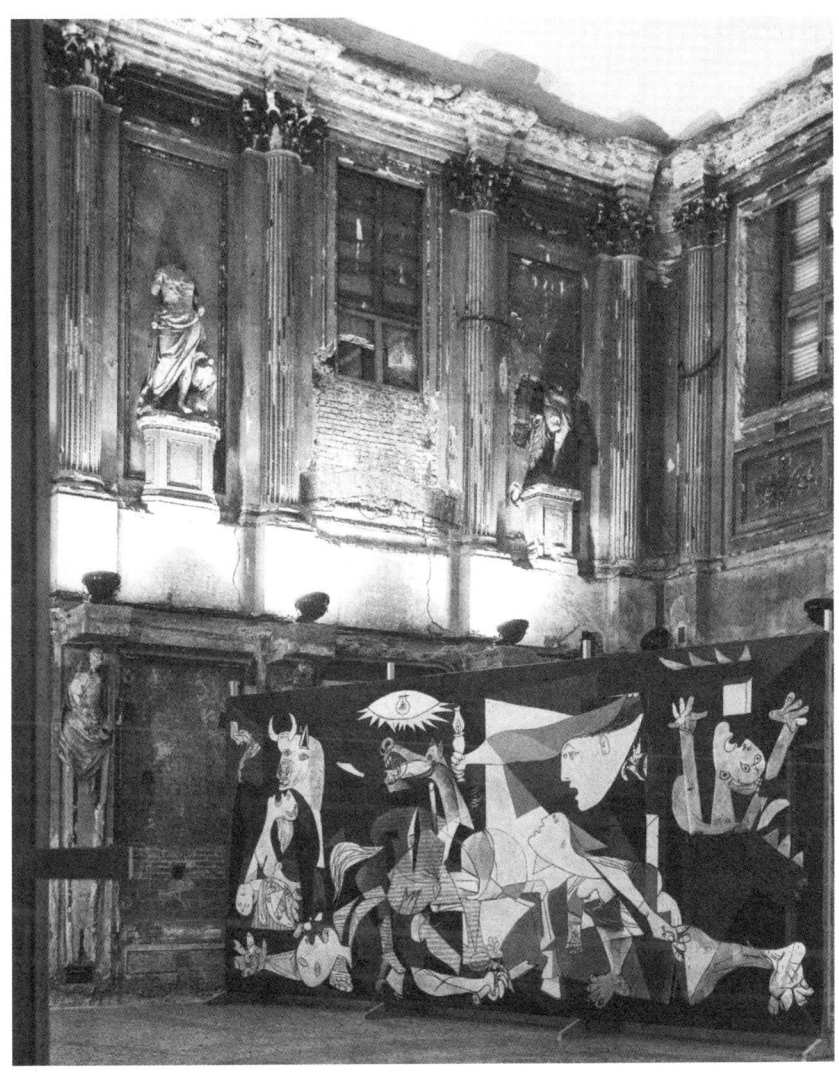

Exposition de Pablo Picasso,
salle des Cariatides, Palazzo Reale,
Milan, 1953 ; installation de
Gian Carlo Menichetti et Attilio Rossi

les modèles italiens ont diffusés dans toute l'Europe. Les réussites de cette décennie prodigieuse ne doivent néanmoins pas masquer l'ampleur des résistances rencontrées. Rien n'allait de soi : la férocité des campagnes de presse, la virulence des polémiques, l'acharnement bureaucratique témoignent des réticences multiples qu'une Italie engoncée dans le provincialisme et encore hantée par les grandiloquences passées opposait à cette révolution muséale : après 1945, les musées – qu'il s'agisse de musées d'art du Moyen Âge ou de la Renaissance, d'archéologie ou d'art moderne –, les musées sont en effet, dans ces villes sédimentées d'histoire, les avant-postes de l'avant-garde.

DES FOULES D'ANNÉE SAINTE

Il faut rappeler avec quelle hâte a été organisée, la guerre n'étant pas même ou à peine terminée, une succession de grandes expositions destinées à placer au premier plan des objectifs institutionnels et politiques de l'Après-guerre les enjeux de la culture. Ainsi, dès 1945 à Venise, dans l'aile Napoléon des Procuratie Nuove, place Saint-Marc, s'ouvre *Cinque secoli di pittura veneta*, la formidable rétrospective de la peinture en Vénétie voulue par Roberto Longhi et Rodolfo Pallucchini. Elle lance une séquence d'expositions qui vont marquer l'histoire de l'art, instituer un nouveau rapport du public à l'art et à son histoire, transformer les cadres et le sens de l'*exposer* et, *last but not least*, introduire les architectes dans le musée. Un moment crucial : en 1949, de juin à octobre, l'exposition consacrée à Giovanni Bellini au Palais Ducal de Venise. C'est une première à tous les sens du terme : interrompant le boycott dont ils avaient frappé les musées italiens, les musées américains et européens ont prêté des œuvres ; l'exposition prend place dans un lieu inédit, au cœur du patrimoine civique, le Palais des Doges ; enfin, l'architecte, Carlo Scarpa, y déploie une insolente liberté et s'affranchit de toutes les pesanteurs du lieu avec une délicatesse et un savoir-faire hors-pair. Le choix de Scarpa par les responsables de l'exposition est suggéré par le triomphe que lui a valu le dispositif aménagé pour accueillir l'œuvre de Paul Klee à la Biennale de 1948. Scarpa transfère dans un monument du patrimoine italien la science et la poésie du dispositif d'exposition qu'il a forgées à la Biennale de Venise pour l'art contemporain.

Un format d'exposition s'impose alors. Il s'agit d'attirer un public nouveau, bien au-delà des cercles restreints de la culture et du public cultivé, par des expositions de grande ampleur, qui rendent à la notion de patrimoine civique son sens : monographiques, elles célèbrent un héros de l'histoire de l'art locale ; collectives, elles retissent la trame d'une histoire régionale lacérée par le *Ventennio* fasciste. Toutes s'imposent pour objectif l'éducation du public au « savoir voir » et coïncident avec des avancées décisives dans le champ de l'histoire de l'art. En 1951 à Milan, la *Mostra del Caravaggio e dei Caravaggeschi*, conçue par Roberto Longhi et Fernanda Wittgens, attire « une foule d'année sainte » : plus de quatre cent mille visiteurs en deux mois et demie, imposant l'ouverture de l'exposition de neuf heures du matin à minuit et épuisant les éditions successives du catalogue, ont assuré le triomphe de la « présentation sévère et digne de l'activité picturale d'un maître dont on reconnaît aujourd'hui le rôle décisif dans l'instauration du concept moderne de l'art » (Fernanda Wittgens). La résurrection du Caravage était la résurrection de la culture à Milan. On pourrait en dire autant de toutes les grandes expositions de l'Après-guerre : en 1948, *Giuseppe Maria Crespi* à Bologne et *Alessandro Magnasco* à Gênes ; en 1949, *Il Sodoma* à Vercelli et *Giovanni Bellini* à Venise ; en 1953, *Pittori della realtà in Lombardia* à Milan et *Antonello da Messina* à Messine… Toutes ces expositions sont autant de dates dans l'histoire de l'histoire de l'art : la recherche, ici, marche du même pas que les projets d'exposition et c'est à leur occasion, dans leurs catalogues, que sont publiés quelques-uns des textes fondamentaux de la discipline au XXe siècle[18]. Ce sont aussi des succès populaires d'une ampleur alors inédite. Elles ont pour effet d'introduire durablement les architectes dans les musées : le succès de l'exposition *Antonello da Messina* (1953) vaut à Carlo Scarpa d'être chargé de la restauration du Palais Abbatellis à Palerme, et l'installation de la rétrospective d'art médiéval *Da Altichiero a Pisanello* (1958) est la première étape de son réaménagement complet du Castelvecchio de Vérone qui accueille l'exposition[19].

Le projet de reconstruction de la culture italienne converge désormais avec le programme modernisateur des architectes. Une alliance inattendue se noue entre conservateurs, historiens et avant-garde architecturale.

ARREDAMENTI ET ALLESTIMENTI

La situation des musées italiens est alors très complexe. Ils sont installés dans des palais, des forteresses ou des couvents, souvent de très ancienne mémoire. Ce qui est donc attendu des architectes appelés à remettre sur pied le système muséal, c'est de travailler dans le bâti, pas de construire des édifices *ex novo*[20]. Il s'agit de réaménager un palais (ou un couvent) pour en faire un musée moderne.

Le parti adopté à la fin de la guerre a été de restaurer le tissu urbain, de reconstruire *in situ* les édifices endommagés par les bombardements – le Couvent de San Matteo à Pise, la Citadelle de L'Aquila, le Palazzo Bianco à Gênes ou le Castelvecchio à Vérone – pour leur restituer la fonction muséale qu'ils assumaient déjà avant la guerre. Cette reconstruction rend possible la reconfiguration des dispositifs d'exposition. Les musées italiens, véritables « greniers civiques », avaient échappé peu ou prou aux innovations muséales des années 1930. Ici ou là, telle galerie du XVIIe ou du XVIIIe siècle avait pu connaître un début de mise aux normes internationales, voire explorer des solutions inédites (c'est le cas de la Galleria Sabauda à Turin[21]), mais ils demeuraient dans leur ensemble des trésors civiques et des monuments de la mémoire collective que l'entassement et la pénombre caractérisaient. L'historicisme de l'Entre-deux-guerres avait produit de lourds « décors d'époque » dont le Castelvecchio à Vérone offrait un cas exemplaire. La compétence des architectes est donc sollicitée sous un angle très particulier : le réaménagement des musées est un cas de « l'architecture d'intérieur ». C'est ce que ne craindra pas d'affirmer, en 1957, le livret de la section de muséologie de la XIe Triennale de Milan[22]. Que l'architecture d'intérieur soit pleinement de l'architecture, c'est ce que les architectes, théoriciens et praticiens, avaient établi dès les années 1930, à la suite d'Edoardo Persico[23]: *arredamenti* et *allestimenti* s'offrent comme des moments d'expérimentation et de mise au point du langage architectural, des matériaux et des technologies. Ce sont des exercices de composition où s'accomplit la vocation de l'architecte au *projet total*, « de la petite cuiller à la ville »[24]. Dans l'immédiat Après-guerre, l'architecture d'intérieur est investie d'une ambition plus ample encore et son essor accompagne la naissance et l'affirmation du *design* italien. Elle est une discipline de raccord et de vérification entre l'urbanisme (la ville, son espace pérenne et stratifié) et l'éphémère des modes de vie (le *design*) : elle recharge de sens le construit, apprivoise l'héritage du passé et le rend contemporain[25]. Giulio Carlo Argan pousse à ses conséquences ultimes cette acception de l'architecture d'intérieur, accréditée depuis les années 1930. Dans « Il problema dell'arredamento » publié en 1956[26], la remise en cause de la distinction art/arts appliqués qui est, dans la perspective ouverte par le Bauhaus, son cheval de bataille, l'incite à étendre à la totalité de l'espace construit la qualité *d'intérieur* : « l'architecture moderne, écrit-il,

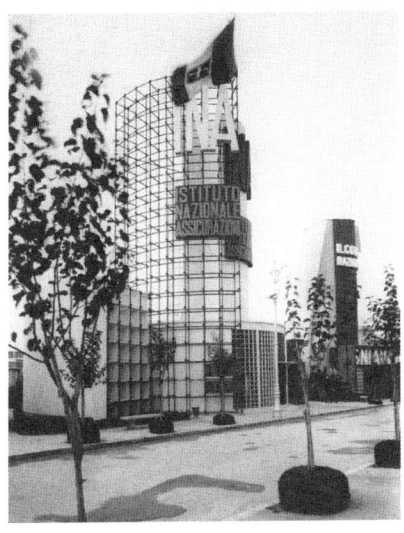

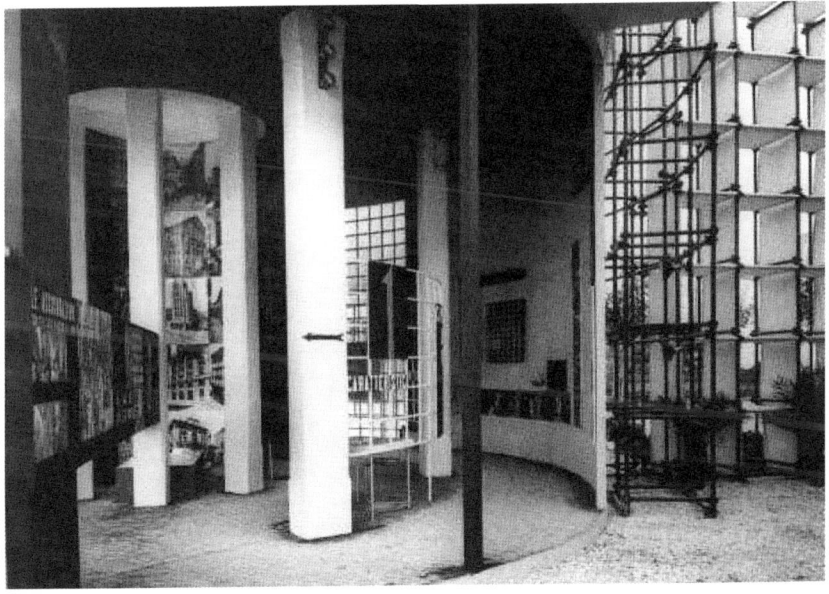

Vues extérieure et intérieure, Pavillon de l'Istituto nazionale delle assicurazioni, Foire du Levant, Bari, 1934 ; architecte : Franco Albini

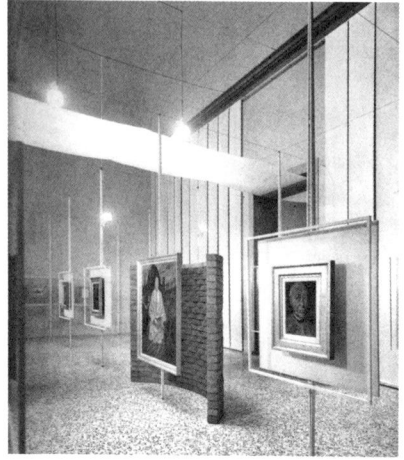

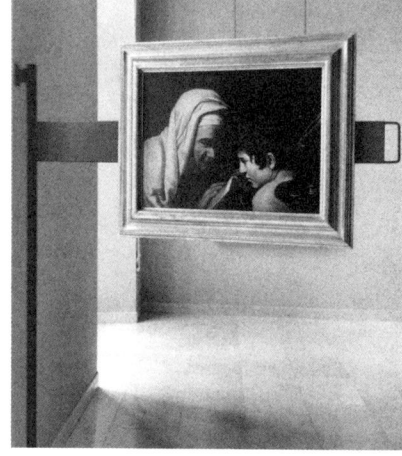

Mostra di Scipione e di disegni contemporanei, Pinacothèque de Brera, Milan, 1941 ; architecte : Franco Albini

Support métallique manœuvrable pour tableau, Palazzo Rosso, Gênes ; architecte : Franco Albini (réalisation : 1952-1962)

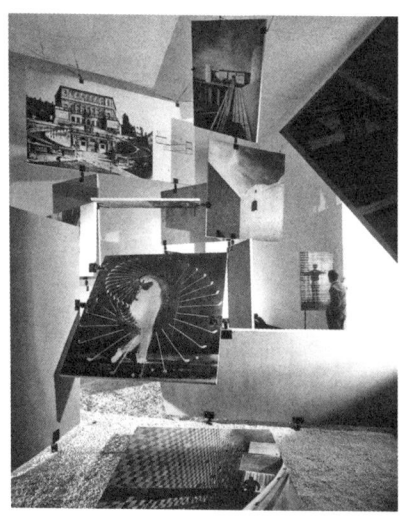

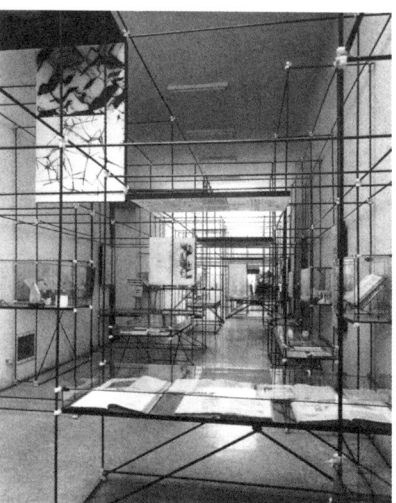

Exposition *Architecture mesure de l'homme*, IXe Triennale de Milan, Milan, 1951 ; concept : Ernesto Nathan Rogers, installation : Ernesto Nathan Rogers, Vittorio Gregotti, Giotto Stoppino

Exposition de livres, gravures et dessins sur la proportion, IXe Triennale de Milan, Milan, 1951 ; concept : Carla Marzoli, architecte : Francesco Gnecchi-Ruscone

fait de l'espace dans sa totalité un espace intérieur : ce n'est plus une nature qu'il s'agit de contempler, c'est désormais la dimension, l'environnement du vivre et de l'agir humain »[27]. Le plan plutôt que le bloc, la structure plutôt que la perspective, le volume plutôt que la façade sont les nouveaux principes de détermination du projet. L'architecture d'intérieur n'est donc pas périphérique à l'exercice du métier d'architecte ; elle prend place au cœur du *projet*, elle en est la matrice : « [L'architecture moderne] cherche dans le plan un principe générateur et non plus une limite spatiale[28] ; et ce principe générateur se déploie au fil d'une planification progressive et illimitée, de l'unité d'habitation au groupe, à la ville dans son ensemble, à la région. L'architecture moderne trouve dans l'aménagement intérieur [*arredamento*] la solution au problème de l'existence individuelle comme elle résout dans la planification urbanistique le problème de l'existence collective »[29]. On constate donc que la phrase prononcée par Scarpa, « je préfère faire des musées que des gratte-ciels »[30], est solidement étayée par le courant doctrinal le plus novateur de l'époque. C'est bien par l'aménagement intérieur (l'appartement de l'antiquaire Ferruccio Asta) qu'en 1932, jeune architecte, il attire l'attention du critique le plus exigeant de l'époque, Edoardo Persico, l'un des premiers théoriciens de *l'arredamento*[31]. Comme le musée, l'intérieur est, pour reprendre la formule de l'architecte Gio Ponti, « une démonstration de civilité » [*civiltà*], et il faut entendre, dans le mot italien, tout un spectre de valeurs qui s'étend de l'*esprit civique* à la *civilisation*.

C'est très explicitement par le biais de *l'arredamento* que les architectes italiens, dans les années de l'Après-guerre, s'accréditent auprès des musées[32]. La carrière de Franco Albini, auquel on doit quelques-unes des expériences muséologiques les plus radicales et les plus frappantes des années 1950, en est l'illustration exemplaire. Lorsque Caterina Marcenaro, la directrice des Beaux–Arts de Gênes, lui confie *l'allestimento* du Palazzo Bianco en 1949, Albini est pleinement reconnu pour ses spectaculaires pavillons éphémères dans les Triennales et les foires des années 1930, et pour ses « intérieurs » qui proposent des solutions extraordinairement inventives pour la disposition et la jouissance au quotidien des œuvres d'art – l'*Arte nella casa* est le sujet auquel toutes les revues du moment consacrent des chroniques minutieuses. Il n'a guère qu'une exposition d'art, certes riche d'audace et d'invention formelle, à son actif : la *Mostra di Scipione e di disegni contemporanei* à la Pinacothèque de Brera de Milan en 1941. C'est de la même inspiration que surgissent les projets du Palazzo Bianco (1949-1951), du Palazzo Rosso (1952-1962), du Trésor de San Lorenzo (1956), trois chefs d'œuvres de la muséologie génoise, et « l'appartement d'un amateur d'art » (1955) où la complicité d'Albini et de Marcenaro (qui se cache sous cette désignation anonyme) donne lieu à un véritable manifeste de *l'art moderne de vivre l'art*. Dans « l'appartement de l'amateur » comme dans les musées, le temps est venu de la contamination des modes d'exposition : c'est à des tirants métalliques verticaux d'origine industrielle, ceux-là mêmes qu'il avait testés à l'occasion des foires et des Triennales, qu'Albini confie tableaux et sculptures et, dans un espace libéré de toute interférence visuelle, ose fixer sur un support télescopique d'acier activé par télécommande les précieux fragments de la *Marguerite de Brabant* de Giovanni Pisano (p. 6).

DES MUSÉES PLUTÔT QUE DES GRATTE-CIELS

Dans les douze années qui suivent la fin de la guerre, toutes les institutions muséales italiennes sont réaménagées. En 1957, lorsque la Triennale de Milan consacre une section à la muséologie, les trois musées génois (Albini) sont ouverts au public, mais aussi le Musée de San Matteo à Pise (Sanpaolesi), le Palais Abbatellis à Palerme (Scarpa), la salle des Primitifs aux Offices (Scarpa, Gardella, Michelucci), le Castello Sforzesco à Milan (BBPR), les Galeries de l'Académie à Venise (Scarpa), la Gypsothèque de Possagno (Scarpa), le Musée Correr, à Venise, est en cours d'aménagement (Scarpa), celui du Castelvecchio à Vérone débute (Scarpa)... Dans les années 1960, on évalue à cent cinquante le nombre de musées reconstruits et réaménagés en Italie depuis 1945. Pour les musées italiens, « l'ère de la pénombre est terminée »[33]. Une lumière naturelle abondante, zénithale, inonde les volumes intérieurs, et les expérimentations des architectes, des *designers*, des industriels, permettent l'exploration de solutions inédites en matière de lumière artificielle. Mais « abandonner le concept de palais pour celui de musée » – tel était le programme fixé par Caterina Marcenaro à Franco Albini – requérait plus que des solutions techniques. C'était une opération culturelle aux implications multiples.

On doit à Bruno Zevi un bilan synthétique de ces années de l'Après-guerre : « nous avions l'habitude de musées conçus comme des œuvres architecturales à l'échelle monumentale : des enveloppes dans lesquelles on insérait après-coup les œuvres d'art. Aujourd'hui, ce concept a subi un renversement complet : ce sont les œuvres d'art elles-mêmes qui déterminent les espaces et prescrivent les proportions des murs »[34].

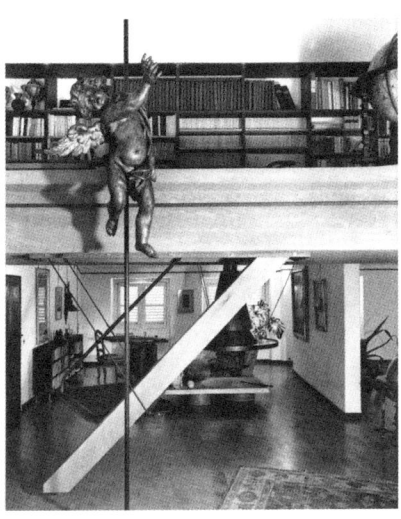

Appartement de fonction de Caterina
Marcenaro, Palazzo Rosso, Gênes, 1955 ;
architecte : Franco Albini

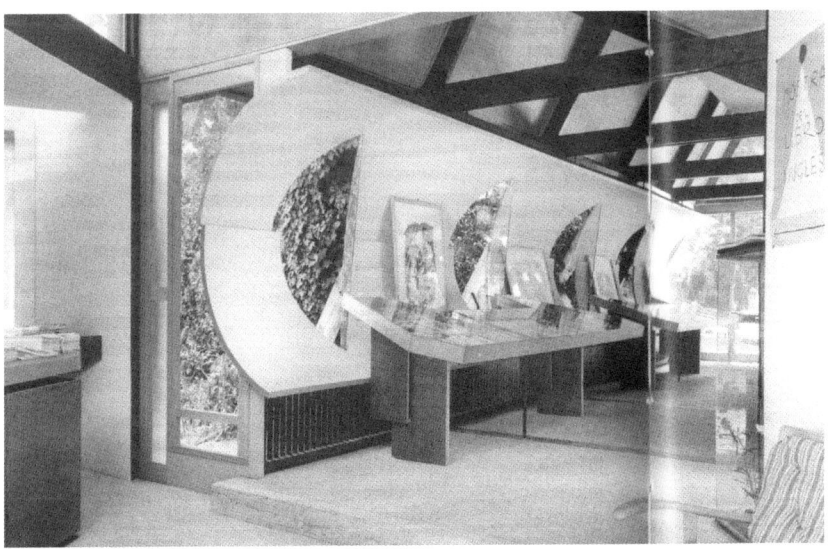

Pavillon du Livre, Jardins de la Biennale, Venise, 1950 ;
architecte : Carlo Scarpa

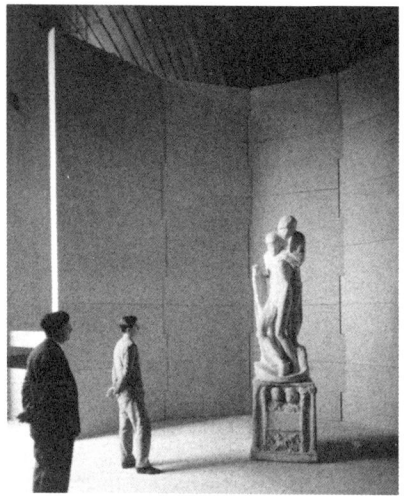

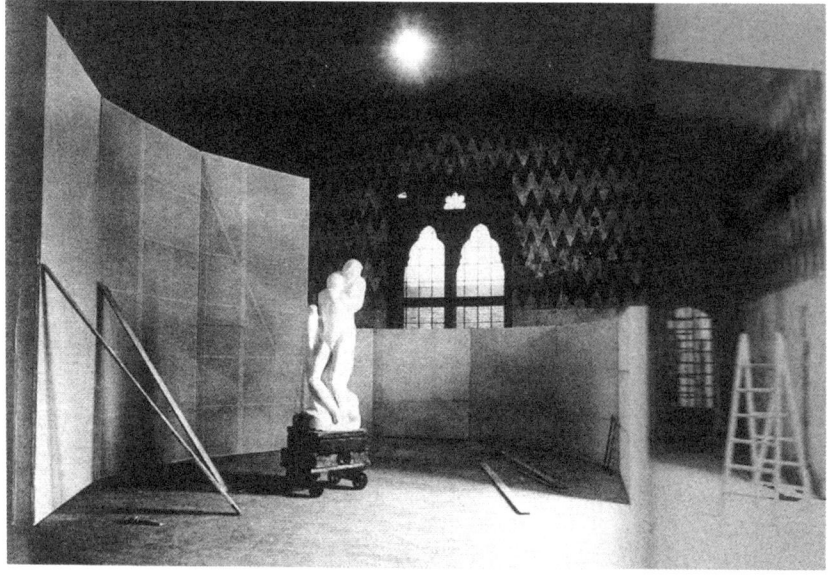

Travaux d'installation et exposition de la *Pietà Rondanini* (c. 1552-1564) de Michel-Ange, Castello Sforzesco, Milan, c. 1953 ; architectes : BBPR

Ce « renversement », on peut en identifier le moment : l'exposition de Paul Klee, installée par Carlo Scarpa à la Biennale de Venise en 1948 dont Marisa Dalai Emiliani, et Philippe Duboÿ à sa suite, ont montré que l'architecte a emprunté le principe d'ordonnance à un ou plusieurs des tableaux de Paul Klee : une cimaise dépliée, selon des angles divers, en une succession de plans de formats variables, comme le déploiement dans l'espace d'un « bizarre polyptique à compartiments mobiles » qui fait de la salle d'exposition la dilatation de l'œuvre exposée[35].

La révolution des musées italiens de l'Après-guerre est une révolution dans les modes d'appréhension de l'œuvre exposée : une révolution dans l'usage du musée comme lieu privilégié de l'expérience de l'art où sont mises en œuvre les recherches sur la perception menées au Bauhaus et en général par les avant-gardes historiques, autant que les travaux des théoriciens de l'art, tel Rudolf Arnheim. Il s'agit, dans une certaine mesure, d'un « rattrapage ». Dès 1921, à l'occasion du XIe Congrès international d'histoire de l'art, Henri Focillon n'avait-il pas déclaré : « mettre sur les murs plus de deux rangs de tableaux est un crime. L'espace autour d'un tableau, c'est le silence autour de la musique »[36] ? La formule travaille les esprits dans l'Italie du *Ventennio*, et, sous le ministère Bottai, le jeune Giulio Carlo Argan qui présente au Congrès des surintendants de 1938 le projet d'un Institut central de la Restauration et d'une mise au point de critères nationaux en fait de musées, reformule le précepte, à destination du public italien, dans la langue de Benedetto Croce : « aménager un musée, ce n'est pas un problème d'atmosphère, c'est le résultat et la condition d'un projet critique. On peut aisément comparer le placement d'un tableau dans un musée à l'édition d'une œuvre poétique »[37]. Comme le note Marisa Dalai Emiliani, trois sculptures nous donnent la mesure du renouvellement radical de la vision dont procède la « modernisation » des musées italiens : la *Marguerite de Brabant* du Palazzo Bianco à Gênes (Albini), posée sur son pied télescopique ; le *Cangrande della Scala* du Castelvecchio à Vérone (Scarpa), ceinturé d'une passerelle métallique, juché à une hauteur vertigineuse sur une plateforme aérienne de ciment d'où il surgit, visible sous une multiplicité d'angles chaque fois surprenants au fil de la visite du musée. Et la *Pietà Rondanini* au Castello Sforzesco à Milan, le chef-d'œuvre ultime de Michel Ange, acquis par souscription publique en 1952, pour lequel les BBPR, faisant feu de toute la puissance de suggestion des matériaux et travaillant contre la monumentalité de la salle, isolent la *Pietà* dans son statut d'absolu chef-d'œuvre, « en retrait sur le parcours, dans un espace réservé, presque secret, dans une double niche de *pietra serena* (la pierre grise de Toscane) et d'olivier, soustraite au dialogue avec le reste de la collection de sculptures comme de l'architecture monumentale de la salle des Scaglioni retravaillée. *L'étrangement* de la *Pietà* par rapport au lieu physique, et à l'espace historique qui l'hébergeait était total »[38]. Dans les trois cas, il s'agit d'une expérience du regard inédite, qui renoue avec les expérimentations des avant-gardes des années 1920, « une modalité visuelle radicalement nouvelle, concentrée sur un seul objet, qu'on explore de haut en bas et de bas en haut, en tous sens, et pour se l'approprier jusque dans la *quatrième dimension*, parce que renoncer à un point de vue obligé et se mouvoir librement dans l'espace (ou, en inversant le rapport, regarder la sculpture en mouvement) signifiait qu'on pouvait désormais en structurer la perception dans la durée et investir dans la perception visuelle toute sa charge vitale »[39]. Si riche paraissait cette expérience du regard, si complète la confiance faite aux œuvres, qu'au Palazzo Bianco, aucun cartel, aucun texte de présentation ne venait polluer les murs immaculés du musée. Il s'agissait de montrer, « et même de démontrer la vie des formes », pas de mettre en scène une histoire[40]. Cette expérience du regard était aussi, nécessairement, une construction de la rareté : il fallait vider le musée.

« Ce sont les vides qu'il faut construire, explique Albini à propos de son aménagement du Palazzo Bianco, l'air et la lumière sont les matériaux de la construction. L'atmosphère ne doit pas être figée, stagnante, elle doit vibrer au contraire, et le public doit se trouver immergé et stimulé sans s'en rendre compte »[41]. À chaque tableau, poursuit-il, « il faut attribuer son propre volume d'air », lui reconnaître « ce qu'on peut nommer la *zone d'influence* de son espace pictural »[42]. La salle des Primitifs aux Offices ou la salle des Scaglioni au Castello Sforzesco témoignent de cette « construction du vide » où excellèrent les architectes italiens, retrouvant dans l'aménagement des musées ce qui, selon Bruno Zevi, constituait *l'élément fondamental du fait architectonique* : « une construction n'est pas la somme des largeurs, des longueurs et des hauteurs de ses divers éléments ; elle est l'ensemble des mesures du vide, de l'espace interne dans lequel les hommes marchent et vivent. [...] L'espace interne qui ne peut être complètement représenté d'aucune manière, qui ne peut être appris ni ‹ vécu › sinon par l'expérience directe, est l'élément fondamental du fait architectonique. [...] Que l'espace, le vide, soit le protagoniste de l'architecture, n'est-ce-pas du reste naturel ? L'architecture n'est pas seulement un art, pas seulement l'image des heures passées, vécues par nous et par les autres : c'est d'abord et surtout le cadre, la scène où se déroule notre vie »[43]. Pour toute une génération d'architectes, le musée est le chantier idéal où vérifier cette analyse : *l'expérience de l'art* que le musée procure devient l'épreuve de vérité de cette aptitude à produire le champ de l'expérience humaine qui qualifie l'art de construire.

Mais construire de beaux vides n'allait pas sans difficultés et impliquait une rupture avec des forces culturelles puissantes. La *série* avait été la grande conquête intellectuelle du XIXe siècle pour l'histoire de l'art comme pour l'ensemble des savoirs de l'âge positiviste[44]. Elle signifiait l'accession de l'histoire de l'art au statut de « science ». Un musée, qu'il fût d'art ou de sciences naturelles, s'évaluait à la richesse et à la complexité de ses taxinomies. Voici que les responsables des musées revendiquaient des sélections drastiques. « Sélectionner les œuvres en écartant les pièces mineures, écrit alors Caterina Marcenaro, celles qui n'apportent rien à l'éducation visuelle », éliminer au maximum le mobilier et les éléments de décor « qui dans les aménagements antérieurs prétendaient restituer une ambiance, l'atmosphère du vieux palais aristocratique [...], restituer les tableaux à leur état de pureté originelle, libre de toute interpolation ultérieure [...] pour considérer l'œuvre en soi, libre de toute interférence »[45], telle était la feuille de route des nouveaux militants de *l'apprendre à voir*. *Saper vedere*, l'expression, qui a servi de titre à plus d'un ouvrage à l'époque en Italie[46], indique l'enjeu de cette rupture avec l'ancienne histoire de l'art. L'histoire ici n'est pas dissociable de l'exercice du jugement. En 1910, en rupture avec le positivisme, Benedetto Croce avait formulé ce principe qui, au-delà des différences d'accentuation, fut, en Italie, jusqu'aux années 1970, le socle de toute réflexion sur la culture : « la véritable interprétation historique et la véritable critique esthétique coïncident »[47]. Assumer le jugement de valeur et la construction raisonnée du canon que supposent les nouvelles modalités de l'accrochage contre toute prétention à l'exhaustivité, contre l'historicisme des positivistes, contre une philologie désuète, c'est ce que revendique avec une fougue qui n'est pas dénuée de réminiscences futuristes Costantino Baroni, et avec lui, peu ou prou, tous les promoteurs de la révolution muséologique des années 1950 : il faut en finir « avec les vieux, les pompeux musées, [...] les résidences royales déclassées en bazars piranésiens de vieilleries, [...] la fascination maladive et décadente pour les exhibitions de nécrophilie dépourvues de toute passion critique, le mythe de l'objectivité historique, indice d'un scientisme présomptueux, d'un agnosticisme de cabinet anatomique »[48]. Caterina

Marcenaro avait exprimé en termes choisis et en langue française, à destination du public international de *Museum* la même conviction : « en effet, le musée ne doit pas être une exposition improvisée de reliques ou d'objets précieux, car cela reviendrait à en faire un chaos, à confondre la soif d'acquérir avec l'exercice du sens critique, l'information avec la connaissance et l'on manquerait ainsi à la fonction éducative essentielle du musée ». Surintendants et directeurs de musées ont formulé en termes de *courage* et *d'engagement éthique et politique* [*impegno civile*] cette mutation épistémologique : la sélection est indissociable du projet éducatif dont le musée est porteur. Cet enjeu-là, dans lequel se reconnaissent tous les acteurs de la révolution muséologique de l'Italie des années 1950, ne peut que contredire les intérêts patrimoniaux et l'attachement des citoyens au décor familier du grenier civique de leur *petite patrie*, autant qu'il réfute les prétentions savantes à la neutralité du regard et à l'exhaustivité. Un geste s'impose alors dans toute sa puissance symbolique : le désencadrement des tableaux dont Carlo Scarpa, aux Galeries de l'Académie en 1946, a donné le signal, frappant de désuétude une tradition séculaire de l'accrochage. Supprimer les cadres, c'était en finir avec *l'effet d'époque* et la requête *d'atmosphère* qui accréditaient le musée aux yeux du public, c'était transformer vraiment le palais (ou le couvent) en musée et achever le projet moderne : assurer *l'actualité* de l'œuvre d'art, si ancienne soit-elle. C'est en effet au concept crocien de l'histoire qu'un Costantino Baroni, comme tous les acteurs de cette révolution culturelle, comme, les principaux théoriciens contemporains de la *restauration*[49], se réfère explicitement : « un tel acte de foi dans le musée comme école est plus que justifié sur le plan pédagogique et social, à condition que sa configuration soit rénovée à partir des fondements, et, échappant à la sphère bureaucratique et à ses automatismes, accède à cet activisme de la volonté qui est ancré dans le concept crocien de *l'actualité de l'histoire* »[50]. On ne peut percevoir l'œuvre ancienne que du point de vue de l'*aujourd'hui*, il n'y a d'histoire de l'art que *contemporaine*. C'est la conviction partagée par tous les protagonistes de la révolution muséologique, qu'ils soient architectes, directeurs de musées, historiens ou théoriciens de la restauration. Ainsi Franco Albini déclare-t-il, en 1954 : « la finalité de l'exposition, qu'il s'agisse du musée ou de l'exposition temporaire, est de faire comprendre au public que les œuvres exposées, anciennes ou modernes, appartiennent à l'actualité de sa vie, à sa culture vivante »[51]. Et Argan, de conclure en 1968 : « lorsque l'on place une Madone de Giotto dans un musée, c'est-à-dire dans un dispositif qui met en œuvre une communication de type esthétique, nous mettons entre parenthèses la signification qu'avait le tableau dans la culture de son temps et en évidence celle qu'il a pour nous aujourd'hui. En d'autres termes, nous en faisons notre contemporain. Ce qui veut dire que le modèle idéal du musée n'est pas le musée d'art ancien, mais le musée d'art contemporain »[52]. Cette exigence d'actualisation a pour corollaire la mise en œuvre de tout un appareil de recherche et d'enseignement qui tire parti des ressources de la reproduction photographique, de l'édition (apparaissent alors les collections à grand tirage richement illustrées des éditions Skira, bientôt les *Maestri del colore* de Fabbri), du cinéma et, à partir de 1954, de la télévision dont toutes les grandes figures de l'histoire italienne de l'art, de Roberto Longhi à Carlo Lodovico Ragghianti, ont été, au fil des années 1950, les promoteurs actifs[53]. Dans le numéro que *Museum* consacre en 1950 aux « Expositions itinérantes et éducatives dans les musées d'Italie », Argan ne manque pas de recenser le programme du Centre pour la fonction éducative des musées créé à la Galerie nationale d'Art moderne de Rome par Palma Bucarelli qui en présente ainsi les enjeux : « il s'agit de familiariser le public avec les méthodes d'interprétation objective des œuvres d'art les plus neuves pour qu'il puisse saisir les œuvres d'art du passé d'un point de vue moderne et, du même coup, faciliter sa compréhension de l'art contemporain »[54]. Ici, dans ce programme qui effraie la droite catholique et se voit qualifié de « subversif » par une bonne partie du personnel politique, convergent l'idée de *l'histoire comme pédagogie de la liberté*[55] naguère développée par Croce et un concept cher aux formalistes russes des années 1920 : *l'étrangement*[56]. Mettre l'œuvre à distance de son contexte pour affranchir le spectateur d'une familiarité qui l'aveugle, restituer à chacun cette faculté d'attention et d'étonnement qui le lancera dans l'intelligence de l'œuvre (on ne comprend un tableau ou une sculpture qu'à re-parcourir son déploiement et en faire l'épreuve de son propre devenir), telle est la promesse, une promesse d'intensification de la vie et de réinvention du monde, une promesse de liberté, dont le musée est investi. En toute cohérence, l'anachronisme en vient à être assumé comme condition de « l'élargissement de la sphère de l'expérience contemporaine ». Il faut contester la philologie, c'est ce qu'en 1954 Caterina Marcenaro explique, en français, dans *Museum* : « Plus l'écart est grand, et plus nettement l'œuvre a pu être isolée de la génération qui l'a produite, plus notre réaction est immédiate et vive, plus la prise de contact est féconde. En un certain sens, le passé ne peut revivre que parce que nous nous méprenons à son sujet. C'est par son étrangeté ainsi que par son caractère fragmentaire que le passé peut enrichir le présent d'allusions, de suggestions, de significations certainement étrangères à l'époque »[57].

III. ACTUALITÉ DE L'HISTOIRE

Expositions et musées n'ont trouvé leurs historiens que bien tardivement, dans les années 1980. Les essais publiés par Brian O'Doherty entre 1976 et 1981 dans *Artforum* et rassemblés sous le titre *Inside the White cube*[58], les travaux de Francis Haskell sur les collectionneurs de l'Italie baroque puis sur la mise en place du système des expositions dans l'Europe du XIXe siècle, les grands chantiers ouverts à Florence à partir de 1980 sur le collectionnisme médicéen et le Musée des Offices, les travaux des historiens allemands de l'architecture sur la *galerie* ou le *studiolo* comme espaces spécifiques, ont ouvert un horizon inédit à la recherche universitaire. Mais dans cette vaste enquête sur la constitution de l'espace institutionnel de l'art, les artistes n'étaient pas en reste. Au tournant des années 1970, les artistes dits *conceptuels* ont lancé une vaste enquête collective sur les « appareils de l'art », sur ses déterminants économiques et ses dispositifs institutionnels, qui constituent aujourd'hui encore un enjeu considérable des pratiques artistiques. Une « exposition » s'impose ; elle fait date : celle de l'artiste californien Michael Asher, en 1970, à la galerie Claire Copley. Pour sa première exposition dans une galerie « commerciale », Asher escamota la cloison qui séparait la salle d'exposition de ce qu'on nomme le *back office*, les bureaux, l'espace du négoce de l'art et de son stockage, rassemblant, en un espace unique et homogène, ces deux aires que toute la culture de l'époque (et la théorie de l'art dominante, celle de Clement Greenberg) maintenait strictement *cloisonnées*. Daniel Buren, Marcel Broodthaers ou Giulio Paolini dans les années 1970, Louise Lawler, Group Material, Fred Wilson dans la décennie suivante, aujourd'hui Julie Ault, Martin Beck ou Heimo Zobernig ont fait de la galerie, du musée, de l'exposition, au fil d'une démarche réflexive sophistiquée, leur matériau et leur objet.

Une histoire renouvelée des appareils de l'art prend peu à peu consistance. Pour les siècles anciens, la restitution quasi archéologique des galeries princières de l'âge baroque ou des *studioli* de la Renaissance a enrichi l'approche philologique de la peinture et de la sculpture anciennes. Pour l'histoire de l'art du XXe siècle, l'éclat et l'autorité du *White Cube* dont les accrochages d'Alfred Barr au Museum of Modern Art de New York ont fixé

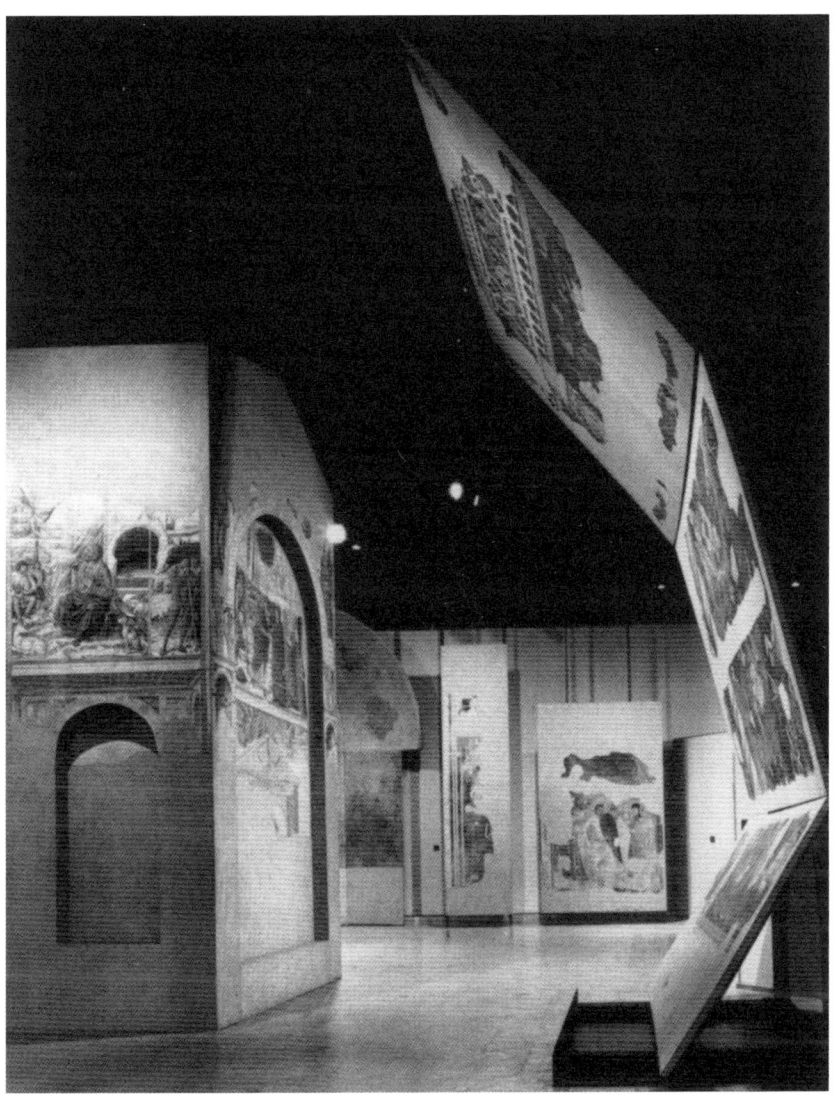

Exposition *Frescoes from Florence*, Hayward Gallery, Londres, 1969 ; architecte : Carlo Scarpa

le modèle a éclipsé une histoire plus complexe qu'on ne le croît. Il y eut bien des alternatives au *White Cube*, mais le *Cabinet abstrait* dessiné par Lissitsky pour le musée de Hanovre dans les années 1920, les extravagances de Frederick Kiesler, les propositions d'Alexander Dorner en Allemagne puis aux États-Unis, et même l'étrange accrochage de sa collection assumé par le Docteur Barnes à Philadelphie, n'ont trouvé leurs historiens que très récemment. L'enquête historique est entravée par des *a priori* tenaces : la persistance du système des Beaux-Arts dans l'inconscient des historiens les dissuade d'ouvrir leur approche des dispositifs d'exposition au-delà de l'art, vers les *arts industriels*, les expositions universelles, les foires, vers les galeries marchandes et les grands magasins, vers ce qu'on nommait au XIXe siècle « Museum Industry », le circuit des expositions payantes de tableaux, de monstres et *d'exotica* qui animait les grandes villes de l'Europe et des États-Unis[59]. À quoi s'ajoutent des partages disciplinaires qui (hors l'Allemagne où l'approche des typologies spatiales, *Raumtyp*, s'est révélée favorable à des démarches pionnières[60]) ont dissuadé les historiens de l'art de s'intéresser aux lieux de l'exposition et les historiens de l'architecture d'embrasser dans leur approche les œuvres et les objets exposés. Et, tandis que les artistes, depuis le tournant conceptuel des années 1970, mettant en cause le primat romantique de l'exercice solitaire de l'art, ont requalifié le travail collectif et toutes les activités où il s'exerce (l'organisation de l'exposition, l'accrochage, etc.), l'artiste se transformant sans solution de continuité en *curateur*, les historiens ont continué de minorer cette part de l'activité artistique qui ne semblait pas du ressort immédiat de la création individuelle. De sorte qu'il demeure difficile d'évaluer au-delà de la boutade telle déclaration de Lissitzky dans une note autobiographique : « 1926. Ce qu'il y a de plus important dans mon travail d'artiste commence : les dispositifs d'expositions ». L'artiste désignait ainsi le *Cabinet d'art constructiviste* à l'Exposition internationale de Dresde, le *Cabinet abstrait* conçu à la demande d'Alexander Dorner pour le musée de Hanovre, le spectaculaire stand de l'URSS pour *Pressa* à Cologne en 1928, celui qu'il conçut en 1929 pour *Film und Foto*, l'exposition du Werkbund, comme l'aboutissement de son œuvre[61]. Que la formule de Scarpa « des musées plutôt que des gratte-ciels » fasse écho à la déclaration de Lissitzky témoigne d'une continuité trop peu interrogée.

C'est pourquoi l'étude des dispositifs d'exposition et des musées inventés par les Italiens après 1945 s'avère cruciale. Rien de ce qu'ils ont produit ne « cadre » avec les catégories ordinaires de l'historiographie.

Au scénario bien établi de l'avènement triomphal du *White Cube* aux États-Unis, des années 1930 aux années 1950, ils opposent une suite d'expérimentations d'une toute autre complexité. « Formalistes », ils le sont sans aucun doute et c'est pourquoi ils récusent l'alibi philologique et l'éclectisme. Mais ici le formalisme n'est pas la neutralisation de tout ce qui ne relève pas du pur jeu des formes, le repli de chaque art sur la sphère épurée de ses déterminations essentielles. Au contraire, il s'agit d'affirmer le caractère vital de la forme. *La vie des formes* que le musée expose ouvre un espace inédit de liberté : elle ouvre à ce *dehors de l'art* qu'est l'histoire, et la ville au-delà du musée, et le champ du politique qui sont les lieux de l'accomplissement de l'individu. Les formes sont une éducation à la liberté. C'est ce que rappelait Fernanda Wittgens lorsqu'elle présentait, en des termes surprenants qui tenaient à distance les facilités de l'iconographie, l'exposition Picasso à Milan en 1953 : « *Guernica* est le message de foi que Picasso offre à l'artiste d'aujourd'hui, afin que, avec un courage et une liberté égaux aux siens, *il ose une forme neuve* ». Si formalisme il y a, il faut donc en reconnaître tout ce qui le distingue de la version qu'en donnait à la même époque Alfred Barr ou Clement Greenberg : aucun retranchement sur le spécifique du médium, mais une revendication de liberté contre toute instrumentalisation, y compris les plus récentes, celles dont le fascisme avait imposé une version paroxystique. C'est ici que le musée joue un rôle crucial : il lui revient d'assurer ou de réassurer le délestage des fonctionnalités anciennes de l'œuvre d'art (qui pourrait prétendre restituer la fonction d'un polyptique médiéval ?) et de l'inscrire dans la culture d'*aujourd'hui*. L'architecte a pour tâche de produire cette autonomie et cette contemporanéité qui ne sont jamais gagnées d'avance, d'ouvrir le champ, visuel autant que corporel, de cette liberté. Le *White Cube* au contraire devait assurer la pure saisie optique de l'œuvre contre toute interférence, y compris l'interférence du corps du spectateur réduit à un œil[62]. On comprend donc que l'architecture se soit imposée ici par une voie *impure*, celle de l'aménagement intérieur, et l'on répétera l'affirmation, paradoxale au premier abord, de Giulio Carlo Argan où la philosophie de Croce rencontre la philosophie de Dewey : « l'architecture moderne fait de l'espace dans sa totalité un espace intérieur : ce n'est plus une nature qu'il s'agit de contempler, c'est désormais la dimension, l'environnement du vivre et de l'agir humain »[63]. En somme, le *cencio di nonna*, le calicot léger dont Carlo Scarpa tamise les lumières, n'est pas le coutil beige dont Alfred Barr, tirant un trait sur les extravagances expérimentales des années 1920, tapissait les murs du MoMA[64]. Et c'est en toute cohérence que les reconstructeurs des musées italiens dans les années 1950 renouent avec les expérimentations de la Secession, à Vienne au début du siècle, celles du Bauhaus dans les années 1920, de *De Stijl* ou des Constructivistes russes. La virtuosité de Scarpa proposant, lors de la Biennale de 1948, pour trois expositions radicalement différentes, trois modèles d'exposition absolument hétérogènes qui imposeront leurs solutions formelles comme typologie pour les années à venir, ou son interprétation de l'espace néo-plastique pour l'exposition de Piet Mondrian à Rome en 1956, témoignent de cette continuité, parfois littérale, avec les recherches des années 1920. Mais ce qui pour les avant-gardes européennes, liquidées par les fascismes et la guerre, sera demeuré de l'ordre de l'utopie, constitue, pour les architectes, historiens et surintendants italiens des années 1950, un projet à traduire et consolider au cœur de l'institution : le musée devint un projet d'avant-garde[65].

Il n'en est que plus révélateur que nombre des aménagements inventés durant cette décennie héroïque aient aujourd'hui disparu ou soient menacés de disparition. Ils n'auront pas survécu au « Miracle italien » et à ses suites moins glorieuses. La *Marguerite de Brabant* du Palazzo Bianco a depuis longtemps perdu son support mécanique, la mairie de Milan a lancé un nébuleux concours pour la réinstallation de la *Pietà Rondanini* au Castello Sforzesco qui s'enlise dans le labyrinthe administratif[66]. Même le travail de Scarpa, qui avait accédé au statut d'œuvre et semblait intouchable, n'est pas à l'abri d'interventions intempestives – la Fondation Querini Stampalia ou les Galeries de l'Académie en témoignent. La philologie, l'historicisme ont repris le dessus dans bien des musées aux murs retapissés de velours vert ou rouge, le retour de la *Period Room* s'annonce. Un musée ne se conçoit plus *de l'intérieur* : il doit faire silhouette dans la ville, s'imposer comme signe et comme « geste architectural ». Les accès, la billetterie, la circulation des visiteurs, la sécurité, les *fluides* et la façade priment sur l'appréhension des œuvres. Le temps où le critique (Manfredo Tafuri) pouvait reconnaître en l'architecte (Carlo Scarpa) « un artiste si ouvert à toutes les suggestions de l'art ancien, moderne et contemporain, au point de faire d'une telle capacité d'écoute un mode de comportement »[67] semble à des années-lumière de notre époque d'architectes-stars. Historiens, conservateurs, artistes, critiques, designers et architectes désassociés, ont été rendus aux parcours appauvris de leurs carrières professionnelles respectives, tandis que le musée passait sous la loi de la communication, du marketing et de politiques délestées de tout projet culturel – de l'idée même que la culture puisse faire projet.

UN VIATIQUE POUR L'EXPOSITION

C'est pourquoi il semblait urgent de retrouver la mémoire de cette énergie qui, en Italie, aux lendemains de la Seconde Guerre mondiale, a pu animer une génération dont Carlo Scarpa est le plus indiscutable représentant, mais aussi le plus complexe. Toute sa vie, il fut réticent à la formulation d'une doctrine, mais sa bibliothèque, ses amitiés, son œuvre et son enseignement en témoignent : il fut au cœur du projet ambitieux auquel sa génération s'identifia. Sa réputation d'architecte-artiste fut acquise très tôt. Elle pâtit, un peu, au tournant des années 1970, du tournant dogmatique pris, en Italie, par l'enseignement de l'architecture dans un contexte de raidissement politique. Scarpa n'avait jamais été militant et se prêtait mal au jeu narcissique du *star system*. Malgré les pèlerinages enthousiastes des architectes et des amateurs à la Tombe Brion, à la Villa Ottolenghi ou au Palais Abbatellis, la France des institutions l'a ignoré et continue de l'ignorer. Le chantier interminable du Musée Picasso a ravivé la tristesse d'avoir manqué l'unique occasion d'associer, à Paris, les noms de Picasso et de Scarpa.

Comment s'y retrouver dans les soixante expositions, la demi-douzaine de musées dont Carlo Scarpa est, *in toto* ou partiellement, l'auteur ? Il nous fallait un guide, à même de nous faire entrer, au fil d'un parcours délibérément singulier, dans l'intelligence des plans, des relevés, des photographies qui nourrissent le dossier de chaque œuvre de Scarpa.

Philippe Duboÿ, architecte et professeur d'architecture, qui a eu le privilège de travailler avec Scarpa lors du concours pour le Musée Picasso et entretient avec cette œuvre un rapport intime et filial, est de ceux qui, aux lendemains de la mort du grand architecte, ont su, à force d'expositions et de publications, et au prix d'un intense travail dans ses archives, faire redécouvrir aux étudiants en architecture et au public cette figure majeure de la culture européenne. Il a choisi de nous guider à travers deux musées, dix expositions et une rencontre rêvée avec Marcel Duchamp.

NOTES — *

1
Voir Paul Ginsborg, *Storia d'Italia dal dopoguerra a oggi*, Einaudi, Turin 2006 ; Lorenzo De Stefani et Carlotta Coccoli (éds.), *Guerra monumenti ricostruzione. Architetture e centri storici italiani nel secondo conflitto mondiale*, Marsilio, Venise 2011.

2
L'envergure exceptionnelle d'Adriano Olivetti en fait l'un des protagonistes de la reconstruction italienne. L'industriel visionnaire finance, dans les années de l'Après-guerre, nombre de revues d'architecture et de culture ; il en crée de nouvelles, comme *Comunità* ou *Sele-Arte*, que dirige C. L. Ragghianti, voir Manfredo Tafuri, *Storia dell'architettura italiana 1944-1985* [1989], Turin, Einaudi 2002, 1ᵉ partie, chap. 1, 2, 4. Voir Silvia Bottinelli, « *Sele-Arte* » *(1952-1966). Una finestra sul mondo. Ragghianti, Olivetti e la divulgazione dell'arte internazionale all'indomani del fascismo*, Fondazione Ragghianti, Lucca 2010 ; Marcello Fabbri et Antonella Greco, *La Comunità concreta: progetto ed immagine : il pensiero e le iniziative di Adriano Olivetti nella formazione della cultura urbanistica ed architettonica italiana*, Fondazione Adriano Olivetti, Rome 1988 ; Patrizia Bonifazio et Paolo Scrivano, *Olivetti Builds: Modern Architecture in Ivrea*, Skira, Milan 2002.

3
La traduction est assurée par l'historien de l'art Corrado Maltese et publiée en 1951 par Editori Riuniti (rappelons qu'il a fallu attendre 2005 pour qu'une traduction française complète voie le jour). Pour une approche des relations que l'histoire de l'art entretient avec le chef-d'œuvre de Dewey, voir Molly Nesbit, *The Pragmatism in the History of Art*, Gutenberg Periscope, Pittsburg/New York 2013.

4
Voir Marisa Dalai Emiliani, « Argan e il museo », in *Giulio Carlo Argan intellettuale e storico dell'arte*, Claudio Gamba (éd.), Mondadori/Electa, Milan 2012.

5
Lettres de prison, in Giovanna Ginex, *Il Risorgimento*, 1989, n°4 ; Carlo Lodovico Ragghianti, « Ricordo di Fernanda Wittgens », in *Sele-Arte*, n°37, 1958, p. 2 et suiv.

6
Sur cet épisode mythique de l'histoire des expositions et le rôle qu'y a joué le peintre Attilio Rossi, voir Anna-Chiara Cimoli, *Musei effimeri. Allestimenti di mostre in Italia 1949-1963*, Il Saggiatore, Milan 2007, p. 108-119.

7
Sur le programme *d'aggiornamento* culturel de l'Italie forgé, au fil de l'exil, par Lionello Venturi, voir le numéro spécial consacré à l'historien de l'art par *Storia dell'Arte*, n°101, n.s. 1 (janvier-avril 2002) ; Romy Golan « The Critical Moment. Lionello Venturi in America », in *Artists, Intellectuals and World War II. The Pontigny Encounters at Mount Holyoke College 1942-1944*, Chr. Benfey & K. Remmler (éds.), Amherst, University of Massachusetts Press, Boston 2006, p. 122-133.

8
De fait, Carboni publie ses *Exhibitions and Displays*, chez Silvana Editoriale, à Milan, en 1957, avec une préface d'Herbert Bayer : voir *Erberto Carboni dal futurismo al Bauhaus*, cat. exp., Palazzo della Pilotta, Parme, 1998, Mazzotta, Milan 1998.

9
Voir Barbara Pastor et Sandro Polci, *La funzione della Triennale nello sviluppo delle teorie e delle tecniche espositive*, Venise, Quaderni di documentazione dell'UIA n°2, 1985 ; Sergio Polano (éd.), *Mostrare. L'allestimento in Italia dagli anni Venti agli anni Ottanta*, Lybra, Milan 2000 ; Marco Rinaldi, *La casa elettrica e il Caleidoscopio : Temi e stile dell'allestimento in Italia dal razionalismo alla neoavanguardia*, Bagatto Libri, Rome 2003.

10
Paolo Fossati, *Il design in Italia 1945-1972*, Einaudi, Turin 1972 ; Vittorio Fagone : « Arte, politica e propaganda in Italia negli anni trenta », in Nadine Bortolotti (éd.), *Gli anni Trenta. Arte e cultura in Italia*, Mazzotta, Milan 1982, p. 43-57 ; Anty Pansera et Anna Pierpaoli : « Le Triennali del Regime : un occhio aperto sull'oltralpe », in N. Bortolotti (éd.), *ibidem*, p. 311-323 ; Giorgio Cucci, *Gli Architetti e il Fascismo. Architettura e*

Città, 1922-1944 [1989], Einaudi, Turin 2002 ; Romy Golan, *Muralnomad. The Paradox of Wall Painting, Europe 1927-1957*, Yale University Press, New Haven/Londres 2009, p. 83-104.

11
Sur le parcours complexe de Giuseppe Pagano, fasciste de la première heure et animateur exceptionnel de la scène architecturale durant les années du fascisme, devenu résistant, mort en déportation à Mathausen, voir Cesare De Seta, *Giuseppe Pagano. Architettura e città durante il fascismo*, Laterza, Rome/Bari 1976 (le texte de Pagano « Parliamo un po' di esposizioni », p. 146-152) ; Alberto Bassi et Laura Castagno, *Giuseppe Pagano*, Laterza, Bari 1994 ; Romy Golan, *Muralnomad. The Paradox of Wall Painting, op. cit.* p. 90-104, ainsi que Alberto Bassi, « La Mostra internazionale della produzione in serie di Giuseppe Pagano (VII[a] Triennale, 1940): contesto e preparazione della prima esposizione di design in Italia », *AISDesign Studi e Ricerche* n°3, « Design italiano: musei, mostre e archivi », Fiorella Bulegato et Maddalena Dalla Mura (éds.) (http://www.aisdesign.org).

12
Voir Massimiliano Savorra, *Capolavori brevi. Luciano Baldessari, la Breda e la Fiera di Milano*, Mondadori/Electa, Milan 2008.

13
Les textes d'Argan sur l'histoire des relations arts majeurs/arts mineurs, le *design* et l'architecture d'intérieur ont été rassemblés dans G. C. Argan, *Progetto e oggetto*, Claudio Gamba (éd.), Medusa, Milan 2003.

14
Cité in A. C. Cimoli, *Musei effimeri*, op. cit., p. 80-82.

15
Ibidem, p. 161.

16
Voir le récit de Marisa Dalai Emiliani in « Il progetto di allestimento tra effimero e durata : una traccia per le fonti visive di Carlo Scarpa » in *Carlo Scarpa. Mostre e musei 1944/1976, Case e paesaggi 1972/1978*, Mondadori/Electa, Milan 2000, p. 51 ; celui de Luciana Miotto (*Carlo Scarpa. I Musei*, Marsilio, Venise 2006, p. 13-17) sur la petite exposition de ses propres dessins que Miotto, enseignante à l'université de Paris VIII-Vincennes, lui avait proposée : Scarpa monta lui-même l'exposition, sans moyens financiers, dans l'espace ingrat de l'Institut de l'Environnement, rue d'Ulm, mais avec une ingéniosité qui suscita un article admiratif d'André Chastel : « À propos d'une exposition (perdue) de Carlo Scarpa, vénitien », *Le Monde*, 26-27 juin 1975, p. 21.

17
Voir les essais que Marisa Dalai Emiliani, la plus brillante commentatrice de l'œuvre muséographique de Scarpa, a rassemblés dans un volume très précieux auquel nous sommes redevables, *Per una critica della museografia del Novecento in Italia. Il « saper mostrare » di Carlo Scarpa*, Marsilio, Venise 2008.

18
Sur les différentes étapes de la rédaction et de la publication de ce monument de l'histoire de l'art qu'est le *Caravage* de Longhi (Milan, 1952), voir Gianfranco Contini, « Varianti del Caravaggio. Contributo allo studio dell'ultimo Longhi », in *L'Arte di scrivere sull'arte. Roberto Longhi nella cultura del nostro tempo*, Giovanni Previtali (éd.), Editori Riuniti, Rome 1982, p. 66-82. Mais « Aspetti dell' antica arte lombarda », rédigé pour le catalogue de l'exposition *Arte lombarda dai Visconti agli Sforza* (1958, Milan), est tout autant un tournant historiographique... Les expositions du Palazzo Reale sont le creuset de révisions critiques fondamentales.

19
Sur les étapes de la nomination de Scarpa, voir Alba Di Lieto, « Museo di Castelvecchio, Verona, 1958-1964, 1967-1969, 1974 », in *Carlo Scarpa. Mostre e musei 1944/1976, Case e paesaggi 1972/1978*, Mondadori/Electa, Milan 2000, p. 164-193.

20
Une seule exception pendant toute cette période : le Padiglione di arte contemporanea que, sur les instances de Costantino Baroni, Ignazio Gardella édifie à Milan entre 1949 et 1953. Voir Saverio Ciarcia, *Ignazio Gardella. Il Padiglione di arte contemporanea di Milano*, Clean, Naples 2002.

21

Marisa Dalai Emiliani a beaucoup insisté sur l'inertie des musées italiens d'avant-guerre, voir « Musei della Ricostruzione in Italia, tra disfatta e rivincita della storia » in *Per una critica della museografia del Novecento in Italia*, op. cit., p. 77 et suiv. L'historiographie, aujourd'hui, met plutôt en lumière les germes de rénovation dont témoignent les initiatives de Guglielmo Pacchioni à la Galleria Sabauda, Turin, et au musée de la céramique à Pesaro, de Wart Arslan au Museo Civico de Bolzano, de Corrado Ricci à Brera (Milan) et à l'Accademia Carrara de Bergame... Mais seul le réaménagement de la Sabauda dans cette capitale de l'anti-fascisme qu'est Turin mérite, en 1934, d'être présenté sà la première conférence internationale de muséologie à Madrid : voir Paolo Morello, « La Museografia. Opere e modelli storiografici », in *Storia dell'architettura italiana. Il secondo Novecento*, Francesco Dal Co (éd.), Electa, Milan 1997, p. 392-417.

22

Voir A. C. Cimoli, *Musei effimeri*, op. cit., p. 182

23

La Triennale de Milan de 1936, illustrée par les projets d'intérieurs de Figini et Pollini, Labo, Ponti, etc., marque un tournant décisif.

24

Formule attribuée à Hermann Muthesius et à Walter Gropius ; Ernesto Nathan Rogers, membre de BBPR et directeur de *Domus* puis de *Casabella*, en fait le slogan du Congrès international d'architecture moderne (CIAM) de 1952.

25

Voir Antonio D'Auria, *Architettura e arti applicate negli anni Cinquanta. La vicenda italiana*, Marsilio, Venise 2012, p. 133-154.

26

Repris dans G. C. Argan, *Progetto e oggetto*, op. cit., p. 93-103.

27

Cité in D'Auria, *Architettura e arti applicate negli anni cinquanta*, op. cit., p. 135.

28

Précisément, Hubert Damisch identifiait le dessin chez Carlo Scarpa comme déploiement du projet « dans l'épaisseur du plan », voir « Dans l'épaisseur du plan », in « Carlo Scarpa », *Les Cahiers de la recherche architecturale*, n°19, Parenthèses, Marseille 1986, p. 40-47.

29

Cité in D'Auria, *Architettura e arti applicate negli anni cinquanta*, op. cit., p. 135.

30

Voir ici-même *Une heure avec Carlo Scarpa*, 1972, p. 177-201.

31

Voir Edoardo Persico, « Arredamento a Venezia di Deluigi e Scarpa », in *La Casa Bella*, n°55, juillet 1932, traduction française (qui limite la portée du mot arredamento) « Décoration intérieure à Venise », *Les Cahiers de la recherche architecturale*, n°19, p. 70.

32

On touche ici à l'une des limites de l'historiographie des musées qui a toujours eu le plus grand mal à faire une place à l'histoire des « intérieurs » dans l'élaboration de l'espace muséal, sauf à s'enliser dans les complaisances d'une histoire anecdotique du collectionnisme ; voir Patricia Falguières, « Les Inconnus dans la maison. Un parcours dans l'histoire du collectionnisme », in *L'Intime*, La maison rouge–Fondation Antoine de Galbert, Paris 2004, p. 31-57, 141-163; et les études rassemblées dans *Interiors*, Johanna Burton, Lynne Cooke, Josiah McElheny (éds.), Center for Curatorial Studies, Bard College, Sternberg Press, Annadale on Hudson & Berlin 2012.

33

La formule est de Marisa Dalai Emiliani, in « Musei della Ricostruzione », op. cit., p. 107.

34

Cité par Marisa Dalai Emiliani, in « Musei della Ricostruzione », op. cit., p. 103.

35

Marisa Dalai Emiliani, « Viatico per tre mostre : Dallo spazio interiore di Klee ai piani liberi per Mondrian, fino allo spettacolo di massa di *Frescoes from Florence* » (2000), repris in M. Dalai Emiliani, *Per una critica della museografia del Novecento in Italia*, op. cit., p.151-199.

36
Henri Focillon, *La Conception moderne des musées*, communication présentée au Congrès d'histoire de l'art, Paris, 26 septembre-5 octobre 1921, Actes du Congrès international d'histoire de l'art (1921), PUF, Paris 1923, vol. I, p. 85-94.

37
Cité in M. Dalai Emiliani, « Argan e il museo », op. cit., p. 71.

38
M. Dalai Emiliani, « Musei della Ricostruzione », op. cit., p. 102.

39
Ibidem, p. 103.

40
Le dispositif d'exposition de la *Marguerite de Brabant* n'alla pas sans susciter des critiques au sein même du « parti moderniste ». C. L. Ragghianti, par exemple, formule des objections de poids à l'emploi d'un dispositif électrique qu'une juste disposition eût rendu inutile : voir Marco Spesso, *Caterina Marcenaro. Musei a Genova 1948-1971*, Edizioni ETS, Pise 2011, p. 25. Albini et Scarpa représentent, à cet égard, les deux extrémités opposées du spectre moderniste.

41
Cité in Federico Bucci, « Spazi atmosferici : L'architettura delle mostre » in *I Musei e gli allestimenti di Franco Albini*, Federico Bussi et Augusto Rossi (éds.), Mondadori/Electa, Milan 2005, p. 21.

42
Cité in A. Rossari, « Leggerezza e consistenza », in *I Musei e gli allestimenti di Franco Albini*, Federico Bussi et Augusto Rossi (éds.), *op. cit.*, p. 45.

43
Bruno Zevi, *Apprendre à voir l'architecure*, tr. fr. Lucien Trichaud, Les Éditions de Minuit, Paris 1959, p. 19, 25.

44
Voir Nick Hopwood, Simon Shaffer & Jim Secord, « Seriality and scientific objects in the nineteenth century » in *History of Science*, XLVIII (2010), p. 251-285.

45
Caterina Marcenaro, cité in Augusto Rossari, « Leggerezza e consistenza », *op. cit.*, p. 45.

46
C'est le titre en particulier de deux livres de Zevi, *Saper vedere l'architettura*, Turin, Einaudi 1948, et *Saper vedere l'urbanistica. Ferrara di Biagio Rossetti, la prima città moderna europea*, comme celui des classiques de Matteo Marangoni (1876-1958), le divulgateur de Heinrich Wölfflin et de Benedetto Croce dans les années 1930, auteur de *Come si guarda un quadro*, Florence 1927, et de *Saper vedere*, Milan-Rome 1933, qui demeurent, après 1945, des bréviaires de la pédagogie italienne et connaissent de multiples traductions.

47
Benedetto Croce, *Problemi di estetica e contributi alla storia dell'estetica italiana* (1909), in M. Mancini (éd.), *Edizione nazionale delle opere*, Bibliopolis, Naples 2003, vol. 2, chap. 7, p. 614 ; voir B. Croce, *Bréviaire d'esthétique*, trad. Georges Bourgin, préface G. Tiberghien, Le Félin, Paris 2005, p. 110 (« La critique et l'histoire de l'art ») ; B. Croce, *Essais d'esthétique*, Gilles Tiberghien (éd.), Gallimard, Paris 1991, *passim*.

48
Costantino Baroni, « Interesse del museo » in *Museo d'arte antica al Castello Sforzesco, Città di Milano* 73, 3 (mars 1956), cité in Marisa Dalai Emiliani, « Musei della Ricostruzione », op. cit., p. 100.

49
Cesare Brandi (1906-1988), diplômé la même année que Giulio Carlo Argan et Palma Bucarelli, premier directeur de l'Istituto Centrale per il Restauro, élabore, dans les années 1950, la base doctrinale d'une théorie renouvelée de la restauration qui s'impose à l'échelle mondiale, et culmine avec *Teoria del restauro*, Edizioni di storia e letterature, Rome 1963, et *Teoria generale della*

critica, Einaudi, Turin 1974. Voir les actes du colloque *Cesare Brandi. Teoria ed esperienza dell'arte*, et *Cesare Brandi. La restauration : méthodes et études de cas*, Fr. Laurent, N. Volle, G. Toscano (éds.), Institut national du Patrimoine, Paris, 2007. Mais on n'oubliera pas la vivacité du débat sur le destin des centres historiques au milieu des années 1950 dont Ernesto Nathan Rogers, dans *Casabella – Continuità*, Bruno Zevi dans *L'architettura. Cronache e storia*, Roberto Pane ou Antonio Cederna sont alors les animateurs : voir O. Mazzei, *Ideologia del restauro architettonico da Quatremere a Brandi*, Milan 1980.

50
C. Baroni, cité in M. Dalai Emiliani, « Musei della ricostruzione », p. 114, n. 63.

51
Franco Albini, « Le finzioni e l'architettura del museo : alcune esperienze » (conférence au Politecnico de Turin, 1954-1955), cité in A. Rossari, « Leggerezza e consistenza », p. 48.

52
G. C. Argan, « Il Museo d'arte moderna », *Metron*, n°14, cité in M. Dalai Emiliani, « Argan e il museo », p 74.

53
Voir Gian Piero Brunetta, « Longhi e l'Officina cinematografica » in *L'Arte di scrivere sull'arte. Roberto Longhi e la cultura del nostro tempo*, Giovanni Previtali (éd.), Editori Riuniti, Rome 1982, p. 47-54 ; le catalogue de l'exposition *Carlo Ludovico Ragghianti e il carattere cinematografico della visione*, C. Cresti, C. De Seta, Ph. Duboÿ (éds.), Milan 2000 ; Tommaso Casini, « Argan e la televisione : dibattiti, polemiche e videolezioni di storia dell'arte », in *Giulio Carlo Argan intellettuale e storico dell'arte*, op. cit., p. 156-166. Rappelons que Robert Skira, qui joue un grand rôle dans la révolution de l'Après-guerre en matière de livre illustré sur l'art, appartenait au cercle de Lionello Venturi et que *I Maestri del colore* des éditions Fabbri a été le premier accès à l'art de générations successives de jeunes italiens. Cette collection d'études monographiques, vendue dans les kiosques, était conçue et rédigée par des spécialistes prestigieux qui présentaient les recherches les plus neuves au grand public : Rodolfo Pallucchini pour les volumes *Tintoret* et *Titien*, Umbro Apollonio pour *Mondrian*, Enzo Carli pour *Duccio*, etc.

54
Cité in M. Dalai Emiliani, « Argan e il museo », p. 73. Pour une approche de la stratégie mise en œuvre par la pionnière charismatique qu'est Palma Bucarelli, voir *Il museo come avanguardia*, Mariastella Margozzi (éd.), cat. exp., Galerie nationale d'Art moderne, 26 juin-1er novembre 2009, Mondadori/Electa, Rome 2009.

55
Voir Benedetto Croce, *L'histoire comme pensée et comme action*, Jules Chaix-Ruy (éd.), Droz, Paris 1968 ; B. Croce, *La philosophie comme histoire de la liberté. Contre le positivisme*, Sergio Romano (éd.), Le Seuil, Paris 1983.

56
On trouve chez Victor Chklovski la théorie la plus riche de *l'ostranénie* (*étrangement*, *dépaysement*, *défamiliarisation*) qui est l'opération par excellence de l'œuvre d'art ou de l'œuvre poétique : une recharge, une requalification de l'expérience, une intensification de la vie qui est l'effet propre de la perception esthétique : « elle est une fin en soi et doit être prolongée », voir V. Chklovski, *L'art comme procédé* (1917), in *Théorie de la littérature. Textes des formalistes russes*, Tzvetan Todorov (éd.), Le Seuil, Paris 1965, p. 76-97.

57
Caterina Marcenaro, « Le concept de musée et la réorganisation du Palazzo Bianco à Gênes » *Museum*, VII, n°4 (1954), cité in Marisa Dalai Emiliani, « Musei della Ricostruzione », op. cit., p. 113-114. Par contraste, et pour prendre la mesure du fossé culturel qui sépare les historiens de l'art italiens de nombre de leurs homologues français, on rappellera les propos de Germain Bazin, directeur du Musée du Louvre, en 1971, à l'occasion de l'exposition *Giovanni Pisano* : « par réaction contre l'emprise trop pesante du passé, les muséologues italiens ont souvent la tentation de présenter les objetsd'art d'une façon futuriste, par l'affirmation, dans les accessoires d'exposition, de matériaux et

de formes modernes faisant un violent contraste avec les formes », cité in Marco Spesso, *Caterina Marcenaro. Musei a Genova 1948-1971*, Edizioni ETS, Pise 2011, p. 25-26.

58
Brian O'Doherty, *White Cube. L'espace de la galerie et son idéologie*, tr. Catherine Vasseur et Patricia Falguières, La maison rouge/JRP|Ringier, Paris, 2008.

59
C'est ce qui n'avait pas échappé au grand historien viennois Julius von Schlosser, qui ne manquait pas d'identifier échoppes de barbier, boutiques et *freaks-shows* comme la postérité des *chambres de merveilles*, voir Julius von Schlosser, *Les Cabinets d'art et de merveilles de la renaissance tardive*, tr. Lucie Marignac, Macula, Paris 2012.

60
Wolfgang Liebenwein, *Studiolo. Die Entstehung eines Raumtyps und seine Entwicklung bis um 1600*, Gebr Mann Verlag, Berlin 1977 ; Wolfram Prinz, *Die Entstehung der Galerie in Frankreich und Italien*, Gebr. Mann Verlag, Berlin 1977.

61
Voir Samuel Cauman, *The Living Museum: Experiences of an Art Historian and Museum Director, Alexander Dorner*, New York University, New York 1958 ; Maria Gough, « Constructivism Disoriented : El Lissitzky's Dresden and Hannover Demonstrationsräume », in *Situating El Lissitzky. Vitebsk, Berlin, Moscow*, Nancy Perloff & Brian Reed (éds.), The Getty Research Institute, Los Angeles 2003, p. 77-128.

62
Voir Brian O'Doherty, *White Cube*, op. cit., chap. 2 « L'œil et le spectateur », p. 61- 92 ; Rosalind Krauss, *L'Inconscient optique* (1993), tr. Michèle Veubret, Au Même Titre éditions, Paris 2002 ; Caroline A. Jones, *Eyesight Alone. Clement Greenberg's Modernism and the Bureaucratisation of the Senses*, The University of Chicago Press, Chicago 2005.

63
Cité in D'Auria, *Architettura e arti applicate negli anni Cinquanta*, p. 135.

64
Sur la progressive élaboration des dispositifs d'exposition au MoMA, voir Mary Anne Staniszewski, *The Power of Display. A History of Exhibition Installations at the Museum of Modern Art*, MIT Press, Cambridge 1999. L'approche des « années Alfred Barr » au MoMA a été considérablement renouvelée par Sybil Kantor, *Alfred H. Barr Jr and the Intellectual Origins of the Museum of Modern Art*, MIT Press, Cambridge/Londres 2001, et Richard Meyer, *What was Contemporary Art ?*, MIT Press, Cambridge/Londres 2013.

65
Sans doute bien des nuances, bien des débats singularisent-ils les positions de chacun dans ce cadre général (par exemple sur les risques que l'explosion du nombre d'expositions fait peser sur le destin des musées, un débat qui oppose Longhi à Ragghianti et Argan ; sur l'interventionnisme excessif de certains architectes, etc.). Mais ces questions qui nourrissent une trame serrée de polémiques, d'interpellations, de débats de haute tenue dans une presse d'une abondance et d'une variété difficiles à imaginer aujourd'hui n'apparaissent plus désormais que comme des inflexions sur une toile de fond d'une puissante homogénéité.

66
Voir Sonja Moceri, « I Registi invadenti del Museo d'Arte antica del Castello Sforzesco di Milano. Genesi, ragioni e futuro di un allestimento storico (1948-1956) », in *Studi su Carlo Scarpa 2000-2002*, Kurt Forster et Paola Marini (éds.), Marsilio, Venise 2004, p. 259-285 ; et les chroniques de l'historien de l'art Giovanni Agosti rassemblées dans *Le Rovine di Milano*, Feltrinelli, Milan 2011.

67
Manfredo Tafuri, « Il frammento, la ‹ figura ›, il gioco. Carlo Scarpa e la cultura architettonica italiana », in *Carlo Scarpa*, Electa, Milan 1984, p. 89 ; et, du même auteur, *Storia dell'Architettura italiana 1944-1985* [1989], op. cit., chap. 6, « Deux maîtres : Carlo Scarpa et Giuseppe Samona ».

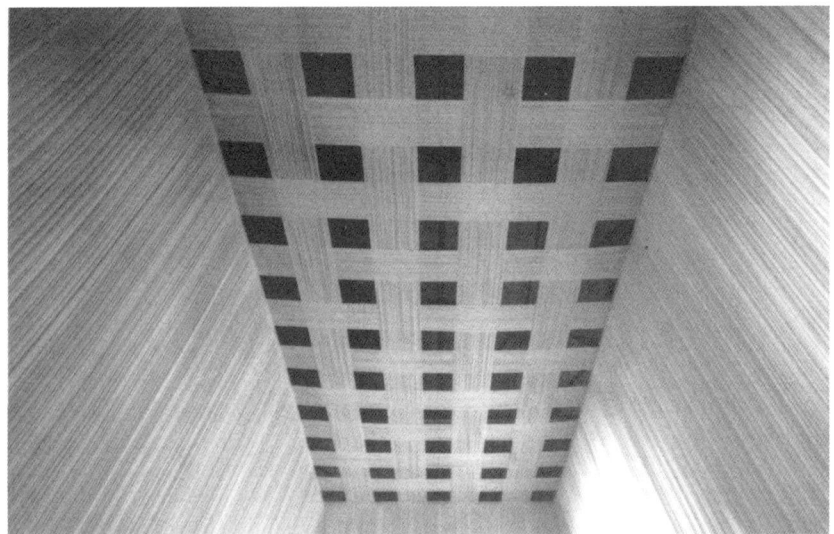
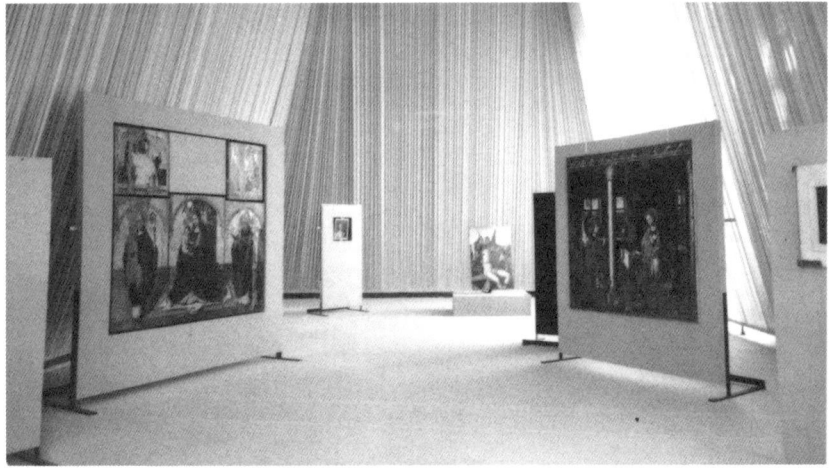

Carlo Scarpa, exposition *Antonello da Messina e la pittura del '400 in Sicilia*, Palazzo comunale, Messine, 1953

Montage photographique

INTRODUCTION
Le jeu savant, correct et magnifique des formes sous la lumière (méditerranéenne)

Philippe Duboÿ

« On devient muséographe, mais on naît architecte » est peut-être la meilleure et la plus juste définition que donne Carlo Scarpa de lui-même, paraphrasant l'aphorisme de Brillat-Savarin qu'il citait volontiers à son propos :
« On devient cuisinier, mais on naît rôtisseur »[1].

LA DÉLECTATION D'UN GOURMET

Georges Salles (1889-1966), petit-fils de Gustave Eiffel, conservateur au Musée Guimet puis directeur des Musées de France de 1945 à 1957, ne disait-il pas : « J'ai souvent pensé que, pour mieux comprendre le rôle primordial et parfois suffisant de la sensation dans notre plaisir esthétique, il n'était pas inutile de nous référer aux données d'un art, le moins haut placé dans la hiérarchie du goût, en revanche le plus souvent apprécié pour lui-même : l'art culinaire »[2]. Carlo Scarpa et Georges Salles se sont-ils croisés dans la spirale des couloirs de la Biennale de Venise ? S'ils l'ont fait, l'on peut imaginer que Scarpa lui aura dit pour se présenter : « Je suis un homme très humble et très simple. J'ai fait quelques réalisations. Je suis un peu spécialiste, je le dis d'une manière ironique – quelle barbe les spécialistes, mais le monde moderne aime les spécialistes –, je suis un peu *muséographe*. J'ai fait beaucoup d'expositions, mon travail est très restreint, des réalisations qui ne sont pas très importantes »[3].

L'un des premiers conservateurs de musée à voir dans le travail muséographique de Carlo Scarpa un « stimulant exemple » fut, dès 1950, Georges Henri Rivière (1897-1985). À propos de la partie supérieure de l'ancienne église de la Carità, à Venise, « transformée en salle d'exposition, où l'on a *conservé* l'ancien plafond à chevrons de la nef et respecté les éléments architecturaux des murs, tout en subdivisant l'espace intérieur au moyen de cloisons qui composent une salle d'exposition complètement indépendante du milieu ambiant », il souligne une « conception moderne » qui consiste à « éviter dans les aménagements nouveaux, résultant de l'affectation muséale, tout pastiche inspiré par le cadre ou les objets exposés ». Selon Rivière, c'est même ce caractère moderne qui confère à ces objets un maximum de chance de succès et de durée[4].

Publié dans le numéro 11-12 de *Techniques et Architecture*, l'article de Rivière n'est pas illustré par l'ancien couvent de la Carità, soit les actuelles Galeries de l'Académie, mais par l'« Exposition des œuvres de Giovanni Bellini au Palais Ducal de Venise » (12 juin-5 octobre 1949) dont le succès public et critique – dont témoignent autant Bernard Berenson que Roberto Longhi – fut la confirmation au niveau international de la qualité muséographique des extraordinaires « promenades architecturales » de Carlo Scarpa. Après la Galerie du Cavallino (1942) et la Biennale internationale de Venise de 1948, sa réputation était désormais établie.

Pendant tout le XXe siècle, Carlo Scarpa s'est illustré comme un muséographe exceptionnel. Il s'agira pour nous de rendre compte des expériences successives qui l'ont amené à se confronter à divers monuments historiques ainsi qu'à l'art moderne et contemporain, sachant que les écrits de Scarpa sont rares pour ne pas dire inexistants. Seuls témoignages de son travail : les derniers cours à l'Institut universitaire d'architecture de Venise (1974-1975, 1975-1976), quelques conférences et entretiens enregistrés, une émission de télévision. Cet ouvrage a ainsi pour objectif de fournir une sélection, aussi complète que possible, des documents existants sur l'œuvre muséographique de Carlo Scarpa.

C'est au cours de sa carrière d'architecte que l'opportunité de pratiquer l'art d'exposer s'est présentée à Scarpa, et c'est à partir de sa propre culture qu'il l'a décliné. De cet art, il révèle souvent implicitement les ingrédients sans en dévoiler pour autant les secrets. Parce qu'il aime à rappeler les étapes traditionnelles de son parcours professionnel, comme le faisait Charles-Édouard Jeanneret, alias le jeune Le Corbusier, « Nous avons appris dans des écoles pendant toute notre jeunesse à manier un crayon qui tracera sans arrêt des ornements, des ornements, et encore des ornements, et [...] tout cet acquis néfaste, nous ne pouvons plus nous en débarrasser »[5], il nous a semblé nécessaire d'insister sur l'éducation de Carlo Scarpa et les signes, les traces et les pistes qu'elle a laissés en lui.

LES OCCUPATIONS MANUELLES DE FRÖBEL

Dans l'une de ses dernières leçons sur le thème du musée, Carlo Scarpa révèle sans doute ce qui en a été le premier ferment, son apprentissage d'enfant et d'adolescent : « À la Tate Gallery de Londres, j'ai vu des enfants devant un tableau de Matisse, un collage de papier jaune, rose et vert. Imaginez ces enfants très joyeux, assis par terre, capables de dire ‹ Nous aussi, nous pouvons en faire autant ›, mais ce tableau valait peut-être 200 millions. Je ne sais pas si les enfants en ont compris tous les processus ; l'éducation permet de les saisir. On devrait même enseigner l'histoire de l'art dès la première année du cours élémentaire ou tout simplement, par exemple, leur dire qu'il y a 50 000 ans un homme dans une grotte a strié de ses mains la boue sur les murs et que cette empreinte est restée. On pourrait enseigner Fröbel aux enfants, même aux enfants du cours moyen des 1ère et 2e années, n'est-ce pas ? Ainsi, ils apprendraient à dessiner »[6].

Le manuel, le plus diffusé en Europe à la fin du XIXe et au début du XXe siècle, du célèbre pédagogue allemand Friedrich Fröbel (1782-1852) éclaire explicitement le propos de Scarpa : « Si les chefs-d'œuvre d'art doivent civiliser et moraliser le peuple, il ne suffit pas de les lui rendre accessibles extérieurement en lui ouvrant les musées et les galeries, il faut encore qu'il soit capable d'en profiter, en recevant une impression qui agisse sur son esprit. Or, on ne reçoit une impression véritable par la contemplation d'une œuvre d'art que lorsqu'on en saisit les beautés – au moins par le sentiment – et l'idée qui l'a inspirée. Mais il faut avoir produit soi-même, jusqu'à un certain degré, quelque chose approchant du beau et manifestant l'harmonie, de quelque manière que ce soit, pour être capable d'éprouver la jouissance artistique »[7].

En dehors des jeux, les *dons* de Fröbel, toutes les occupations manuelles qu'il préconise pour l'enfant – le *tissage*, le *pliage*, l'*entrelacement*, le *découpage*, le *piquage* et enfin le *dessin linéaire* – habitent tout l'œuvre de Carlo Scarpa. Il est né à Venise en 1906 où son père, Antonio Scarpa, d'origine modeste, était devenu en 1888 instituteur après des études de menuisier-ébéniste à l'Institut professionnel Manin des Pères Cavanis où il se perfectionna en dessin technique[8]. La méthode Fröbel ne lui était certainement pas inconnue : elle était fréquemment utilisée dans ces instituts professionnels dès la fin du XIXe siècle. Le premier *asile* [école maternelle] froebélien en Italie fut ouvert à Venise en 1869 par la directrice de l'asile-modèle de Berlin, Emilia Froehlich. Il sera suivi d'un deuxième, puis de plusieurs autres sur tout le territoire de la Vénétie et jusqu'à Vicence. Le monde catholique s'implique dans la rénovation de l'éducation de l'enfant, l'Institut Manin n'étant pas en reste en ce qui concerne l'enseignement professionnel[9].

Un chapitre entier du manuel de Fröbel est consacré au dessin linéaire qui « offre des séries de combinaisons inépuisables. En effet, quelle infinité d'exercices ne trouve-t-on pas quand on exécute, avec chaque élément, les figures de la première série ? De plus, ce dessin occupe l'enfant d'une manière plastique, tandis que, dans nos anciennes méthodes, l'élève n'est, la plupart du temps, qu'une machine à copier. Vous trouvez dans Fröbel tout ce qu'il faut pour donner une base solide au dessin industriel et artistique »[10].

Luigi Scarpa, le frère de Carlo, confirme leurs vacances studieuses où leur père les familiarisait avec les exercices de Fröbel : « Comme Carlo, j'ai dessiné des dallages de mosaïque avec des étoiles, des cercles, des losanges ou des carrés. Ensemble, nous avons appris à diviser le cercle non seulement en carrés ou en hexagones et octogones inscrits – des divisions faciles – mais aussi en 7, en 9, en 10 et 11 parties, utilisant le trait, l'équerre et le compas. Des dessins que nous colorions d'aquarelle, avec toute la patience requise et un certain plaisir, bien guidés par papa »[11].

Enfant et adolescent, Carlo Scarpa vécut à Vicence : « cette ville historique qui vit naître l'excellent architecte Palladio qui y laissa de très nombreux témoignages de son talent »[12]. Sa mère, Emma Novello, y avait un atelier de couture pour la bonne société et aiguisait l'habileté à dessiner de Carlo, familier des exercices de tissage de Fröbel, pour lui faire copier les patrons et en agrandir des détails. À la mort de sa mère, à 13 ans, il quitte Vicence et l'École technique Andrea Palladio pour suivre les cours de l'Académie royale des Beaux-Arts de Venise[13].

L'ÉCOLE D'ART (1919-1926)

Dans son dernier entretien, avant son dernier voyage au Japon, Carlo Scarpa revient sur ses années d'apprentissage : « J'ai étudié l'architecture à l'Académie de Venise dans les règles de la tradition italienne. En fait, je dessinais très bien ; ma passion, c'était le dessin de la main gauche, et alors mon père, un instituteur avec sa culture petite-bourgeoise, disait : ‹ tu iras à l'Académie ›. Moi je m'imaginais une étrange école différente des autres. […] Mon père, qui avait quelque intuition, présenta à l'Académie mes dessins d'enfants, mes œuvres personnelles en quelque sorte, pas du tout scolaires. Les professeurs de l'Académie me firent entrer directement en première année, sans passer par le cours préparatoire et avec une dispense d'âge d'une demi-année. […] Je me disais : peut-être serais-je peintre, ou artiste ? J'ai été tout de suite passionné par le dessin d'architecture et par la peinture, alors que je ne voulais rien savoir des arts plastiques. […] Sans vouloir en mettre plein la vue, j'étais le meilleur élève du cours spécial d'architecture. Je faisais même les projets de mes camarades comme cela j'apprenais plus. […] De toute manière, je me souviens que j'avais une grande affection pour mon professeur d'architecture Guido Cirilli. J'étais son élève préféré. À l'Académie, nous étudions surtout le classique italien. Un jour à l'école, j'ai eu un choc devant une statue grecque. Cela éveilla en moi des questions, des valeurs que je n'avais pas comprises avant »[14].

L'ART DÉCORATIF D'AUJOURD'HUI

Le parcours de Carlo Scarpa est en bien des points identique à celui de Le Corbusier, la relation à Fröbel pour commencer[15], puis une école d'art qui les prépare d'abord aux métiers des arts décoratifs typiques de leur ville natale – pour Le Corbusier, l'horlogerie ; pour Scarpa, la verrerie. Puis, pour tous les deux, au regard de leurs excellents résultats, le cours spécial d'architecture avec le même penchant naturel pour le Werkbund, « le lien pour l'œuvre » allemand et autrichien, la *Wiener Werkstätte* et l'architecte viennois Josef Hoffmann (1870-1956)[16]. À Scarpa, le titre d'architecte sera refusé malgré la lettre de recommandation de son professeur Guido Cirilli qui accompagnait sa demande d'inscription à l'Ordre des architectes en décembre 1926, un mois après l'obtention de son diplôme de professeur d'architecture. Déjà, dans cette lettre, se dégage très clairement la personnalité de Scarpa : « J'ai l'honneur de déclarer que j'ai proposé, pour être mon assistant d'architecture à la chaire d'Architecture de cette École supérieure, devenue récemment Institut, le professeur Carlo Scarpa, de Venise. Je l'ai choisi pour ses qualités particulières d'artiste et de chercheur. Si l'architecture n'est pas un dérivé pur et simple de formules, mais plutôt l'expression d'une âme sensible à la forme, à l'équilibre des rapports, à la couleur et qui comprend et saisit sans effort la possibilité d'utiliser jusqu'aux difficultés qu'engendrent les exigences pratiques afin de créer les thèmes nouveaux, Scarpa est bien un architecte – et d'une intelligence qui lui permet, au moment opportun, de faire face à des lacunes que seule une longue pratique permet de combler. C'est pourquoi je me félicite de l'avoir choisi comme collaborateur pour l'enseignement de la discipline architecturale. Je suis heureux de pouvoir l'affirmer ici »[17].

Professeur d'architecture, Scarpa excellera toute sa vie au sein de l'Institut universitaire d'architecture de Venise où il y défendra l'architecte qu'il était avec toutes les difficultés que cela lui occasionna. Et c'est donc dans l'art du verre qu'il prit véritablement son essor, à Murano d'abord chez les maîtres verriers Cappellin & C. dès 1925, puis chez Venini de 1932 à 1947[18].

L'ESPRIT NOUVEAU

Carlo Scarpa revient souvent sur les racines de son éveil culturel qui marqua ses premières expériences d'architecte et de directeur artistique à Murano. Ainsi, dans sa conférence de Vienne en 1976 : « La tradition de mes études me portait, en raison de la position géographique de Venise, à être attentif à la modernité venant de Vienne, avec les noms célèbres que vous connaissez tous. Naturellement, l'artiste que nous avons le plus connu, pour ainsi dire le plus aimé, et qui nous a le plus enseigné, est celui qui avait la faveur des revues allemandes. C'était Josef Hoffmann, et, chez Hoffmann, il y a une petite… pourquoi petite, plutôt une grande expression du sens de la décoration qui, pour les étudiants de l'Académie des Beaux-Arts, pouvait faire penser, comme disait Ruskin, que l'architecture est décoration. Cela tient au simple fait qu'au fond, je suis un peu byzantin et que, chez Hoffmann, se trouvent des caractéristiques orientales ou, si vous voulez, qui concernent une Europe tournée vers l'Orient. C'est difficile à expliquer mais, intuitivement, quelqu'un qui connaît les formes expressives de cet architecte me donnera raison. [...] En vérité, et malheureusement, je suis l'héritier d'une tradition culturelle, celle du Monument à Victor Emmanuel II érigé à Rome, parce que j'étais le meilleur élève de mon professeur, qui fut lui-même le meilleur élève de l'auteur de ce monument. [...] Le malheur de la pauvreté d'esprit de l'Italie de ce moment-là était que, dans les Académies des Beaux-arts, [...] les personnalités qui y enseignaient appartenaient au goût éclectique du XIXe siècle. Alors, nous avons dû faire un certain effort pour nous détacher de la formation pédagogique que nous avions reçue. On devrait toujours faire cet effort, car même si on effectuait ses études dans le plus large et le meilleur environnement culturel qui soit, pour obtenir une certaine qualité personnelle et ce sens d'autorité morale que tout individu, dans le domaine de l'art, doit conquérir – sans quoi il ne pourrait se déclarer artiste –, il faudrait couper le cordon ombilical. Aussi, ce fut une chance pour moi, à peine mes études terminées, de trouver un ouvrage intitulé *Vers une architecture* ; ce fut une révélation. À partir de ce moment, les conditions *spirituelles* changèrent totalement »[19].

Son amitié avec le peintre vénitien Mario Deluigi (1901-1978) est aussi productrice que celle qui lia Le Corbusier avec le peintre Amédée Ozenfant à l'époque de la revue *L'Esprit Nouveau*, contemporaine de leurs premiers échanges et premières collaborations. Giuseppe Mazzariol (1922-1989), commanditaire de la restauration qu'ils réalisèrent ensemble de la Fondation Querini Stampalia à Venise, donne, à propos de Deluigi, un témoignage très juste de cette amitié fraternelle : « Toute sa vie avec Scarpa, son véritable interlocuteur idéal, et avec peu d'autres amis, Deluigi commence ce qu'il définira, quelques années plus tard, comme sa *palestre culturelle*. La bibliothèque de l'ami, qui peut se procurer directement de l'étranger les publications interdites ces années-là en Italie, devint la fabrique de la pensée, le point de rencontre de toutes leurs discussions liées à l'art et à l'architecture, dans une dimension européenne. Leurs discussions et leurs lectures donnent à Deluigi les outils de sa quête d'une méthode *rationnelle* comme expression personnelle de sa peinture. La recherche d'une *règle* qui lui permette de trouver une expression nouvelle suscite son intérêt, sa passion pour la thématique et les théories cubistes. Pour Deluigi, c'est là le grand changement, la première approche de l'abstraction »[20].

LA BIBLIOTHÈQUE FANTASTIQUE

Comme Le Corbusier, dont il possède pratiquement tout l'œuvre écrit, Carlo Scarpa consacrait quelques heures de la matinée à la lecture. Sa bibliothèque d'une extraordinaire richesse permet de suivre les méandres de sa pensée tout au long de sa carrière et révèle des influences et des sources inattendues. Au contraire de Le Corbusier, il n'écrit pas de manifeste ; il n'a aucun besoin de se défendre avec, comme seule arme, *la pointe de son crayon*, mais les livres illuminent son œuvre. À ce propos, comment ne pas évoquer Michel Foucault à propos de la culture livresque de Flaubert, l'une des très nombreuses lectures de Scarpa : « À moins que peut-être Flaubert n'ait fait l'expérience d'un fantastique singulièrement moderne. C'est que le XIXe siècle a découvert un espace d'imagination, dont l'âge précédent n'avait sans doute pas soupçonné la présence. Ce lieu nouveau des fantasmes, ce n'est plus la nuit, le sommeil de la raison, le vide incertain ouvert devant le désir : c'est au contraire la veille, l'attention inébranlable, le zèle érudit, l'attention aux aguets. Un chimérique peut naître de la surface unie et blanche des signes imprévus du volume fermé et poussiéreux qui s'ouvre sur un envol de mots oubliés ; il se déploie soigneusement dans la bibliothèque assourdie, avec ses colonnes de livres, ses titres alignés et ses rayons qui la ferment de toutes parts, mais baillent, de l'autre côté, sur des mondes impossibles. L'imaginaire se loge entre le livre et la lampe. On ne porte plus le fantastique dans son cœur ; on ne l'attend pas non plus des incongruités de la nature ; on le puise à l'exactitude du savoir ; sa richesse est en attente dans le document. Pour rêver, il ne faut pas fermer les yeux, il faut lire. La vraie image est connaissance »[21].

CONSTRUIRE EN FER ET EN BÉTON

Encore élève du cours spécial d'architecture à l'Académie, Carlo Scarpa se familiarise avec le métier dans des agences d'architecture locales puis, en 1926, plus particulièrement avec l'ingénieur Angelo Velo à Fontaniva, province de Padoue, où pour la première fois il peut expérimenter les nouvelles techniques de construction : le fer et le béton armé « qui, à eux seuls, constituent une libération que les millénaires antérieurs avaient inutilement recherchée, [...] une véritable libération dans les contraintes subies jusqu'ici, [...] une révolution dans les modes de construire » comme il pouvait lire dans le manifeste de Le Corbusier *Vers une architecture*[22]. L'entreprise de Fontaniva était spécialisée dans la construction en béton armé avec des éléments préfabriqués démontables[23], ce qui ne sera pas sans laisser des traces dans la manière dont Scarpa mettra en œuvre ce matériau tout au long de sa carrière.

VERS UNE ARCHITECTURE

Selon un parcours professionnel identique à celui de Le Corbusier, l'adhésion de Carlo Scarpa au Mouvement rationaliste en 1931, avec quatre autres architectes vénitiens, ne laisse aucun doute sur l'orientation qu'il compte suivre : « Demandons aux quelques Italiens capables de sensibilité si notre industrie du bâtiment a produit, oui ou non, une quelconque œuvre d'art dans les cent dernières années qui nous précédent. À notre époque, tous utilisent un nouveau matériau de construction qui indique, mieux que tous les programmes ou les théories esthétiques, la voie sur laquelle marquer le pas. En adoptant le béton armé et en le pliant aux exigences et aux buts rationnels de l'édifice, celui qui saura introduire l'élément spirituel et fantastique qui en révélera l'expression artistique sera un grand artiste. Il est naturel que cet élément soit absolument *nouveau* et *original*. Ainsi personne ne pourra le distinguer entre toutes les appellations, aujourd'hui très recherchées, pour définir le caractère d'une œuvre quelconque que nos grands architectes ont l'audace de faire passer pour moderne »[24].

Est-il l'auteur de ce texte ? Les deux citations en français qui l'introduisent peuvent le laisser supposer : « Lorsqu'une œuvre semble en avance sur son temps, c'est simplement que son époque est en retard sur elle. » Et cette autre : « Un artiste qui recule ne trahit pas, il se trahit. » Deux aphorismes, extraits du *Coq et l'Arlequin* (1918) de Jean Cocteau, que l'on trouve dans sa bibliothèque, soulignés de sa main dans la marge par un trait de crayon[25]. Quelques pages plus loin, Scarpa lui-même souligne un autre aphorisme qu'il fait sien et que nous retrouvons en conclusion du texte qu'il a cosigné : « Le public interroge. Il faut répondre par des œuvres, non par des manifestes »[26].

IL VENTUNO

apre un' INCHIESTA alla quale TUTTI sono invitati a rispondere:

Ritenete possibile a Venezia lo sviluppo di una architettura razionale?

La domanda va intesa in senso lato.

Saremo grati a chiunque vorrà risponderci, e specie ai veneziani i quali troveranno in questa inchiesta un argomento per loro particolarmente importante.

Dei più significativi pareri favorevoli o contrari sarà tenuto conto nel numero dedicato a Venezia.

Preghiamo di volerci inviare le risposte entro il 31 dicembre.

IL VENTUNO - Redazione: S. Polo 1196 - Tel. 8 07

Présentation de l'enquête
Le développement d'une architecture rationnelle est-il possible à Venise ?, publiée dans la revue *Il Ventuno*, Venise, octobre 1932

Le commentaire au crayon dans la marge de Carlo Scarpa : « Valeri, les moyens pour répondre ARCHI » concerne bien le texte publié dans *Il Lavoro fascista*. Il en révèle peut-être aussi l'auteur complice Diego Valeri (1887-1976), universitaire, écrivain et critique d'art, qui a dû amicalement prêter sa plume aux signataires de cette adhésion. Ces citations de Cocteau font explicitement écho aux arguments du manifeste rationaliste du *Gruppo 7*, groupe des jeunes architectes milanais Ubaldo Castagnoli, Luigi Figini, Guido Frette, Sebastiano Larco, Gino Pollini, Carlo Enrico Rava et Giuseppe Terragni qui, dès 1926, se réclament eux aussi de l'*Esprit Nouveau* de Le Corbusier en ces termes : « La correspondance entre Le Corbusier, sans doute aujourd'hui le plus important des initiateurs d'une architecture rationnelle, et Jean Cocteau, est impressionnante : Le Corbusier écrit ses très lucides livres polémiques qui traitent de l'architecture avec le style de Cocteau et construit ses maisons selon le même idéal de logique rigide, limpide, cristalline. Cocteau, à son tour, construit ses écrits selon un schéma de concision et de simplicité *corbuséenne* totalement architectonique »[27].

Répondre par des œuvres, c'est donc déjà la ligne de conduite à laquelle Carlo Scarpa s'astreint. Malgré la vaste culture littéraire dont témoigne sa bibliothèque, il laisse désormais à d'autres le soin d'écrire pour lui.

À Venise, ce manifeste fut sans doute le fer de lance d'un débat qui anima le milieu professionnel et intellectuel comme en témoigne l'enquête lancée en octobre 1932 par la revue *Il Ventuno*, dirigée par deux jeunes étudiants du Groupe universitaire fasciste (GUF), le cinéaste Francesco Pasinetti (1911-1949) et son frère l'écrivain Pier Maria Pasinetti (1913-2006) : « Le développement d'une architecture rationnelle est-il possible à Venise ? »[28]. La réponse de l'historien d'art Rodolfo Pallucchini (1908-1989), futur directeur de la première Biennale internationale de Venise de l'Après-guerre en 1948 pour laquelle il choisira Scarpa comme architecte, est claire : « L'architecture rationnelle convient à Venise non seulement pour des raisons pratiques et de commodité mais surtout pour des raisons de tradition et d'esthétique »[29].

La revue de l'Ateneo Veneto, l'institut de science, de littérature et d'art fondée par Napoléon en 1810, se fait également porte-parole de la polémique : l'architecte Duilio Torres (1882-1968) revendique l'architecture nouvelle mais uniquement pour le Lido et le nouveau port industriel de Marghera[30] alors que l'ingénieur Alberto Magrini est partisan du développement de l'architecture moderne dans Venise même. Magrini proposa à Le Corbusier de « jeter un œil sur les paroles soulignées en rouge » de son article avant son intervention sur *L'État actuel de l'Architecture*[31] à la séance de l'Entretien international sur les *Arts contemporains et la réalité, l'art et l'état*, organisé au Palais Ducal le 25 juillet 1934. Le Corbusier prit part au débat en ces termes : « L'Italie, terre des arts, mais hélas aussi gisement inépuisable de toutes les exégèses académiques, dormait sur l'oreiller de ses musées et de ses ruines. Dans un effort de réveil admirable, ses énergies se sont tendues. Rome était omniprésent, Rome des Césars, Rome des Papes. Pendant dix années, le Chef délégua aux organes constitués depuis toujours la responsabilité des actes architecturaux. Mais la jeunesse bouillonnait. Le pays était mis en ordre, la vie nouvelle s'en était emparé, l'équipement neuf couvrant petit à petit la terre des ruines, le Chef un jour et tout récemment est intervenu et, dans un bref adressé aux jeunes architectes, fit au sénat qui, pompeusement avait condamné l'architecture des temps modernes, la réplique décisive. Désormais, pour l'Italie couverte de souvenirs antiques, abusivement exploités par les paresses et les vanités, le souffle des temps modernes a dégagé un avenir allègre. Les jeunes sont prêts. […] Il semble que l'architecture, en ces temps, puise à nouveau dans la lumière méditerranéenne les sèves éternelles : l'architecture est le jeu savant, correct et magnifique des formes sous la lumière »[32]. Scarpa, certainement présent dans le public, ne pouvait qu'approuver les paroles de Le Corbusier.

UNE MAISON, UN PALAIS

Edoardo Persico (1900-1936), l'architecte et le critique le plus perspicace de la revue *La Casa Bella*, porte-parole de l'architecture rationaliste, y prit fait et cause pour « ces deux jeunes vénitiens » à propos des intérieurs réalisés par Scarpa et Deluigi, comme « un aspect secret et élégant de la Venise moderne » : « Venise est l'une de ces cités italiennes qui s'imaginent à jamais pétrifiées dans leur antique splendeur, absorbées dans une vision de grandeur qui appartient désormais aux manuels d'histoire. Dans cette ville d'ailleurs, les rêveries des habitants nourris par celles des poètes ont créé une image qui tient à la fois du romantisme d'une gravure anglaise du XIXe siècle et du dessin *liberty* : quelque chose entre une poésie de Byron et une page du *Feu* de D'Annunzio. Et pourtant aussi longtemps que les villes, embaumées par les onguents des poètes et enveloppées dans les bandelettes des historiens, seront habitées par des hommes vivants, l'esprit de l'actualité soufflera toujours dans leurs murs ; comme un vent de nouvelles fortunes qui effleuraient San Marco et la Ca' d'Oro. [...] Cela signifie que l'importance du goût moderne a été comprise à Venise comme un renouvellement pour la beauté de cette ville, pour en maintenir à travers le temps l'idée d'une élégance suprême. Un exemple pour tous ces ‹ faux antiquaires › qui décorent, non seulement leur propre maison, de faux XVIᵉ ou de faux baroque ; et une incitation à tous les Vénitiens pour qu'ils donnent sans cesse des formes et des valeurs nouvelles à ces tendances qui, dans l'histoire, ont créé le faste merveilleux de la lagune. En Italie, le problème d'un goût moderne ne se situe pas, en effet, dans une création à partir du néant, comme prétendent le croire les adversaires des choses nouvelles, mais dans une sorte d'enrichissement et d'actualisation de ce qui constitue le patrimoine réel de notre race : l'amour de la beauté. Telle est l'idée qui, plus que d'autres, a guidé Deluigi et Scarpa dans leur tâche d'excellents décorateurs italiens »[33].

Mais la première architecture vraiment importante de Carlo Scarpa à Venise est la restauration d'un palais sur le Grand Canal, l'Institut supérieur d'économie et de commerce, la faculté de Ca' Foscari inaugurée le 3 février 1937 par le ministre de l'Éducation nationale Giuseppe Bottai. Le critique d'art Giuseppe Marchiori (1901-1982), l'un des futurs commissaires de la Biennale de Venise de 1948, est déjà convaincu de son talent, si l'on en juge par son commentaire écrit : « Venise se rénove ? Certainement. Ici aussi, on travaille et on détruit le vénérable lieu commun de la ville-musée. Du Pont du Littorio à Piazzale Roma et au grand parking, de la Riva à la nouvelle gare ferroviaire et aux bâtiments de Ca' Foscari, une série d'œuvres imposantes témoignent de la ferveur de ceux qui président au sort de Venise avec un vrai esprit fasciste. Ces jours-ci, le ministre Bottai, en visite à Venise, a pu se rendre compte des œuvres construites et des projets et, par sa présence, a donné une plus grande solennité à l'inauguration de l'année académique de l'École supérieure de commerce rénovée par une restauration radicale, décidée par le pro-recteur Lanzillo et exécutée de manière vraiment digne de louange par l'architecte Scarpa. La tache était difficile : il fallait adapter le vieux palais des Foscari aux exigences modernes des études universitaires. Thème rigide, qui n'admettait pas de transformations révolutionnaires de l'édifice construit pour une destination bien différente. Dans les limites imposées par la structure du palais, Scarpa a su résoudre avec une rare ingéniosité de moyens et d'inventions tous les problèmes

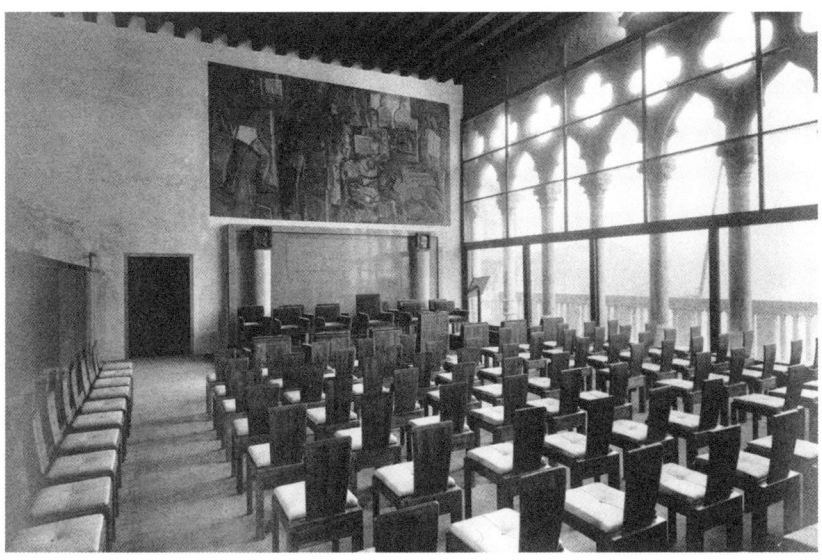

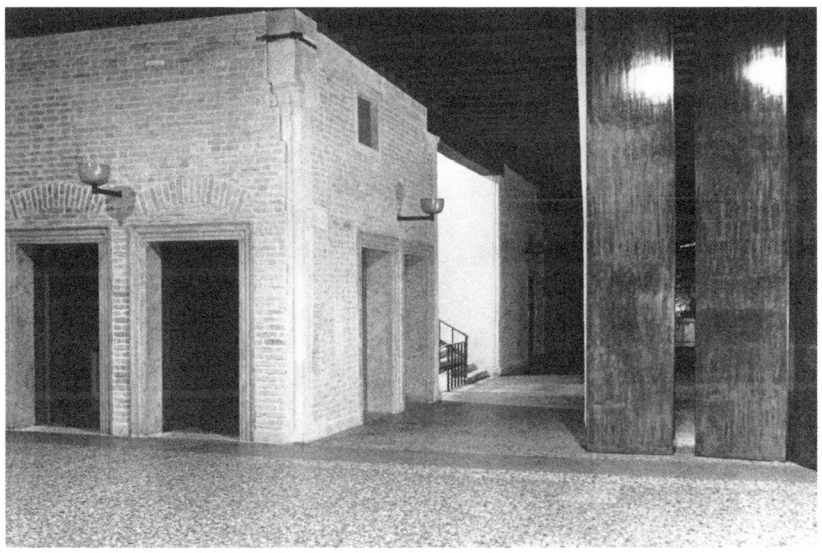

Ca' Foscari, Institut supérieur d'économie et de commerce ; réalisation : 1935-1937

Dans l'Aula Magna, la fresque *Venise, l'Italie et les Études* de Mario Sironi
Au premier étage, les portes gigantesques de la salle de cours se développent sur toute la hauteur, coulissant sur un pivot central et permettant un jeu savant d'ouverture, de fermeture et d'entrebâillement

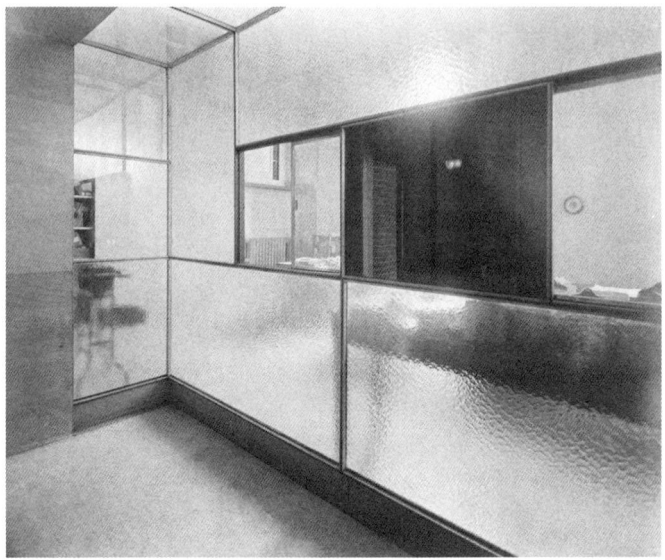

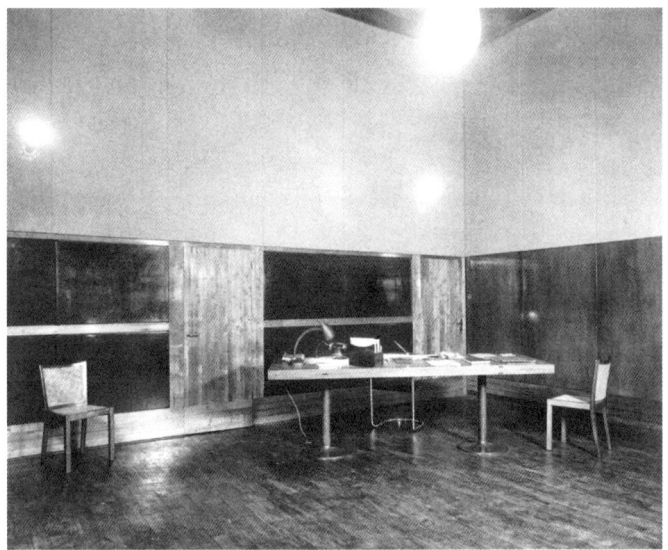

Ca' Foscari, Institut supérieur d'économie et de commerce ; réalisation : 1935-1937

Les cloisons vitrées des bureaux ; le bureau du recteur

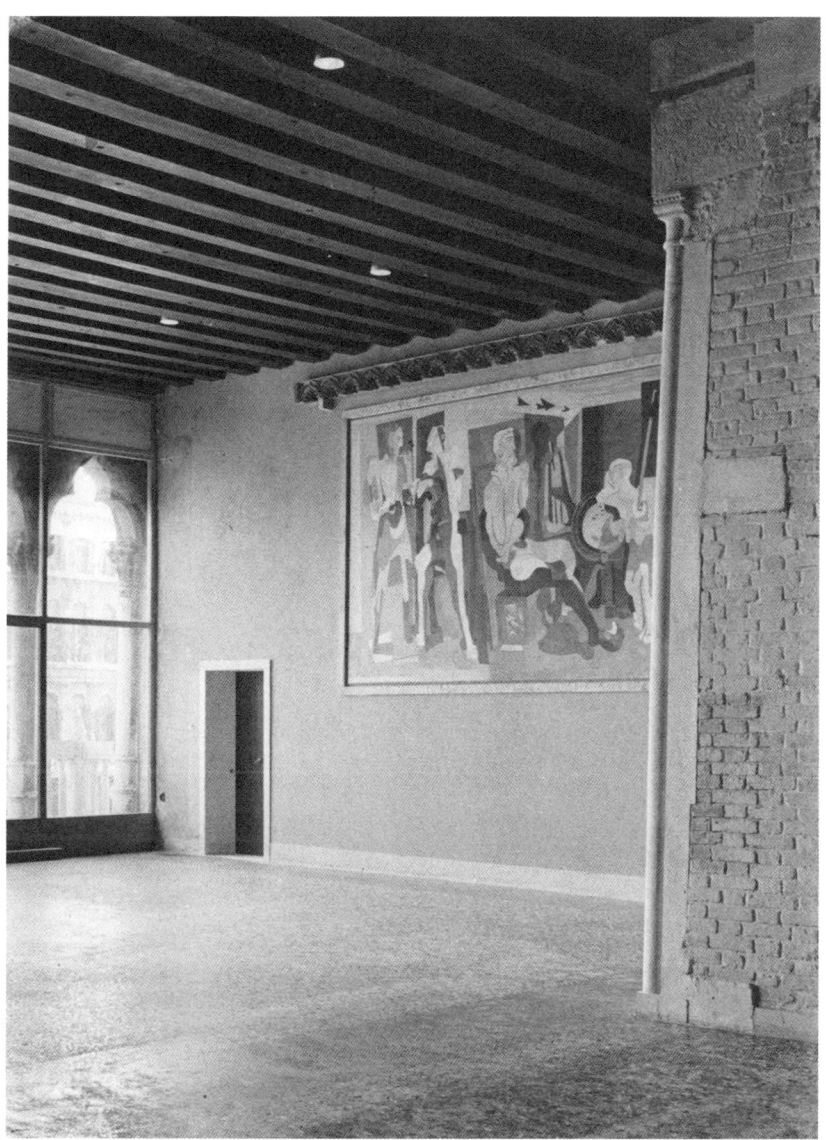

Ca' Foscari, Institut supérieur d'économie et de commerce ; réalisation : 1935-1937

Au premier étage, la salle de cours avec la fresque *La Scuola* de Mario Deluigi

pratiques (nouvelles salles de cours, Aula Magna, couloirs de circulations, bureaux, installation moderne des services), en maintenant un juste équilibre entre le moderne et l'ancien. Les briques mises à nu dans l'atrium et la salle du premier étage et les espaces se sont admirablement accordés à l'architecture gothique de la façade dont les fenêtres trilobées ont retrouvé leur légèreté grâce aux huisseries simples des grands vitrages. Quelques poutres ornées, découvertes pendant la restauration, ont été conservées avec des montants de différents marbres et d'autres éléments décoratifs selon la volonté de l'architecte pour rappeler la structure d'origine du palais. Là où il a fallu refaire les enduits, les couleurs sont toujours justes et de bon goût. Scarpa a eu un goût très sûr dans le choix des matériaux, comme souvent certaine pierre du Carso d'un gris très délicat. Deux fresques complètent l'œuvre de l'architecte que Monsieur Lanzillo a confié à Mario Sironi et à Mario Deluigi. Celle de Sironi, dans l'Aula Magna, reprend des motifs déjà connus d'autres fresques du célèbre peintre milanais. L'autre, au contraire, mérite un examen approfondi plus qu'un rapide fait de chronique. Dans cette œuvre de grand engagement et de vastes proportions, Deluigi conclut une période tourmentée de doute, débouchant sur le refus catégorique de tout compromis hybride entre l'ancien et le moderne. Création fantastique : art subjectif. Mais l'œuvre obéit aux lois intrinsèques de la peinture : constructions de plans et de volumes dans la profondeur de l'espace, ce qui la différencie aussi bien de la peinture décorative que de la peinture abstraite qui se limite aux deux dimensions. Développant et approfondissant le schéma initial dans des études très poussées, Deluigi a réalisé une composition sévère, ordonnée et logique dans la distribution des masses, nuancée et harmonique dans les rapports chromatiques et soutenue par une invention de couleurs absolument bien trouvée et heureuse. La contrainte du thème et de la manière adoptée n'a pas imposée des règles trop strictes à la fantaisie de Deluigi, qui, pour la première fois dans cette œuvre, a trouvé son expression la plus directe et la plus achevée. L'influence de Braque et de Picasso est dépassée ; Deluigi affirme ici sa propre personnalité, désormais il est sur la bonne voie »[34].

Pour la première fois, Carlo Scarpa affronte un palais du Grand Canal dont la réalité est celle qu'il décrira plus tard dans ses cours : « Des façades, écrans picturaux sur le Grand Canal où il n'existe aucune cohérence spatiale dans la distribution intérieure : le *paraître* se substitue à l'*être* »[35]. C'est à partir d'un relevé précis de tout le bâtiment – plans, coupes et façades – qu'il va fonder son projet : « C'est légèrement fatigant, explique-t-il aux étudiants architectes, même si je dois employer plusieurs jours. C'est la seule manière de prendre connaissance de l'objet, de se l'approprier alors qu'on croit le connaître »[36].

« L'architecture, le jeu savant, correct et magnifique des formes sous la lumière », concluant la conférence de Le Corbusier à Venise en 1934, prend ici tout son sens : de gigantesques verrières modernes dont la division géométrique simple, qui n'est pas sans rappeler celle des grandes fenêtres du Palais du Peuple de l'Armée du Salut à Paris construit par Le Corbusier en 1926, ouvrent sur la perspective du Grand Canal jusqu'au pont du Rialto, via huit gigantesques et magnifiques fenêtres gothiques littéralement mises à nu. C'est la lumière naturelle filtrée par des rideaux de calicot de coton léger appelés *cenci di nonna*, qui donne l'éclairage juste à la fresque *Venise, l'Italie et les Études* de Mario Sironi (1885-1961) dans l'Aula Magna, dont les murs de pierre du Carso sont de ce gris très délicat évoqué par Marchiori ; c'est la lumière qui préside véritablement à l'ensemble plus que l'esprit fasciste auquel Scarpa n'adhère pas, tout en respectant les règles qui lui sont imposées pour mieux les détourner. Le balcon en mezzanine sur la salle n'est que le prolongement de l'étage en mezzanine distribué dans la hauteur de part et d'autre du grand salon originaire, le traditionnel *portego*, qui traverse tout le palais. Au premier étage, la fresque *La Scuola* de Mario Deluigi bénéficie, elle aussi, de la lumière naturelle à travers le même dispositif de fenêtres sur le mur du *portego* central : on la découvre à travers des portes gigantesques qui se développent sur toute la hauteur de la salle, coulissant sur un pivot central qui permet un jeu savant d'ouverture, de fermeture ou d'entrebâillement des volets. Le bureau du recteur emprunte un *je ne sais quoi* à Le Corbusier, peut-être l'une de ses tables ? Une réinterprétation malicieuse de Scarpa ou une anticipation à l'échelle de la pièce ? Les cloisons vitrées des bureaux font immédiatement penser à celle de Le Corbusier pour *L'Équipement de l'habitation* présenté au Salon d'Automne de 1929 avec un certain plus : le savoir d'un maître-verrier de Murano.

Les observations de Marchioni à propos de Deluigi valent pour Carlo Scarpa : il est clair que les contraintes du programme et l'exaltation du régime n'ont pas imposé des règles trop strictes à la fantaisie de l'architecte. L'influence de Le Corbusier et de l'architecture rationaliste est dépassée. Scarpa affirme ici sa propre personnalité, il est sur la bonne voie, celle du dialogue avec son matériau préféré : l'œuvre d'art. « L'émotion qui résulte d'une œuvre d'art ne compte vraiment que si elle n'est pas obtenue par un *chantage* sentimental » : un autre aphorisme de Cocteau où le mot chantage, qui lui est peut-être inconnu, est souligné par Carlo Scarpa dans son exemplaire du *Coq et l'Arlequin*[37].

UN MUSÉE À CROISSANCE ILLIMITÉE

Inutile de chercher dans la bibliothèque de Carlo Scarpa un quelconque traité de muséographie. Aucune trace des deux volumes de la Conférence internationale d'études sur l'architecture et l'aménagement des musées de Madrid de 1934 ou de ceux de l'Office international des musées publiés en 1944[38]. Seul *Le Musée imaginaire* d'André Malraux occupe avec *La Condition humaine*, *La Tentation de l'Occident* et *Les Anti-mémoires* les rayons de sa bibliothèque[39]. De 1942 à 1976, de la première Galerie du Cavallino à Venise à la préfiguration du Musée Picasso à Paris, l'expérience d'architecte de Scarpa a été de construire *un musée à croissance illimitée* où, à la différence du projet théorique de Le Corbusier, chaque occasion de se confronter avec l'œuvre d'art lui a permis d'affirmer, avec ses convictions d'architecte, à son corps défendant, ses qualités de muséographe. Il en définit lui-même clairement les tenants et les aboutissants : « Je me suis beaucoup occupé d'expositions, de musées aussi. Maintenant, j'ai des invitations pour faire d'autres musées, deux autres. Mais j'ai toujours affaire à des lieux d'ores et déjà construits : comment fais-je pour les transformer ? Ceci est lié un peu à tout le bagage dont je suis fait, le bagage de la tradition, le bagage des connaissances, les composantes que l'architecture moderne nous a – comment dire ? – fait absorber par osmose »[40].

Confirmant les indices, les signes ou les traces biographiques laissées par Carlo Scarpa, les titres des paragraphes que nous proposons ici font explicitement référence à Le Corbusier. Scarpa lui-même nous y autorise. Ainsi, dans la conférence qu'il fit en 1976 à Vienne – nous l'avons déjà relevé : « Ce fut une chance pour moi, à peine mes études terminées, de trouver un ouvrage intitulé *Vers une architecture* ; ce fut une révélation. À partir de ce moment, les conditions *spirituelles* changèrent totalement »[41]. Le Corbusier, cette révélation qu'il a partagé avec ses collègues et amis artistes comme Mario Deluigi ou le sculpteur Antonio Lucarda (1904-1993), pour qui, comme pour Scarpa : « Donatello est le maître idéal ». « [Donatello] aurait été capable de faire des architectures merveilleuses, ajoute Scarpa. Il sait tout faire et tout ce qu'il fait est parfait. C'est le plus grand de tous les Italiens. Je l'appelle Saint Donatello. Je l'ai mis dans l'Olympe dans le paradis de mes saints »[42]. Parmi la presque totalité des ouvrages de Le Corbusier dans la bibliothèque de Scarpa, *L'Almanach d'architecture moderne* et *L'Art décoratif d'aujourd'hui* de 1925 lui ont été offert par Lucarda avec la dédicace « A Carletto Toni ».

Ce dialogue continu qu'entretient Scarpa avec les artistes, les écrivains, les poètes et surtout ses commanditaires, collectionneurs, directeurs de musée, commissaires d'expositions, artisans et ingénieurs est le fruit de son éducation familiale et artistique[43]. Il n'y a aucun doute : s'il y a génie chez Scarpa, c'est bien dans cet échange perpétuel avec les compétences de ses interlocuteurs, dans cette construction collective du musée idéal. L'œil et l'oreille aux aguets, il met en scène magistralement les aspirations de ses interlocuteurs, avec une attention qui lui permet de les satisfaire et de les surprendre à la fois. Le témoignage de Giorgio Vigni, directeur de la Galerie régionale de Sicile, le Palais Abatellis, nous le confirme : « L'un des facteurs les plus importants de la réussite au cours de l'installation d'un musée sera l'étroite et amicale collaboration du directeur et de l'architecte, dès l'élaboration du plan général, et jusqu'à l'achèvement des moindres détails. Une telle collaboration n'est possible que s'il existe entre le sens critique du directeur et la pensée créatrice de l'architecte un accord fondamental pouvant donner lieu à des échanges de vues féconds sur les problèmes et leurs solutions. Au fond, le projet d'organisation d'un musée constitue un haut exemple de l'importance de la relation du commanditaire et de l'artiste. Le premier doit être prêt, tout en formulant ses exigences, à donner carrière aux suggestions du réalisateur, mais sans cesser d'exercer son jugement à l'égard des développements envisagés, afin qu'en aucun cas ne soit trahie *l'idée* de ce que devra être le musée. Une telle coopération s'établira si les goûts des deux responsables du travail peuvent coïncider. Faute d'une pareille conformité, leur collaboration ne peut qu'aboutir, à plus ou moins longue échéance, à une querelle ou à l'abdication du moins résolu. En fait, j'ai pu constater (que mes amis architectes me pardonnent !) qu'il n'est pas sans péril de laisser l'architecte libre ; il se laisse volontiers emporter, amuser par son esprit inventif, au point de perdre contact avec l'essentiel du musée. Une critique fraternelle et bienveillante permettra de mieux atteindre l'objectif commun, et d'éviter le cas échéant qu'un excès de zèle ne donne à l'installation des objets d'art plus d'importance qu'aux objets eux-mêmes. À Palerme, cette coopération ne posait pas de problème : l'architecte était le vénitien Carlo Scarpa, avec le concours de qui j'avais déjà organisé en 1953, à Messine, l'exposition *Antonello [de Messine]*, et dont le style élégant répondait parfaitement à l'idéal de simplicité et de mesure que j'entendais réaliser dans le nouveau musée »[44].

Cette coopération entre l'architecte et le curateur devient encore plus passionnante quand tous les deux revendiquent comme fondement et illumination de leur expérience muséographique le Mouvement Moderne. C'est le cas pour l'exposition *Vitalità nell'Arte* au Palazzo Grassi de Venise en 1959 où le curateur Willem Sandberg (1897-1984), célèbre graphiste, directeur du Stedelijk Museum d'Amsterdam[45], et l'architecte Carlo Scarpa y confrontent leurs compétences muséographiques : difficile de départager l'apport de l'un ou de l'autre. Giuseppe Mazzariol s'empressera d'écrire une fausse interview de Scarpa pour lui attribuer la paternité de la mise en scène de cette exposition mémorable. Depuis la Biennale de Venise de 1948 jusqu'à 1956, Sandberg comme Scarpa ont pu apprécier leurs scénographies successives et leur troublante affinité. Scarpa sait très bien à qui il a affaire ; son attention pour Sandberg remonte à quelques années auparavant, en 1950, comme en témoigne, dans sa bibliothèque, le numéro de la revue française *Art d'Aujourd'hui* où Willem Sandberg publie ses « Réflexions disparates sur l'organisation d'un musée d'art d'aujourd'hui » « écrites par un conservateur de musée qui tâche de les réaliser dans un vieux bâtiment »[46]. Ses réalisations sont tellement voisines de celles de Scarpa que ses propos peuvent servir de commentaires à celles de l'architecte vénitien : « Une exposition vise à la capacité intellectuelle et sensitive du visiteur moyen. Le visiteur ne peut recueillir qu'un nombre restreint d'impressions en une seule visite. Ce nombre dépend de l'ambiance – si elle distrait ou permet de se concentrer –, de la manière dont les objets sont présentés, du degré d'entraînement du visiteur. Une exposition qui sait accaparer le visiteur ne le fatigue pas. Le nombre des objets exposés dans une exposition temporaire ne doit pas dépasser les dizaines. […] Qu'est-ce qu'on expose dans un musée ? Des œuvres d'art. Qu'est-ce qu'une œuvre d'art ? C'est quelque chose qui fait naître en moi une sensation d'une certaine qualité, alors je lui donne le nom : art. Cela veut dire : c'est moi qui décide si quelque chose est une œuvre d'art ou pas. Il n'y a pas de critère objectif. Il en résulte qu'un musée porte l'empreinte de son organisateur puisque c'est lui qui y rassemble ses amours. Le musée impersonnel est un cimetière, les objets y sont déposés et n'y vivent pas. Le vrai musée est œuvre d'art. J'aimerais bien inscrire à l'entrée de notre musée : celui qui entre

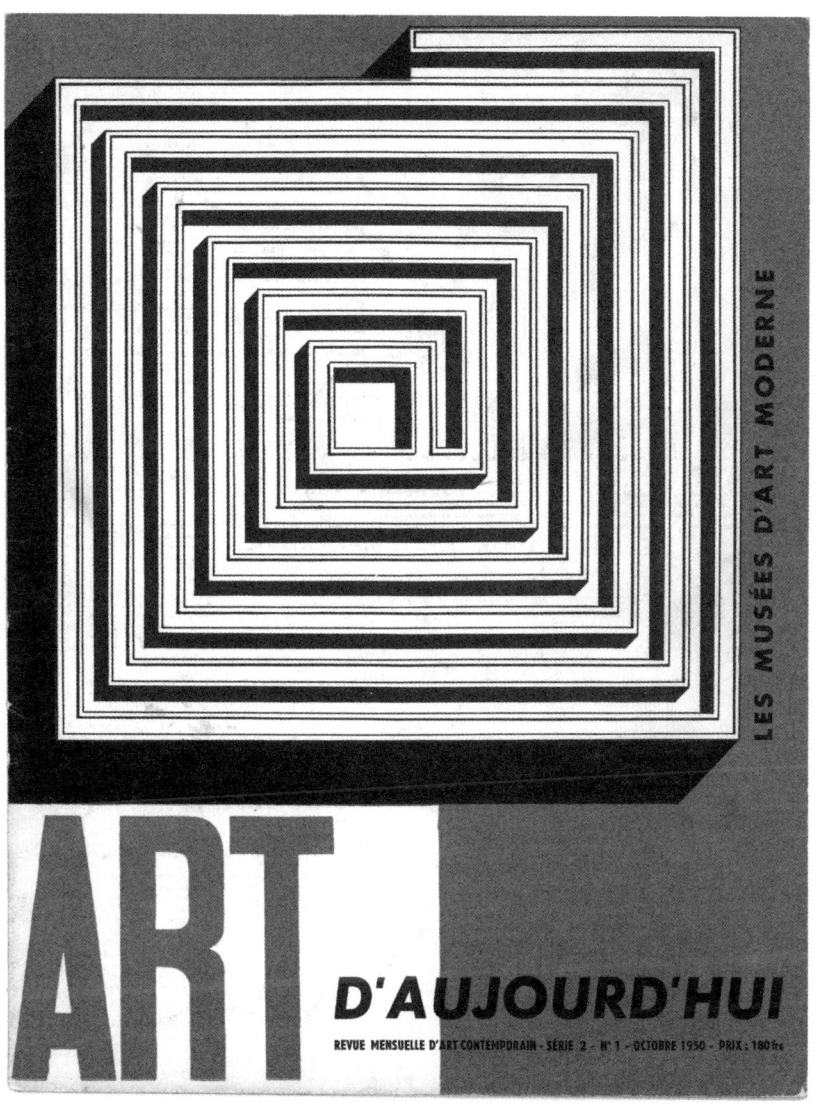

« Les musées d'Art moderne »,
Art d'Aujourd'hui, n°1, octobre 1950

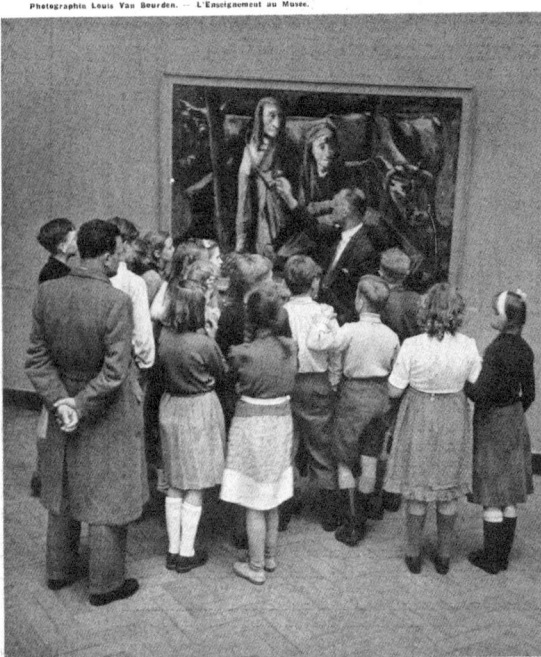

RÉFLEXIONS DISPARATES SUR L'ORGANISATION D'UN MUSÉE D'ART D'AUJOURD'HUI

PAR G. SANDBERG
CONSERVATEUR DU GEMEENTE MUSEA D'AMSTERDAM

la fonction d'un musée a été souvent de conserver les objets dont nous n'avons pas besoin et que nous ne voulons tout de même pas jeter

pour le moment la fonction d'un musée d'art d'aujourd'hui est en grande partie de montrer les choses dont notre société ne sait pas encore faire usage

l'art d'aujourd'hui ne peut vivre que dans les musées et dans les salles d'exposition. Il ose à peine se montrer dans les rues, sur les places publiques, dans les grands bâtiments de la vie commune

à peine voit-on de temps en temps un petit kiosque ou une affiche qui soient vraiment contemporains

quelle force donnerait une mosaïque de léger à nos hôtels de ville

ces réflexions ont été écrites par un conservateur de musée qui tâche de les réaliser dans un vieux bâtiment

comme tous les malades notre société a perdu le goût de ce qui lui fera du bien ou du mal et elle déteste les choses crues

je crois que les sculptures de brancusi, de laurens et de adam feraient bonne figure sur nos places publiques

on a même éliminé de la reconstruction l'architecture d'aujourd'hui, qui se hasardait à peine dans nos villes entre les deux guerres

---

Willem Sandberg, « Réflexions disparates sur l'organisation d'un musée d'art d'aujourd'hui », *Art d'Aujourd'hui*, n°1, octobre 1950, p. 1.

oublie tout ce qu'il a appris sur l'art ; celui qui sort commence à y penser. Tachez de regarder par vos propres yeux »[47].

On ne peut s'empêcher de citer à ce propos l'exposition *mondrian* de Sandberg à la Biennale de Venise de 1956 : vingt-cinq des tableaux qui y étaient présentés rejoignirent l'exposition de Piet Mondrian aménagée par Scarpa à la Galerie nationale d'Art moderne de Rome la même année. Le texte du court catalogue de Sandberg *mondrian l'organisation de l'espace*[48] apparaît comme l'une des clefs de la mise en scène du même artiste par Scarpa. La citation de Le Corbusier en exergue au texte de Sandberg – « Le grand art vit de moyens pauvres » – trottait certainement dans la tête de Scarpa depuis le début de sa carrière et l'on ne peut que constater ici la concordance d'idées entre leurs expériences muséographiques respectives : Le Corbusier le *a* de leur alphabet. Pour tous les deux, l'adage de Le Corbusier sur l'architecture comme « jeu savant, correct et magnifique des formes sous la lumière » est le fondement de leur muséographie et, pour Scarpa, il faut ajouter *sous la lumière méditerranéenne*.

Les traditions nouvelles propres au Mouvement Moderne, cet architecte qui se dit un peu byzantin les transpose dans une mise en œuvre simple des matériaux de la tradition artisanale vénitienne, interprétée à sa manière. Des artisans qui vont le suivre dans ses projets d'expositions et de musées (maîtres verriers, peintres, ferronniers, menuisiers, tapissiers), il va exiger le meilleur d'eux-mêmes, les provoquer, leur demander l'impossible[49].

La restauration des Galeries de l'Académie de Venise par Carlo Scarpa inaugure la réorganisation des musées dans l'Italie de l'Après-guerre par des architectes de la génération de Scarpa, à la culture identique – des moments exceptionnels de la muséographie des années 1950 : le musée du Castello Sforzesco (1947-1956) par le groupe BBPR et le Pavillon d'art contemporain de la Villa Reale (1947-1954) par Ignazio Gardella à Milan, le musée du Palazzo Bianco (1949-1951), du Palazzo Rosso (1952-1962) et celui du Trésor de San Lorenzo (1952-1956) à Gênes par Franco Albini. Scarpa ne les ignore pas, bien au contraire. En 1953, il réalise six salles du Musée des Offices à Florence avec Ignazio Gardella et Giovanni Michelucci. Ces interventions muséographiques sont d'une force exceptionnelle. Elles doivent affronter des conditions difficiles : par exemple, les Offices n'étant ouverts au public que du matin au début de l'après-midi, il fallait compter uniquement avec la lumière naturelle. Tandis qu'à Gênes, les arcades du portique entourant la cour du Palazzo Bianco filtrent la lumière, ce qui rend la tâche de l'architecte plus difficile. Cela n'a pas échappé à Scarpa : « Franco Albini a réalisé une muséographie très remarquable. L'invention de la crypte pour les objets sacrés dans le souterrain de l'église de San Lorenzo est formidable : vu le caractère spécifique de ce choix, c'est particulièrement réussi. En revanche, au Palazzo Bianco et au Palazzo Rosso, des constructions post-Renaissance, une succession d'arcades et de salles carrées et plates, cela manque de caractère : le décor des salles est pratiquement de la même époque que les tableaux des Musées, du XVIIe siècle, peu d'œuvres des époques précédentes »[50].

Il faut donc se laisser entraîner dans la *promenade architecturale* que nous propose Carlo Scarpa et ses nombreux complices et découvrir la saveur de ses inventions muséographiques inimitables aux ingrédients déconcertants de simplicité en suivant les conseils avisés de l'historien de l'art André Chastel : « Beaucoup de voyageurs d'Italie le connaissent sans l'avoir identifié : c'est le plus grand scénariste d'exposition d'art qui existe là-bas, et sans doute dans toute l'Europe. […] Scarpa a donc renouvelé la muséographie et il serait grand temps que l'on s'en avisât – en dehors de quelques personnes averties – dans notre pays »[51].

NOTES — *

1
Jean Anthelme Brillat-Savarin (1755-1826), « Aphorisme XV », *Physiologie du goût ou méditations de gastronomie transcendante*, Le Dentu, Paris 1883, p. 2. Bibliothèque Carlo Scarpa. En conclusion du chapitre « The Gastronomic Analogy » de son fameux essai *Changing Ideals in Modern Architecture, 1750-1950* (Faber & Faber, Londres 1965, p. 172), Peter Collins cite cet aphorisme comme source de celui de l'architecte Auguste Perret un siècle plus tard : « On devient ingénieur, mais on naît architecte ».

2
Georges Salles, *Le Regard* [1939], RMN, Paris 1992, p. 11 et 12.

3
Carlo Scarpa, *L'architecture peut-elle être poésie ?*, conférence à l'Akademie der Bildenden Künste, Vienne, 16 novembre 1976, p. 215-219 de ce volume.

4
Georges Henri Rivière, « Monuments historiques et musées », *Techniques et Architecture*, « Conservation et création », n° 11-12, 1950, p. 69 et illustration « Exposition des œuvres de Giovanni Bellini au Palais Ducal de Venise, Italie », p. 70. À propos de l'église de la Carità (Galeries de l'Académie de Venise) restaurée par Carlo Scarpa, Rivière cite entre guillemets le rapport polycopié présenté à la seconde Conférence Biennale de l'ICOM (Conseil International des Musées) par Giulio Carlo Argan, alors Inspecteur central des Beaux-Arts (Rome) in *Musées aménagés dans des monuments historiques*, Londres, 17-22 juillet 1950, p. 7.

5
Charles-Édouard Jeanneret, « Le renouveau dans l'architecture », *L'Œuvre, organe officiel de la Fédération des architectes suisses et de l'Œuvre, association suisse romande de l'art et de l'industrie*, n° 2, 1914, p. 35.

6
Franca Semi, *A lezione con Carlo Scarpa*, Cicero, Venise 2010, p. 317.

7
Manuel pratique des jardins d'enfants de Frédéric Fröbel à l'usage des institutrices et des mères de famille, Bruxelles 1880, p. 24 ; édition italienne, *Manuale pratico dei giardini d'infanzia di Federico Fröbel ad uso delle educatrici e delle madri di famiglia*, Milan 1861.

8
Voir Antonio Scarpa, *Come divenni maestro*, Libreria Emiliana, Venise 1929.

9
Nadia Filippini, Tiziana Plebani et al., *La scoperta dell'infanzia. Cura, educazione e rappresentazione, Venezia 1750-1930*, Marsilio, Venise 1999.

10
Manuel pratique des jardins d'enfants, op. cit., p. 172.

11
Luigi Scarpa, correspondance avec Carla Sonego à l'époque de sa thèse de diplôme d'architecte, in *Carlo Scarpa. Anni di formazioni*, Institut universitaire d'architecture de Venise (IUAV), Venise 1996.

12
Antonio Scarpa, *op. cit.*, p. 308.

13
Carla Sonego, *op. cit.*, et « Carlo Scarpa : gli anni '20 » in *Studi su Carlo Scarpa 2000-2002*, Marsilio, Venise 2004, p. 27-83.

14
Barbara Radice, « Dernier entretien avec Scarpa », *Les Cahiers de la recherche architecturale*, n° 19, Parenthèses, Marseille 1986, p. 64-65 (1ᵉ éd. italienne, *Modo*, n° 16, 1979).

15
Marc Solitaire, « Le Corbusier et l'urbain : la rectification du damier froebelien », *Actes du colloque La Ville et l'urbanisme après Le Corbusier*, D'En Haut, La Chaux-de-Fonds 1993, p. 93-117.

16
Le Corbusier, « Wiener Werkstätte », in *Wiener Werkstätte (1903-1928). Modernes Kunstgewerbe und sein Weg*, Krystal, Vienne

1929, traduction française in *Les Cahiers de la recherche architecturale,,* op. cit., p. 56.

17
Guido Cirilli, lettre du 20 décembre 1926 accompagnant l'inscription à l'Ordre des architectes de Carlo Scarpa, traduction française in *Les Cahiers de la recherche architecturale,* op. cit., p. 50.

18
Carla Sonego, « Carlo Scarpa alla Maestri Vetrai Muranesi Cappelli & C., 1925-1931 », in Marino Barovier, *Carlo Scarpa, I vetri di un architetto,* Skira, Milan 1997, p. 31-36; et « Carlo Scarpa nell'ufficio tecnico della Venini », in Marino Barovier, *Carlo Scarpa, Venini 1932-1947,* Skira, Milan, 2012, p. 45-65.

19
Carlo Scarpa, *L'architecture peut-elle être poésie ?,* voir infra, p. 215-219.

20
Giuseppe Mazzariol, *Mario Deluigi 1901-1978,* cat. exp., Galerie d'Art moderne de Ca' Pesaro, Venise, 1991, Mondadori, Milan 1991, p. 19.

21
Michel Foucault, « La bibliothèque fantastique », préface à *La Tentation de Saint-Antoine* de Gustave Flaubert, Le Livre de poche, Paris 1971, p. 10.

22
Le Corbusier, *Vers une architecture,* G. Crès, Paris 1923, p. 239-240. Bibliothèque Carlo Scarpa.

23
Angelo Velo ed il suo stabilimento di Fontaniva, extrait de la revue *Le Tre Venezie,* n°6, juin 1937, Bibliothèque Carlo Scarpa ; Carla Sonego, « Carlo Scarpa : gli anni '20 », in *Studi su Carlo Scarpa 2000-2002,* op. cit., p. 46-54 et Luigi Guzzardi, « Carlo Scarpa. L'opera al grigio », in Greta Bruschi, Paolo Faccio, Sergio Pratalli Maffei, Paola Scaramuzza (éds.), *Il calcestruzzo nelle architetture di Carlo Scarpa. Forme, Alterazioni, Interventi,* Editrice Compositori, Bologne 2005, p. 246-247.

24
« La Polemica sull'architettura. Adesioni al movimento razionalista », *Il Lavoro fascista,* mardi 19 mai 1931, p. 3, voir infra p. 79.

25
Jean Cocteau, *Le Coq et l'Arlequin,* avec un portrait de l'auteur par P. Picasso, collection des Tracts, n°1, La Sirène, Paris 1918, p. 14. Bibliothèque Carlo Scarpa.

26
Jean Cocteau, *Le Coq et l'Arlequin,* op. cit., p. 19, et « La Polemica sull'architettura. Adesioni al movimento razionalista », publié plus loin p. 79.

27
Gruppo 7, « Architettura », extrait de *Rassegna Italiana,* n°103, décembre 1926, tiré à part, Fondation Le Corbusier [X1-3 (189)], et Giorgio Ciucci, « Il dibattito sull' architettura e la città fasciste », in *Storia dell'arte italiana ,* vol. 3, *Il Novecento,* Einaudi, Turin 1982, p. 310-314.

28
Il Ventuno, n°10, 30 octobre 1932, p. 5 et quatrième de couverture.

29
Il Ventuno, n°13, numéro spécial *Architettura razionale a Venezia,* p. 4.

30
Duilio Torres, « La nuova architettura e Venezia », *Ateneo Veneto, Rivista di scienze, lettere ed arti,* juin 1933, p. 165.

31
Alberto Magrini, lettre à Le Corbusier datée du 25 juillet 1934, Fondation Le Corbusier [B3-13 (1-2)], et « Possibili sviluppi dell' architettura moderna a Venezia », extrait de *Ateneo Veneto,* septembre 1932, p. 253-257.

32
Le Corbusier, *État actuel de l'architecture,* tapuscrit de son intervention lors de l'Entretien international sur les *Arts contemporains et la réalité, l'art et l'état,* Palais Ducal, Venise, 25-28 juillet 1934, Fondation Le Corbusier [B3-13 (273-274)].

33
Edoardo Persico, « Arredamento a Venezia », *Tutte le opere (1923-1935)*, vol. II, Comunità, Milan 1964, p. 86 (1ᵉ édition : *La Casa Bella*, juillet 1932).

34
Giuseppe Marchiori, « Venezia », in *Emporium*, n° 507, mars 1937, p. 157-158.

35
Franca Semi, *A lezione con Carlo Scarpa*, op. cit., p. 73.

36
Franca Semi, *op. cit.*, p. 34.

37
Jean Cocteau, *op. cit.*, p. 14.

38
Muséographie : architecture et aménagement des musées d'art. Conférence internationale d'études, Office international des musées, 1935. *Muséographie : architecture et aménagement des musées d'art*, Office international des musées, 1944.

39
André Malraux, *Le Musée imaginaire de la sculpture mondiale*, La Galerie de la Pléiade, Paris 1952, et *Le Musée imaginaire*, Skira, Genève 1954.

40
Maurizio Cascavilla et Gastone Favero, *Une heure avec Carlo Scarpa*, Rai 1972, voir infra p. 177-201.

41
Carlo Scarpa, *L'architecture peut-elle être poésie ?*, op. cit., voir infra p. 215-219.

42
Barbara Radice, *op. cit.*, p. 67.

43
Luigi Guzzardi, *op. cit.*

44
Giorgio Vigni, « Nouvelle installation de la Galleria nazionale della Sicilia, Palerme », in *Museum*, vol. X, 1956, p. 202.

45
Ad Petersen, *Sandberg graphiste et directeur du Stedelijk Museum*, cat. exp., Institut néerlandais, Xavier Barral, Paris 2007, p. 14.

46
Willem Sandberg, « Réflexions disparates sur l'organisation d'un musée d'art d'aujourd'hui. », *Art d'Aujourd'hui*, n°1, octobre 1950, p. 1-9. À ne pas négliger dans la bibliothèque de Scarpa, le numéro « Muséographie » de *L'Architecture d'Aujourd'hui*, n°6, juin 1938.

47
Willem Sandberg, *op. cit.*, p. 6 et p. 9.

48
Willem Sandberg, *mondrian l'organisation de l'espace*, Biennale de Venise de 1956, publié dans *Quadrum*, vol. II, novembre 1956, Bruxelles. C'est volontairement que Willem Sandberg n'utilise pas ici les majuscules.

49
Voir les témoignage du ferronnier Gino Zanon et de ses fils Franco et Paolo et du menuisier Saverio Anfodilo, p. 193-194.

50
Franca Semi, *op. cit.*

51
André Chastel, « À propos d'une exposition (perdue) de Carlo Scarpa, vénitien », *Le Monde*, 27 juin 1975.

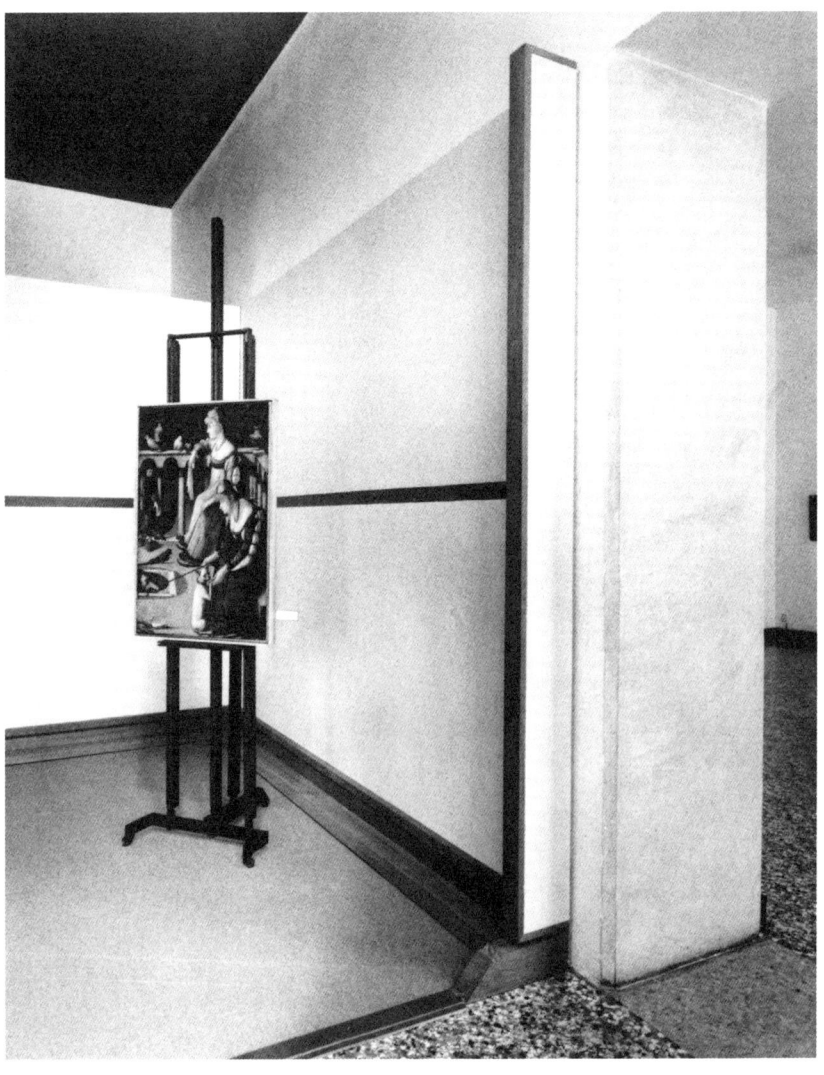

La petite salle des « Deux courtisanes » (1490) de Vittore Carpaccio, Quadreria, Musée Correr, Venise ; architecte : Carlo Scarpa, 1957-1960

Anthologie & Expographie

Choix et commentaires par Philippe Duboÿ

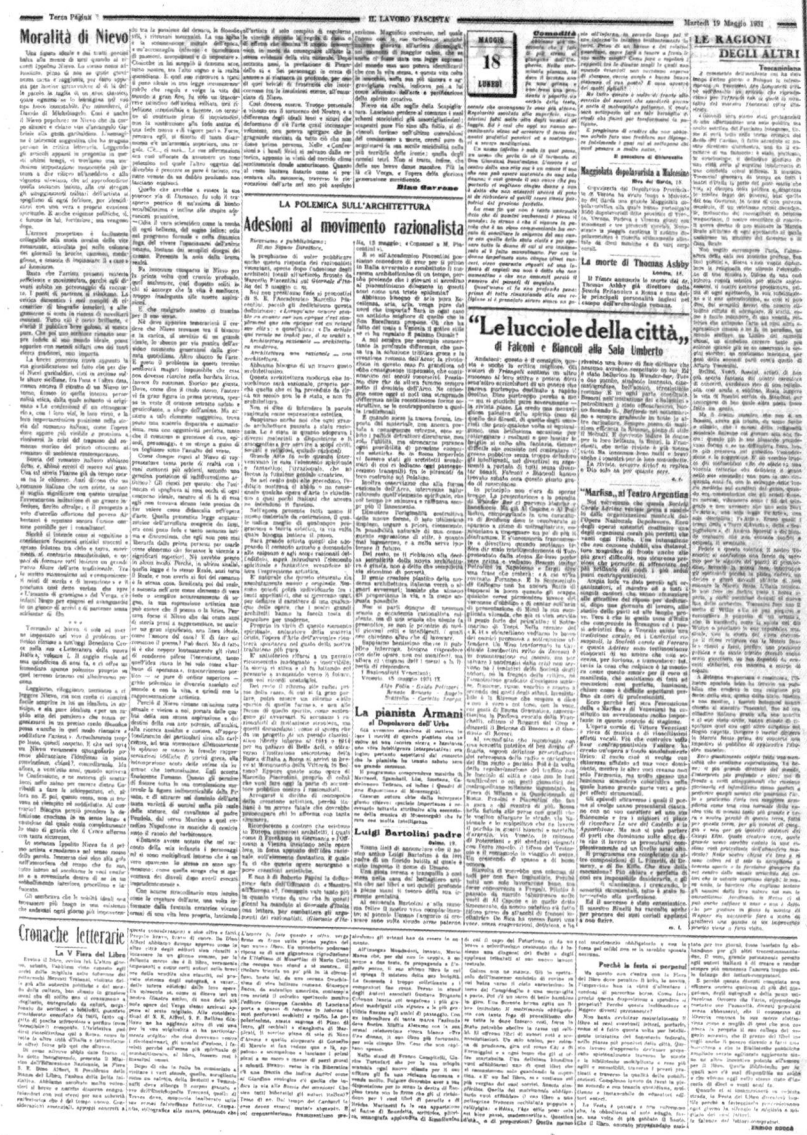

Manifeste « La Polemica sull'architettura. Adesioni al movimento razionalista », *Il Lavoro fascista*, 19 mai 1931

La Polémique sur l'architecture. Adhésions au mouvement rationaliste 19 mai 1931

Carlo Scarpa
Avec Aldo Folin, Guido Pelizzari, Renato Renosto, Angelo Scattolin

Nous avons reçu et publions :

Monsieur le Directeur,

Nous vous prions de bien vouloir également publier cette réponse des rationalistes vénitiens, surtout après l'adhésion des architectes locaux à l'article signé par Marcello Piacentini dans le *Giornale d'Italia* du 2 mai dernier. Nous ne croyons pas aux pronostics de S. E. l'académicien Marcello Piacentini, c'est pourquoi nous lui dédions cette définition : « Lorsqu'une œuvre semble en avance sur son temps, c'est simplement que son époque est en retard sur elle. » Et cette autre : « Un artiste qui recule ne trahit pas, il se trahit. »

> Architecture rationnelle = Architecture moderne.
> Architecture non rationnelle = Non-architecture.

Nous avons besoin d'un nouveau goût architectural.

L'architecture moderne que nous invoquons sera rationnelle, justement parce que celle qui nous a précédée depuis environ un siècle ne l'a pas été, et ne fut pas de l'architecture. Il ne faut pas entendre le mot rationnel comme expression esthétique.

Nous savons, nous aussi, que toute grande architecture du passé a été rationnelle. Elle l'a été en utilisant les différents matériaux à sa disposition et en les destinant à servir à des fonctions civiles, sociales et religieuses, donc rationnelles. Du Grand Art seulement quand intervenait en elle l'élément spirituel et fantastique ; l'irrationnel, qui en compose la fonction géniale, créatrice.

Demandons aux quelques Italiens capables de sensibilité si notre industrie du bâtiment a produit, oui ou non, une quelconque œuvre d'art dans les cent dernières années qui nous précèdent. À notre époque, tous utilisent un nouveau matériau de construction qui indique, mieux que tous les programmes ou les théories esthétiques, la voie sur laquelle marquer le pas. En adoptant le béton armé et en le pliant aux exigences et aux buts rationnels de l'édifice, celui qui saura introduire l'élément spirituel et fantastique qui en révélera l'expression artistique sera un grand artiste. Il est naturel que cet élément soit absolument *nouveau* et *original*. Ainsi personne ne pourra le distinguer entre toutes les appellations, aujourd'hui très recherchées, pour définir le caractère d'une œuvre quelconque que nos grand architectes ont l'audace de faire passer pour moderne.

C'est justement en vertu de cet élément spirituel, animateur de la matière brute, que l'œuvre d'art de l'avenir entrera spontanément dans le goût de notre tradition la plus pure. Il est contraire au sens de l'histoire de se référer à un passé reconnu inadéquat et inutilisable ; l'histoire se fait en luttant avec le présent pour aller vers l'avenir, non avec des souvenirs nostalgiques. Du reste, le retour aux origines de la race, dont on parle tant, sera toujours un retour « à l'esprit de ces formes » et jamais aux formes de cet esprit, comme le soutiennent nos adversaires. Les rationalistes sont accusés d'imitation de l'étranger, mais ils voudraient savoir comment d'un projet pseudo-Liberty pour un Palais des Beaux-Arts aux environs de 1911 ou 1914, et d'une imitation de l'architecture du Seicento pour la Banca d'Italia à Rome, on arrive rapidement au Monument à la Victoire de Bolzano ? Ce sont là les œuvres de Marcello Piacentini, justement celui qui, aujourd'hui, veut se faire l'accusateur public contre les rationalistes.

S'arroger le monopole de la création artistique, parce que nous sommes Italiens, est une erreur fatale qui devrait préoccuper ceux qui l'affirment avec tant de morgue. Nous leur rappelons qu'il existe en Europe de nombreux architectes, comme Fahrenkamp en Allemagne et Hoffmann à Vienne, qui, en vertu de l'idée rationaliste, insistent sur l'élément fantastique qui confère à leurs œuvres le statut de pures créations de l'esprit. Et n'est-elle pas de Roberto Papini la définition de « Maître pour l'Europe » donnée pour Hoffmann ? L'hommage est d'autant plus précieux qu'il vient de quelqu'un qui, ces jours-ci, a envoyé une lettre au *Giornale d'Italia* pour combattre les arguments des rationalistes. (*Giornale d'Italia*, 12 mai, « Consensi a M. Piacentini »).

Si nous pouvons concéder à l'académicien Piacentini d'avoir combattu, le premier, le marasme architectural d'un temps, pourquoi prétendre que les jeunes suivent le piacentinisme, envahissant comme une triste épidémie ? Nous avons besoin d'air pur, Excellence, de l'air, de l'air, même venant du Nord, quelle importance ? Il sera de toute façon un antidote supérieur à celui que votre Excellence propose. Le style gothique qui nous a donné le Palais des Doges a-t-il fait du mal à Venise ?

La profonde différence existant entre la solution du trilithe grec et la création de l'arc romain nous semble, à nous, par exemple, déconcertante ; la révolution, en ce cas, fut grandiose et eut des conséquences insoupçonnées qui se prolongèrent dans les siècles suivants. Nous pouvons dire que, dès lors, nous avons été sous la domination de l'arc, avec, comme conséquence, une énorme différence entre les récentes formes de constructions et les formes traditionnelles. Et quand surgit une nouvelle forme, imposée par le matériau et non encore portée à ses limites extrêmes, immédiatement de pâles détracteurs discutent non seulement de son utilité mais tentent d'en briser les possibilités de conquêtes esthétiques. Si, dans la Rome impériale, nos architectes académiques avaient sévi, nous nous promènerions aujourd'hui sur un Palatin couvert de leurs pyramides.

Nous pouvons observer, en outre, qu'avec la forme rationnelle de l'arc intervient naturellement cet élément spirituel qui, avec le temps, en animait et en raffinait toujours plus le tracé. Discuter l'originalité des nouvelles formes, leur usage utilitaire, nier *a priori* aveuglément la possibilité naturelle d'une expression de style qui en résulte est mesquin : il ne sert à rien d'hypothéquer l'avenir. Du reste, si le rappel à la simplicité de l'architecture moderne est juste, il n'est pas dit que la simplicité soit synonyme de pauvreté. Le génie créateur plastique de l'architecture moderne italienne viendra, Messieurs les adversaires, laissez-nous au moins lui préparer la voie la moins étroite qu'il soit possible. Ne parlons donc d'aucune école ou d'académie rationaliste existante, mais d'une école que rien ne laisse pressentir sinon les prémices de nombreux jeunes, cultivés et intelligents, qui demandent seulement la possibilité de travailler.

Nous savons bien que si le public interroge, il faut répondre par des œuvres, non par des manifestes. En ce cas, qu'il nous soit donné les moyens et la liberté de répondre.

Venise, 15 mai 1931-IX
Les Rationalistes vénitiens
Aldo Folin, Guido Pelizzari, Renato Renosto, Angelo Scattolin, Carletto Scarpa

---

NOTE — *
Texte paru sous le titre « La Polemica sull' architettura. Adesioni al movimento razionalista » dans le quotidien *Il Lavoro fascista*, mardi 19 mai 1931. Les deux aphorismes du paragraphe liminaire sont issus du *Coq et l'Arlequin* de Jean Cocteau paru en 1918. Se reporter à l'introduction pour le contexte de publication de ce texte.

Manifeste « La Polemica sull'architettura. Adesioni al movimento razionalista », *Il Lavoro fascista*, 19 mai 1931

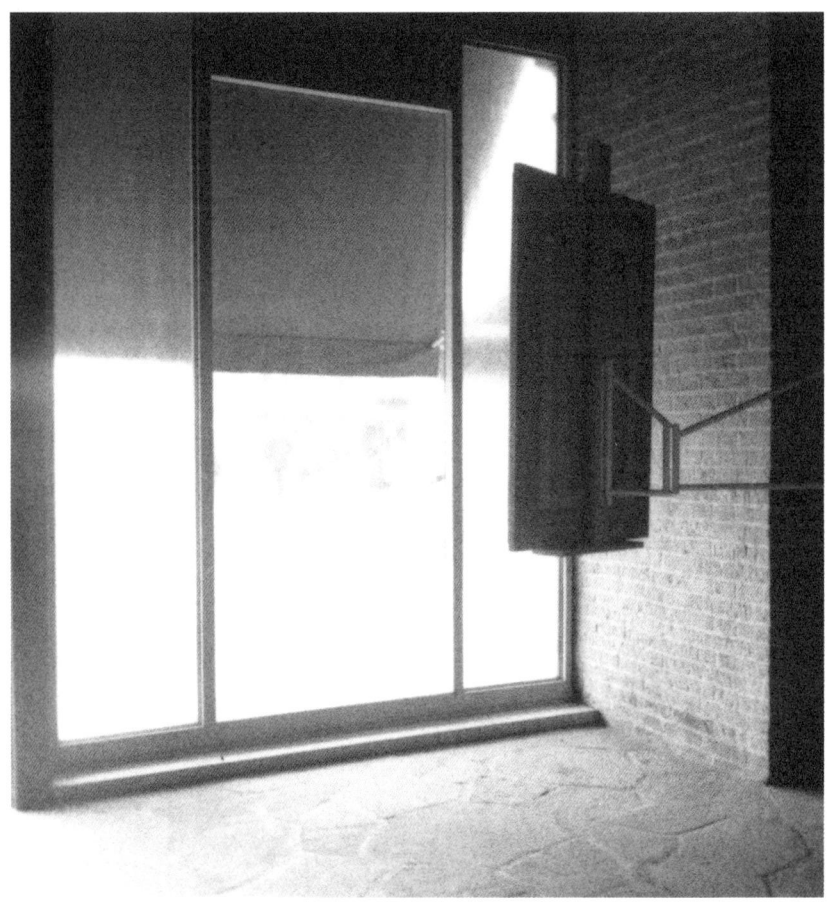

Vitrine de la Galerie du Cavallino, Venise, c. 1942

La Galerie du Cavallino Venise

1942-1947[1]

Le 25 avril 1942, en pleine guerre, à deux pas de la place Saint-Marc, le collectionneur et éditeur d'art Carlo Cardazzo (1908-1963) ouvre sa première galerie, Riva degli Schiavoni, le quai qui conduit aux Jardins de la Biennale dont la XXIIIe édition sera inaugurée deux mois plus tard. La Galerie du Cavallino, cette nouvelle « fabrique d'idées » apparaît immédiatement comme son contrepoint. Libero De Libero (1903-1981), poète, critique d'art et directeur de la Galleria della Cometa de Rome, approuve l'initiative de Cardazzo : « C'est un endroit incontournable, un préambule d'actualisation, une invitation à la réflexion. [...] Je m'y suis réconcilié avec la Biennale, car la Biennale était là, dans la galerie. [...] Certaines salles ou panneaux d'exposition des Jardins n'étaient donc pour moi rien d'autre que les dépendances naturelles du Cavallino »[2].

Raffaello Giolli (1889-1945), intellectuel antifaciste, qui a créé à Milan, avec Edoardo Persico, le champion de l'architecture rationaliste, la revue d'art contemporain *Poligono* et la galerie éponyme, souligne avec enthousiasme ce véritable exploit : « L'art et la culture italienne n'acceptent pas la modération de la Biennale. Ils ont trop de choses à dire. Ici trois Morandi, les trois derniers Carrà, très vibrants, [...] trois De Chirico [...], un Modigliani [...]. Ici, les artistes italiens se présentent sans avoir peur de déranger : ils ne pensent pas à la bonne éducation des apartés de salon. [...] Au Cavallino, il y a aussi un architecte : celui qui a aménagé avec intelligence l'entrée et les salles. Scarpa, un architecte vénitien qui, à Venise, n'a jamais construit une seule maison et qui n'a rien d'autre à faire que de s'occuper des verres soufflés, à Murano »[3]. Ajoutons que Murano pour Carlo Scarpa fut aussi l'occasion de réaliser des stands d'expositions et un magasin qui témoignent concrètement de son adhésion, dès 1931, au mouvement rationaliste :

« Architecture rationnelle = Architecture moderne.
Architecture non rationnelle = Non-architecture.

Nous avons besoin d'un nouveau goût architectural.

L'architecture moderne que nous invoquons sera rationnelle, justement parce que celle qui nous a précédée depuis environ un siècle ne l'a pas été, et ne fut pas de l'architecture »[4].

Cette prise de position trouve son application dès 1937 dans la restauration de la Ca' Foscari pour abriter l'Institut supérieur d'économie et de commerce.

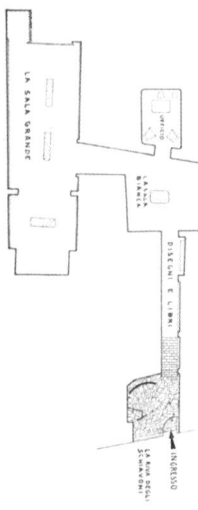

ARCHITETTURA DEL "CAVALLINO"

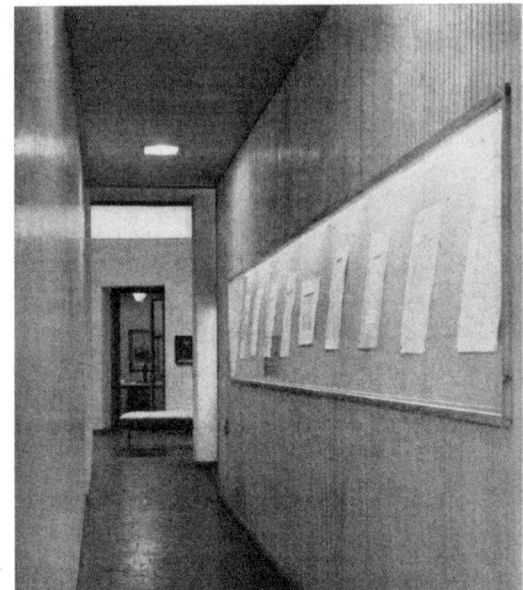

Scarpa è stato l'architetto del "Cavallino", la Galleria d'Arte di Carlo Cardazzo a Venezia. Di Cardazzo illustrammo e lodammo la collezione d'arte moderna e le edizioni d'arte raffinatissime. Questa Galleria è stata il complemento delle sue iniziative. Di essa già annunciammo e commentammo fin dall'anno scorso le varie attività e le mostre bellissime, fra le quali una di Campigli del quale alcuni antichi quadri bellissimi e rari appaiono in alcune delle nostre illustrazioni; in un'altra appaiono invece i quadri della mostra che al Cavallino ebbe Guidi.

Questi ambienti del Cavallino sono stati ricavati in spazii viziosissimi ma gli accorgimenti dell'architetto ne han tratte buone e pratiche risorse di volumi e di luci. Eccellente è la vetrina esterna col diaframma convesso per sfondo di scultura e col braccio articolato per reggere una pittura senza appenderla e senza impiegare cavalletto.

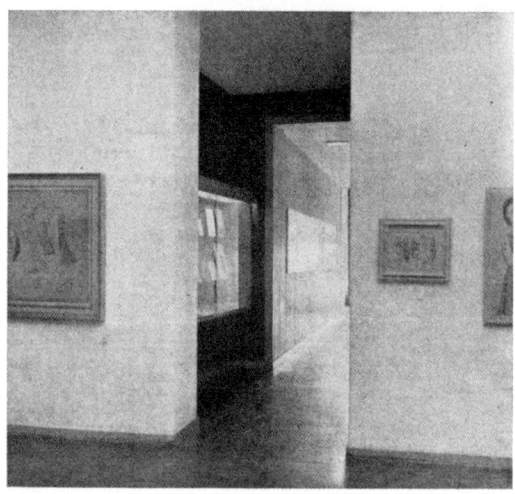

La Galerie du Cavallino, Venise, 1942

En haut : le couloir des dessins ; en bas : la salle blanche et le redent des livres

Article publié dans *Stile. Architettura, Arti, Lettere, Arredamento, Casa*, Milan, n°32-34, août-septembre 1943, p. 96-97

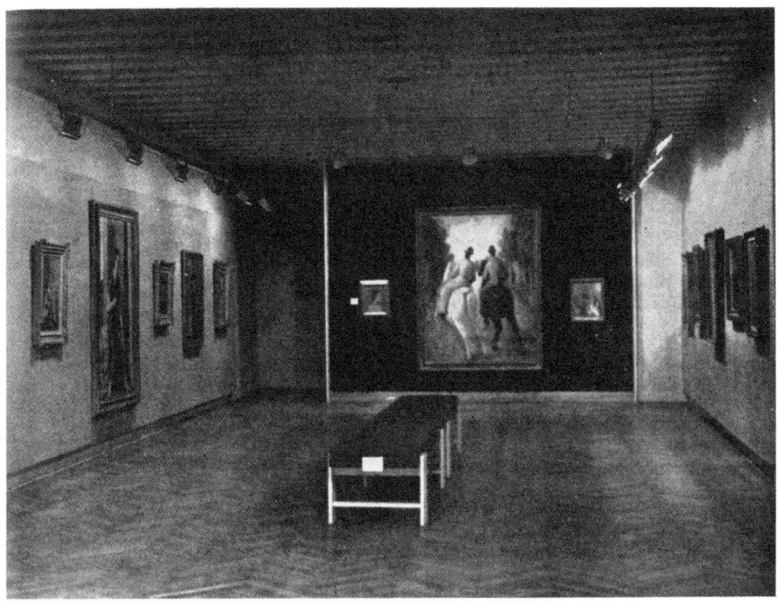

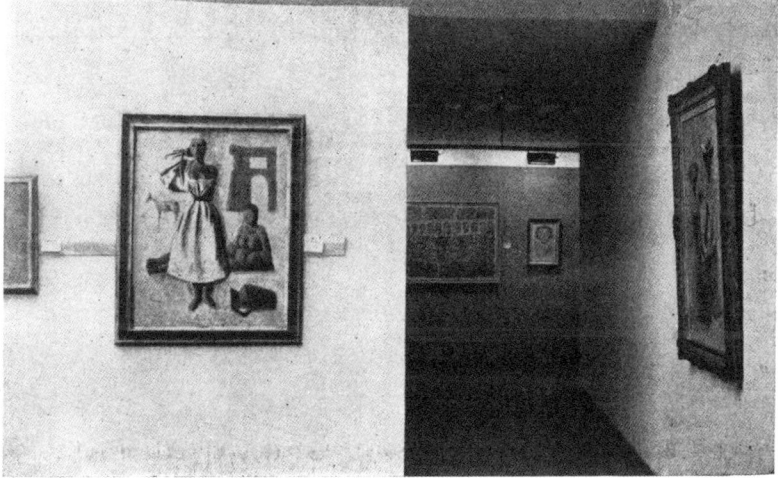

La Galerie du Cavallino, Venise, 1942

En haut : la grande salle ; en bas : la salle blanche vers la grande salle

Le projet éducatif et culturel de Cardazzo, une galerie « laboratoire » mise en scène par Scarpa, était en accord avec le programme officiel du ministre de l'Éducation nationale Giuseppe Bottai (1895-1959) : « l'action pour l'art »[5], comme en témoigne la manière dont Cardazzo décrit sa galerie dans le catalogue de la première exposition : « une galerie qui avait pour objectif de faire connaître au vaste public de passage dans cette ville le meilleur de l'art italien contemporain »[6].

« La galerie la plus célèbre d'Italie »[7] ironise Carlo Scarpa, qui prend ainsi ses distances par rapport à un contexte politique auquel il est loin d'adhérer[8]. Mais déjà en 1937, lors de l'inauguration de la Ca' Foscari, Bottai avait jugé d'un œil favorable cette intrusion de l'architecture moderne en plein centre historique de Venise qui, aux yeux de beaucoup, constituait un scandale. Pour Cardazzo, le choix de l'architecte, son ami Scarpa, correspondait parfaitement à ses ambitions de galeriste et le résultat était à la hauteur de ses exigences si l'on en croit De Libero qui en souligne l'exemplarité : « Je ne sais si aujourd'hui il y a un autre pays européen qui peut se vanter d'une galerie comme celle du Cavallino. La simplicité de l'architecture et de l'aménagement témoigne de l'élégance et du goût de l'ensemble. Les œuvres y trouvent la lumière qui les met en valeur »[9]. Le projet est cosigné par l'architecte Mirko Artico (1902-1992), Scarpa « professeur d'architecture » ne pouvant œuvrer comme architecte – le titre ne lui fut pas reconnu par l'Ordre des architectes et ne le fut jamais de son vivant.

Les quelques dessins qui témoignent de son intervention sont déjà très caractéristiques de sa démarche. À partir du relevé attentif du lieu, l'ancien Caffé Orientale, une parcelle complexe de La Venise Mineure, un immeuble de magasins en rez-de-chaussée, Scarpa exploite dans un vocabulaire rationnel la succession des espaces pour créer une *promenade architecturale* conforme à sa nouvelle destination : une galerie d'art moderne. L'état des lieux détermine le choix des matériaux, dallages, murs, plafonds, etc. – ceux d'origine : une ruelle étroite, une cour et un entrepôt dans la mesure où ils s'harmonisent à leur nouvelle fonction, un lieu d'exposition.

Cette complexité du lieu est le fondement même du projet selon une règle du jeu bien précise : *traquer la lumière naturelle*. La porte d'entrée en verre est à droite de la vitrine, divisée verticalement en trois. La partie centrale plus large permet de voir de l'extérieur l'affiche, un tableau ou une sculpture de l'exposition en cours, présenté sur un chevalet mobile suspendu par une patère de métal de section carrée. Sur le mur de brique de l'entrée, face à la vitrine, un diaphragme convexe détaché du mur sert d'écrin à la statue du *Cavallino* d'Arturo Martini, monté sur un trépied de même section que la patère. Le sol de l'entrée est en *opus incertum*, dallage de pierre irrégulier. Un long couloir étroit conduit à la première salle de la galerie. Son dallage est en carreaux réguliers de terre cuite et les murs et le plafond sont revêtus de listels de bois étroits et réguliers. Sur le mur de droite, à hauteur du regard, une longue vitrine fermée par une simple baguette de bois pour exposer dessins ou gravures. Ce couloir se termine par un redent, une niche de couleur sombre, pour les livres et les catalogues des éditions du Cavallino[10] dans un présentoir vitré. Dans l'axe du couloir, on devine sur le mur du fond de la première salle d'exposition, derrière une porte vitrée, le « secrétariat » : le bureau du directeur. L'éclairage naturel de cette première salle d'exposition, la salle blanche, est zénithal, filtré à travers une verrière rectangulaire au dessin régulier moderne ; les murs sont blancs (lait de chaux ou Ripolin) et le sol de terre cuite assure la continuité avec le couloir d'entrée et celui en entonnoir qui conduit ensuite à la grande salle d'exposition où il se termine en portique. Celle-ci est divisée en trois parties par des pilastres de moellons de pierres existants, enduits de chaux blanche ou de Ripolin comme les murs. Le sol est un plancher au point de Hongrie ; les murs sont recouverts de panneaux réguliers tendus d'un tissu légèrement plus foncé que les murs blancs qui permettent l'accrochage à hauteur du regard. La partie gauche est éclairée zénithalement par une verrière identique à celle de la première salle. La partie centrale et celle de droite sont éclairées à intervalles réguliers par une série de spots métalliques standards accrochés au plafond de poutres de bois régulières du même blanc que les murs. À droite, une cimaise noire, détachée du mur du fond, conclut la perspective théâtrale de cette grande salle d'exposition et cache la réserve de la galerie. L'éclairage naturel ou artificiel détermine ici toute l'invention scénique pour la mise en valeur des œuvres exposées. La disposition des bancs dessinés par Scarpa, comme tout le mobilier de la galerie, accentue la théâtralisation de la salle.

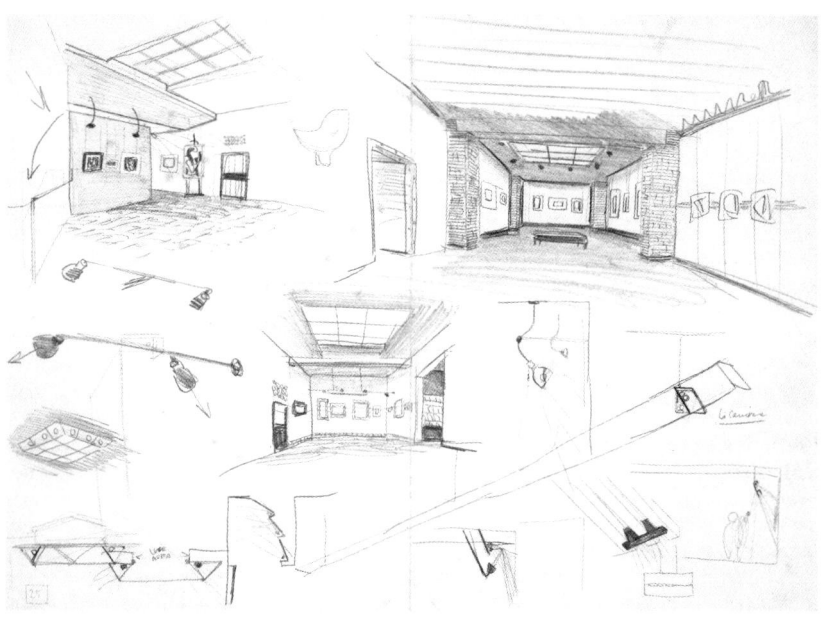

Études des salles d'expositions (salle blanche et grande salle) et de divers systèmes d'illumination, c. 1942

Crayon sur papier

NOTES — *

1
La première Galerie du Cavallino est active de 1942 à 1947. En 1949, est inaugurée la deuxième Galerie du Cavallino (voir p. 129-131). Antonella Fantoni, *Il Gioco del Paradiso, La collezione Cardazzo e gli inizi della Galleria del Cavallino*, Cavallino, Venise 1996 ; Dario Assante, Fiorenzo Bertan, *Carlo Scarpa. Il Padiglione del Libro alla Biennale di Venezia. La Galleria del Cavallino 1942 e 1949*, Cavallino, Venise 2000 ; Nanni Baltzer, « Fabbriche di idee fra Naviglio e Laguna : la Galleria del Milione e la Galleria del Cavallino », in *Studi su Carlo Scarpa 2000-2002*, Marsilio, Venise 2004, p. 197-228 ; Orietta Lanzarini, « Carlo Cardazzo committente di Carlo Scarpa. La Galleria del Cavallino (1942, 1949) e il Padiglione del Libro d'Arte (1950) » ; Giovanni Bianchi, « Il Cavallino vibrante centro veneziano di arte moderna », in *Carlo Cardazzo. Una nuova visione dell'arte*, cat. exp., Collection Peggy Guggenheim, Venise, 2008, Electa, Milan 2008, p. 93-105 et p. 119-163 ; Giovanni Bianchi, *Gallerie d'arte a Venezia 1938-1948. Un decennio di fermenti innovativi*, Cicero, Venise 2010.

2
Libero De Libero, « La 23ª Biennale di Venezia, cose dette e taciute », *Documento*, Roma, juillet-août 1942, cité par A. Fantoni, op. cit., p. 79-80, et certainement auteur anonyme de « Architettura del Cavallino », *Stile. Architettura, Arti, Lettere, Arredamento, Casa*, Milan, n°32-34, août-septembre 1943, p. 96-97.

3
Raffaello Giolli, « Indice delle arti alla Biennale di Venezia », *Costruzioni Casabella*, juillet 1942, p. 36-37.

4
« La Polemica sull'architettura. Adesioni al movimento razionalista », *Il Lavoro fascista*, 19 mai 1931, voir p. 79.

5
Giuseppe Bottai, qui a inauguré Ca' Foscari le 3 février 1937 (voir *Giornale Luce* du 3 février 1937), est l'un des auteurs du *Numero unico del Cavallino* (1940) avec Bontempelli, Campigli, Cardarelli, Carrà, Casella, Cesetti, Comisso, De Chirico, De Pisis, Gatto, Maccari, Mafai, Malipiero, Marino, Martini, Messina, Montale, Morandi, Mucci, Palazzeschi, Petrassi, Quasimodo, Romanelli, Rosai, Rosso, Scipione, Semeghini, Sinisgalli, Sironi, Soffici, Tosi, Viviani et Ungaretti. Officiellement, il devait inaugurer la Galerie du Cavallino ; il ne la visitera que le 21 juillet 1942 en même temps que la Biennale. Voir à ce propos Giordano Bruno Guerri, *Giuseppe Bottai, un fascisto critico : ideologia e azione del gerarca che avrebbe voluto portare l'intelligenza nel fascismo e il fascismo alla liberazione*, Feltrinelli, Milan 1976.

6
Carlo Cardazzo, catalogue de la *Prima Mostra del Cavallino*, 25 avril-1er juin 1942.

7
Voir Orietta Lanzarini, op. cit., p. 105, note 19, mémorandum d'honoraires envoyé par Carlo Scarpa à Carlo Cardazzo le 2 juillet 1942.

8
À la question : « Vous intéressiez-vous à la politique ? », Carlo Scarpa répond : « Non. Jeune, j'avais un ami qui voulait à tout prix m'inscrire au parti fasciste. J'ai refusé, car cela me rendait nerveux. Ce n'est pas que j'y comprenais quelque chose, mais les fascistes m'étaient antipathiques. C'étaient les premiers fascistes exaltés, qui juraient comme des turcs et moi, qui avait une bonne éducation, je les trouvais vulgaires. Tout le décorum me paraissait ridicule. Quand Mussolini entra en scène, le ridicule était à son comble. Surtout qu'il s'appelait Benito (béni) et en plus Mussolini ; parce qu'en dialecte vénitien, entre Venise et Vicence, les « mussolini » sont des petits moucherons. Plus j'y repense, plus je trouve que Mussolini ne m'a jamais semblé plus odieux qu'à cette époque-là. J'ai toujours été peu attiré par la politique », in Barbara Radice, « Dernier entretien avec Carlo Scarpa », *Les Cahiers de la recherche architecturale*, n° 19, Parenthèses, Marseille 1986, p. 65.

9
De Libero, op. cit., cité par Dario Assante et Fiorenzo Bertan, op. cit., p. 75.

10
Plusieurs livres des éditions du Cavallino se trouvent dans la bibliothèque de Carlo Scarpa : Rosai. Disegni, 1937 ; Modi, Disegni di Giuseppe Cesetti et Renato Mucci, Poesie, 1938 ; Numero unico del Cavallino, 1940 ; Luigi Bartolini, Poesie ad Anna Stichler, 1941 ; Prima mostra del Cavallino et Raffaele Carrieri, Poemetto a Campigli, 1942 ; Gino Rossi, Disegni di Marino (Marini), Stéphane Mallarmé, Lettera a Verlaine et James Joyce, Musica da Camera, 1943 ; Paul Valéry, Il signor Teste et Jean Cocteau, Canto fermo, 1944 ; André Breton, Primo Manifesto del Surrealismo, 1945.

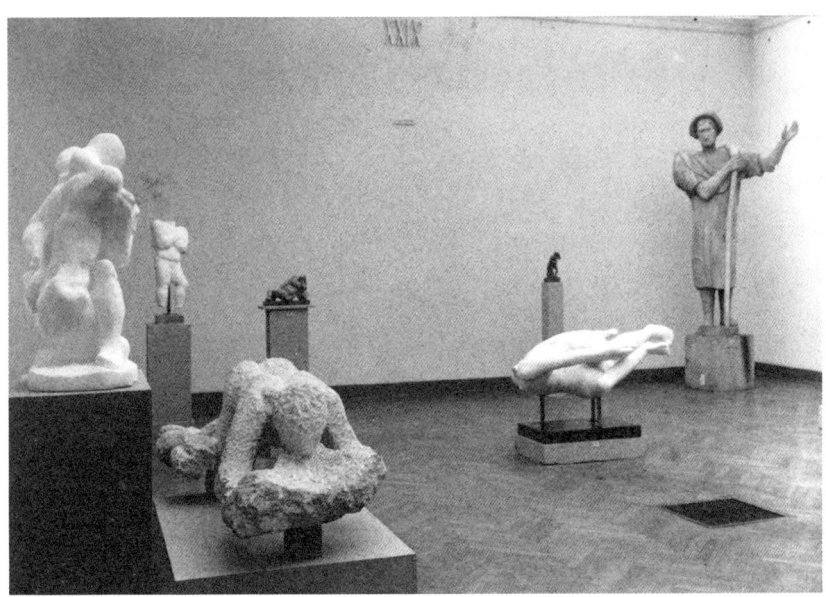

Salle Arturo Martini, XXIIIe Biennale de Venise, 1942

Au premier plan à gauche : *L'Étreinte* et *Le Buveur* ; dans l'angle gauche : *Le Torse* ;
sur le mur du fond : *La Mère* et *La Femme qui se peigne* ;
dans l'angle droit : *Saint Jacques* ; au centre : *Femme qui nage sous l'eau*

L'exposition d'Arturo Martini, XXIIIe Biennale de Venise
1942[1]

Pour son exposition personnelle à la XXIIIe Biennale de Venise, le sculpteur Arturo Martini (1889-1947), occupé à Carrare par la réalisation du *Tite-Live* pour l'université de Padoue, charge Carlo Scarpa et le peintre Mario Deluigi du choix et de l'installation des œuvres. Deluigi est l'assistant de Martini, nommé depuis février 1941 à l'Académie des Beaux-Arts de Venise où il le remplace. Carlo Scarpa, « l'un des premiers amis vénitiens » de Martini, fut l'architecte de son nouvel appartement. « Des hommes vivants » comme se plaît à les décrire dès 1932 Edoardo Persico, l'architecte rationnel et critique de la revue *La Casa Bella* : « Venise est l'une de ces cités italiennes qui s'imaginent à jamais pétrifiées dans leur antique splendeur, absorbées dans une vision de grandeur qui appartient désormais aux manuels d'histoire. [...] Et pourtant aussi longtemps que les villes, embaumées par les onguents des poètes et enveloppées dans les bandelettes des historiens, seront habitées par des hommes vivants, l'esprit de l'actualité soufflera toujours dans leurs murs ; comme un vent de nouvelles fortunes qui effleuraient San Marco et la Ca' d'Oro »[2]. Pour Persico, « ces deux jeunes vénitiens », Scarpa et Deluigi, « métèques dans leur patrie », révèlent « un aspect secret et élégant de la Venise moderne ». Il poursuit : « Cela signifie que l'importance du goût moderne a été comprise à Venise comme renouvellement pour la beauté de cette ville, pour en maintenir à travers le temps l'idée d'une élégance suprême. Un exemple pour tous ces ‹ faux antiquaires › qui décorent, non seulement leur propre maison, de faux XVIe ou de faux baroque ; et une incitation à tous les Vénitiens pour qu'ils donnent sans cesse des formes et des valeurs nouvelles à ces tendances qui, dans l'histoire, ont créé le faste merveilleux de la lagune. En Italie, le problème d'un goût moderne ne se situe pas, en effet, dans une création à partir du néant comme prétendent le croire les adversaires des choses nouvelles mais dans une sorte d'enrichissement et d'actualisation de ce qui constitue le patrimoine réel de notre race : l'amour de la beauté. Telle est l'idée qui, plus que d'autres, a guidé Deluigi et Scarpa dans leur tâche d'excellents décorateurs italiens ».

Un vent d'*Esprit Nouveau* anime nos deux « commissaires » responsables dans leur collaboration amicale : un peintre et un architecte comme Ozenfant et Le Corbusier. Quelques jours avant l'inauguration, Martini fait part à Deluigi de ses dernières remarques sur leur sélection drastique des œuvres et avance ses dernières suggestions. Le ton de la lettre est amical, ironique même :

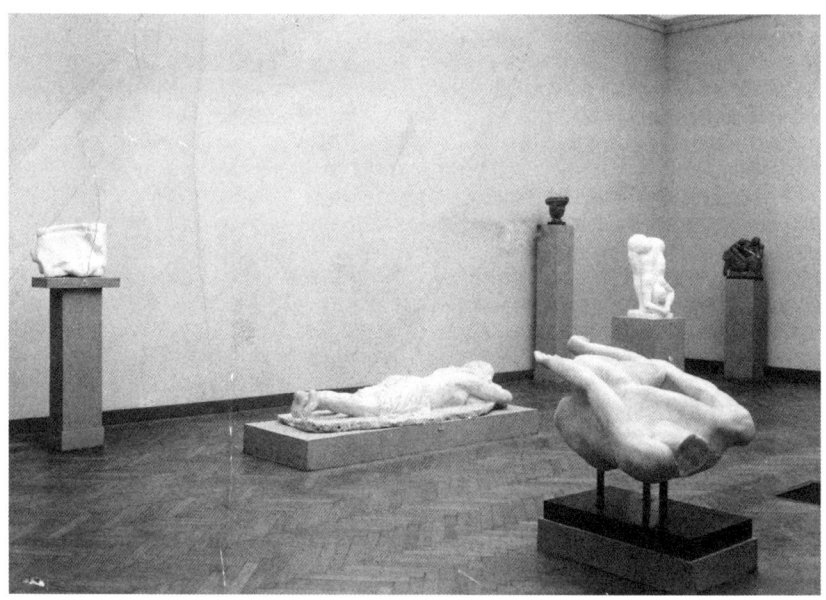

Salle Arturo Martini, XXIIIᵉ Biennale de Venise, 1942

Au premier plan à droite : *Femme qui nage sous l'eau* ;
derrière : *Le Sommeil* ; sur le mur du fond à droite :
Ébauche du Tite-Live ; détachée de l'angle : *Plongeon de la nageuse* ;
dans l'angle du mur de gauche : *Tête de Femme* ; à gauche : *Le Taureau*

« Formidable ! Vous avez fait un massacre et c'est très bien. Vous avez donc écarté sept choses, c'est-à-dire:
Il sonno [Le Sommeil] – grande pierre – et ça va.
Frammento della Saffo [Fragment de Sapho] – grand bronze – et ça va.
Gli amanti [Les Amants] – petit bronze – et ça va.

Donna col gabbiano [Femme avec une mouette] – petit bronze – et ça va.
Toro in bronzo [Taureau en bronze] – et ça va.
Testa di Scarpa [Tête de Scarpa] – terre cuite – et ça va.
Pugilatore, uomo seduto [Boxeur, homme assis] – et là j'ai un doute.
Mais si vraiment le jury est décidé, ce n'est pas mon problème ; l'ébauche de *Livio* arrivera, espérant que vous la passerez, et alors nous aurons treize pièces, un nombre superstitieux. Pour cela, j'ajouterai *Il pugilatore* [Le Boxeur] et nous en aurions ainsi quatorze suspendues à votre jugement. Vous vous êtes bien divertis ou vous vous en êtes tirés avec la migraine. Pour son propriétaire, je suis content que vous ayez passé le bois (le *San Giacomo Maggiore* [Saint Jacques]). Donc écrivez-moi comment se présente la salle et si les pièces ont trouvé leur place, enfin dites-moi clairement si je vais m'en sortir.
Baci à toi et à Scarpa
Votre Arturo »[3]

Dans la salle XXIX du Palais de l'exposition, le nombre des sculptures de nos deux complices semble rester le même alors que le catalogue de la Biennale en compte deux de plus[4] :

1. *Testa di monaca* (bronzo).
[Tête de religieuse]
2. *Amplesso* (marmo). [L'Étreinte]
3. *Il pugilatore* (bronzo). [Le Boxeur]
4. *Bozetto del Tito Livio* (Bronzo).
[Ébauche du Tite-Live]
5. *La madre* (bronzo). [La Mère]
6. *Donna che si pettina* (bronzo).
[La Femme qui se peigne]
7. *San Giacomo* (legno) [Saint Jacques]
8. *Toro* (marmo). [Le Taureau]
9. *Tuffo della notatrice* (Marmo).
[Plongeon de la nageuse]
10. *Testa di donna* (bronzo)
[Tête de Femme]
11. *L'architetto Carlo Scarpa* (terracotta)
[L'architecte Carlo Scarpa]
12. *Vacca* (bronzo). [La Vache]
13. *Il bevitore* (pietra). [Le Buveur]
14. *Donna che nuoto sott'acqua* (marmo).
[Femme qui nage sous l'eau]
15. *Il sonno* (pietra). [Le Sommeil]
16. *Torso* (marmo). [Torse]

Une fois franchie la Rotonde d'entrée du Pavillon central et traversée la première salle, une porte s'ouvre à gauche de la deuxième salle vers la salle XXXI où sont exposées les sculptures d'Antonio Berti et les peintures de Gregorio Sciltian. Là, sur le mur de gauche, une ouverture donne accès à la salle Arturo Martini par un sas trapézoïdal en entonnoir : une salle carrée peinte en coquille d'œuf et un plafond translucide tendu d'un voile de coton léger blanc qui tamise et diffuse la lumière naturelle de la verrière. De la porte en biais de droite, le regard du spectateur est dirigé vers un haut socle de bois peint, le marbre du *Plongeon de la nageuse*, détachée de l'angle du mur sur la diagonale de la salle, formant un angle rentrant avec deux petits bronzes : l'*Ébauche du Tite-Live* sur le mur de l'entrée et celui de la *Tête de femme* sur le mur voisin. De la porte en biais de gauche, le même dispositif, le marbre *L'Étreinte*, entouré de deux petits bronzes *Vache* et *Le Boxeur*.

En position centrale, parallèlement aux murs de gauche et de droite, face au visiteur, les deux grandes statues en pierre *Le Buveur* et *Le Sommeil* sur des socles bas en bois peint. Au milieu, parallèlement au mur du fond, *Femme qui nage sous l'eau*, un socle bas identique aux précédents, surmonté d'un socle noir laqué où sont ancrées trois tiges de fer qui supportent la statue : en la détachant ainsi du socle, Scarpa lui donne littéralement tout son sens. De chaque côté d'elle, appuyés sur le mur du fond, deux petits bronzes, à gauche *La Mère* et à droite *La Femme qui se peigne*. En avant, sur le même plan, deux autres marbres : *Le Torse* détaché de l'angle du mur de gauche et du mur du fond, et *Le Taureau* à peine détaché du mur de droite. L'imposante statue en bois, *Saint Jacques,* occupe le dernier angle ; le geste apaisant de ses bras semble balayer d'une douce quiétude cette alternance de sculptures de pierre, de marbre surtout, et de petits bronzes qui l'entourent dans un subtil jeu de plans, de diagonales et de hauteurs. Un message de paix se dégage ainsi de ce parfait *white cube* éthéré conçu par Deluigi et Scarpa centré sur la *Femme qui nage sous l'eau*, chef-d'œuvre de Martini : « La sculpture, langue vivante »[5] semble alors braver les mièvres affèteries des artistes des régimes de l'Axe, seuls participants de cette Biennale assombrie par la guerre.

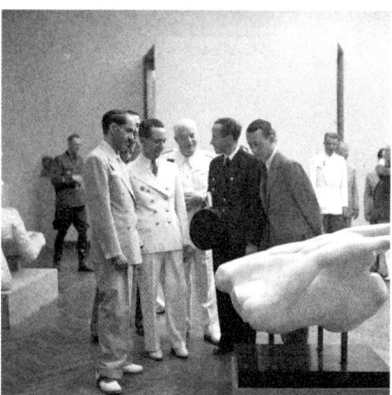

Visite de Joseph Goebbels à la
XXIIIᵉ Biennale de Venise,
8 août 1942, salle Arturo Martini
Au fond, le sas d'entrée trapézoïdal

Peut-être tout simplement à l'écoute d'Arturo Martini, Scarpa et Deluigi ont disposé philologiquement les œuvres autour de la *Femme qui nage sous l'eau* : « L'hiver 1941-1942, précise Martini, j'ai réalisé à Milan le *Plongeon de la nageuse*, *L'Étreinte* [...]. Des œuvres qui préparent la *Femme qui nage sous l'eau*. Ensuite, *Le Taureau* et *La Vache* avec l'excavation de son fessier »[6], et il ajoute : « Le *Saint Jacques* en bois, le saint pèlerin de la dernière Biennale, je l'ai fait à la campagne, dans la villa Battista près de Vérone, pour la chapelle de la villa qui lui est dédiée. J'ai creusé dans un beau tronc de noyer pour chercher les possibilités de ce bois. Le bras, le bras gauche saluant, je l'ai ajouté. Si je ne l'avais pas ajouté, j'aurai fait du gothique, c'est-à-dire la figure enfermée dans la colonne du tronc ». Le saint pèlerin dans l'angle ne serait-il pas tout simplement le voyeur naufragé, l'Actéon du bain de ces Dianes des Îles Marquises, le héros Doc du film *Ombres Blanches* de W.S. Van Dyke (1928) ? Car à en croire Martini : « L'image de la *Femme qui nage sous l'eau*, je l'ai eue il y a quinze ans en voyant au cinéma *Ombres Blanches*. On y voyait des femmes qui nageaient sous l'eau, virevoltant comme des animaux ».

Pour le vingtième anniversaire de la mort d'Arturo Martini, Trévise, sa ville natale, lui consacre une exposition « mise en scène avec beaucoup de brio par son ami l'architecte-décorateur Carlo Scarpa dans l'église restaurée de Sainte-Catherine »[7]. À cette occasion, le petit livre *Contemplazioni* de Martini paru en 1918, étrange et emblématique partition musicale de xilographies, fit l'objet d'une réédition avec ce témoignage d'une amitié passionnelle écrit par Carlo Scarpa :

« Le coup de tonnerre de sa voix le matin, quand il me demanda ‹ si j'avais compris › (et il m'avait fait le cadeau de dire qu'à son avis ‹ j'en étais digne ›), et moi, en rougissant, je disais des banalités, j'essayais de prolonger la torture de la réponse

Et je vis alors le brun-noir de ses yeux saillants, qui brillaient généralement de gaieté et de complicité, virer à la couleur de plomb du mépris.

Hélas, ce jour-là, mes actions ont bien chuté ! Je n'avais pas compris.
Carlo Scarpa, Asolo, 3 septembre 1967 »[8].

NOTES — *

1
Voir le catalogue de la *XXIIIª Esposizione Biennale Internazionale d'Arte*, Venise 1942, p. 90 ; Stefania Portinari, « 1942, XXIIIª Esposizione Biennale Internazionale d'Arte di Venezia, sculture di Arturo Martini (sala 29) » in *Carlo Scarpa e la Scultura del' 900*, Marsilio, Venise 2008, p. 155-159 ; Orietta Lanzarini, *Carlo Scarpa, L'architetto e le arti, Gli anni della Biennale di Venezia 1948-1972*, Marsilio, Venise 2003, p. 23-25 ; *Mario Deluigi, 1901-1978*, cat. exp., Galerie d'Art moderne de Ca' Pesaro, Venise, 25 mai-21 juillet 1991, Mondadori, Milan 1991 ; Massimo Bontempelli, *Arturo Martini*, Hoepli, Milan 1938/1948 (2ᵉ édition).

2
Ici et suivante : Edoardo Persico, « Arredamento a Venezia », *Tutte le opere (1923-1935)*, vol. II, Comunità, Milan 1964, p. 86 (1ᵉ édition : *La Casa Bella*, juillet 1932).

3
« Carteggio Martini-Deluigi », lettre de Martini à Deluigi de Carrare le 15 juin 1942 in *Mario Deluigi, 1901-1978*, op. cit., p. 167.

4
Catalogue de la *XXIIIª Esposizione Biennale Internazionale d'Arte*, op. cit., p. 90.

5
Voir Arturo Martini, *La Sculpture, langue morte*, L'Échoppe, Caen 2009 [1ᵉ éd. italienne, 1945].

6
Ici et suivantes : Gino Scarpa, *Colloqui con Arturo Martini*, Rizzoli, Milan 1968, p. 164.

7
André Chastel, « À Trévise, le sculpteur Arturo Martini ou l'invention désabusée » *Le Monde*, 29 septembre 1967, p. 14.

8
Carlo Scarpa, *Allegato a Contemplazioni di Arturo Martini*, All'insegna del Pesce d'Oro, Milan 1967.

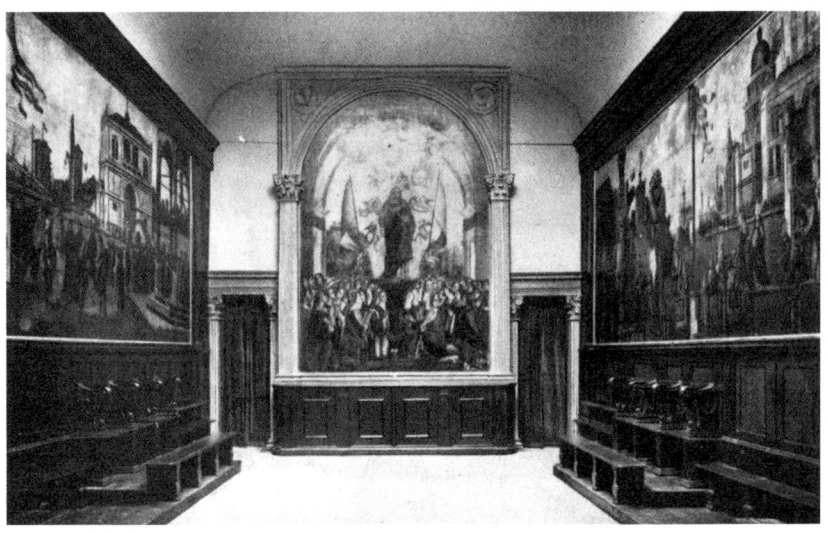

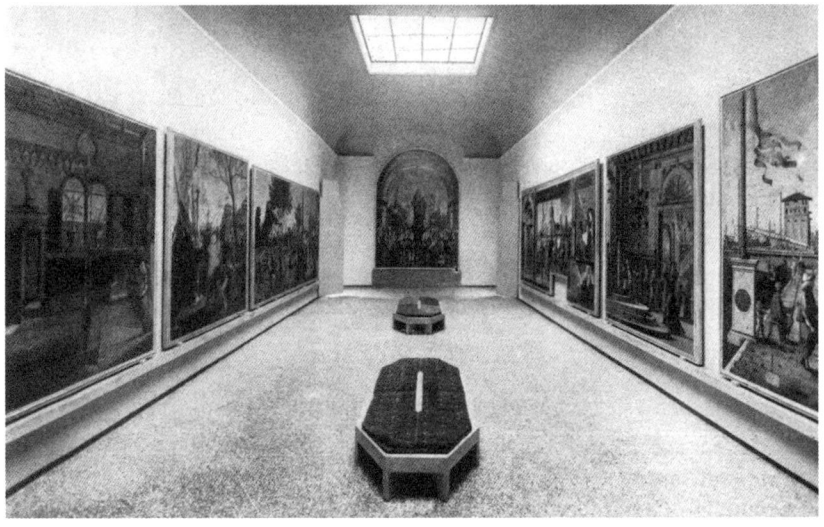

Salle du cycle de *La Légende de Sainte Ursule* (c. 1490-1500) de Vittore Carpaccio, état avant et après réaménagement (c. 1947), Galeries de l'Académie, Venise

Le nouvel aménagement des Galeries de l'Académie, Venise

1941-1947

Vittorio Moschini (1896-1976), nommé à la tête des Galeries de l'Académie en 1941, élabore un ambitieux projet d'agrandissement « avec la collaboration d'un spécialiste de rare sensibilité », Carlo Scarpa. Au terme de la guerre, la lourdeur des reconstructions dans toute l'Italie limite le programme initial à la seule rénovation des salles existantes. Carlo Scarpa en est chargé dès 1945.

Première expérience de muséographie radicale dont Moschini tient à préciser les enjeux, dès la première échéance des travaux, en 1949 : « L'objectif principal était de mettre en évidence la valeur iconographique des peintures en renonçant à toute tentative de reconstruction historique ou à tout pittoresque sentimental. L'importance de la présentation des œuvres d'art qu'on appelle muséographie nous intéresse non pas pour ses intentions scientifiques mais en tant qu'affirmation des tendances contemporaines et de la précision historique dans l'ordonnance et l'aménagement des collections. Loin de nous un modernisme ostentatoire et d'effet. C'est vrai en particulier pour la salle du cycle de *La Légende de Sainte Ursule*, qui avait été réalisée après la Première Guerre mondiale selon le principe de reconstruction idéale de la vieille *scuola*[1], où se trouvaient, à l'origine, les tableaux.

Cette reconstitution était une pure invention, stalles et encadrements étaient de provenances diverses et faisaient pastiche, et le retable, avec son cadre d'antiquaire, complétait la séquence des histoires de Sainte Ursule, alors qu'à l'origine, il était installé dans le presbytère. Ces effets, plutôt subjectifs, jouaient au détriment des peintures de Carpaccio, qui étaient même difficile à regarder étant donné la hauteur à laquelle elles étaient accrochées [180 cm]. Pour ce réaménagement, pour donner à voir la peinture de Carpaccio jusque dans ses prodigieux détails, nous n'avons pas hésité à concevoir un espace simple où elles s'imposent. Les grandes toiles ont été placées très bas, posées sur un appui continu en bois de chêne clair, sobrement encadré du même bois, avec un listel doré. Comme fond, sur les murs, un enduit d'un teinte ondoyante, ivoire-chaux. Le retable est dissocié du reste, éclairé par une fenêtre dont la vue, comme celle de la porte, est dissimulée par des écrans de toile posés à la fin des panneaux peints des épisodes de la légende. Une solution analogue pour les petites salles du XVIIIe siècle, ornées jadis de lambris en bois pastichant le XVIIIe, et tapissées de charmantes fleurs qui troublaient la vision des tableaux. En les faisant communiquer, on a obtenu une espèce de galerie avec des murs de refend, illuminée par les lanterneaux, dont la lumière est également diffuse à travers un unique velum de toile claire très fine. Le dallage est une mosaïque de couleur gris *bardiglio* (turquin), comme le panneau du fond pour faire ressortir les tonalités blondes de l'esquisse du Tiepolo de [l'église des] Scalzi. Tous les autres murs sont d'un délicat ivoire doux, d'une composition spéciale, avec un mélange de poudre de talc. Ainsi les petits tableaux précieux de Pietro Longhi et Rosalba, Sebastiano Ricci et Tiepolo, Guardi et Canaletto et leurs condisciples, échappent à la reconstitution artificielle d'un intérieur du XVIIIe siècle, mais ressortent par leur seule valeur intrinsèque »[2].

Les premières armes de Carlo Scarpa dans la muséographie et la restructuration de monuments historiques sont exemplaires. Ca' Foscari a certainement joué un rôle déterminant dans sa formation d'architecte-scénographe au regard gourmand, sachant retrouver la science perdue des traditions, *calce tirata* (chaux tirée) et *stuco lucido* pour les murs, *terrazzi* vénitiens pour les sols. L'invention muséographique est déjà là. Au fil de son crayon à la pointe aiguisée, les connivences sont explicites ici avec un conservateur éclairé et avec les artisans qui, sous sa gouverne, retrouvent tout leur savoir-faire.

NOTES — •

1
À Venise, les *scuole* sont les institutions charitables d'un corps de métier, d'une association de dévots ou d'une communauté nationale. Certaines, comme la Scuola grande di San Rocco, ou la Scuola di Sant' Orsola, sont devenues célèbres pour leur décor peint.

2
Vittorio Moschini, « La nuova sistemazione delle Gallerie di Venezia », *Bolletino d'arte del Ministero della Pubblica Istruzione*, n°1, janvier–mars 1948, Rome, p. 85-90. Le réaménagement des Galeries de l'Académie s'est déroulé en plusieurs phases, voir p. 231 pour son descriptif.

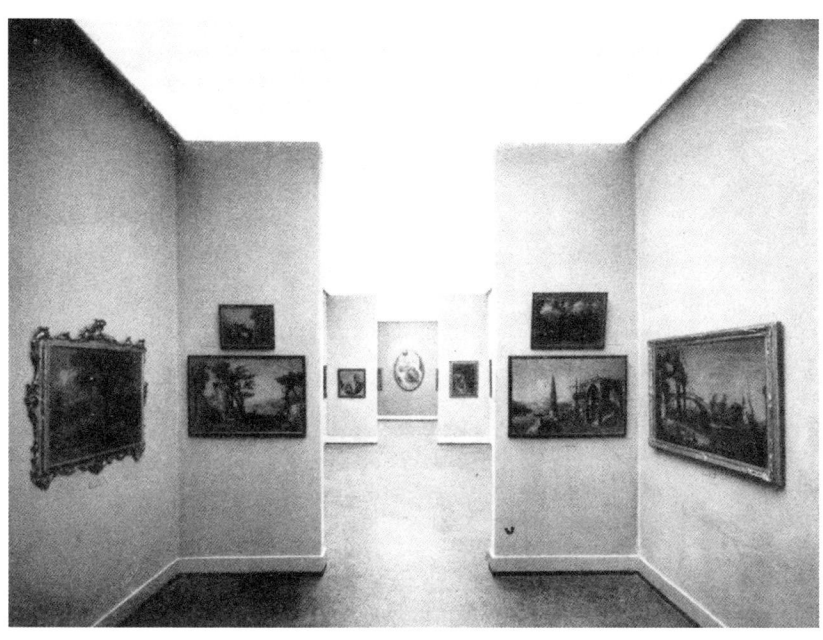

Salles du XVIIIe siècle rénovées, Galeries de l'Académie, Venise, c. 1947

Pour tous les documents de ce chapitre : Vittorio Moschini, « La nuova sistemazione delle Gallerie di Venezia », *Bolletino d'arte del Ministero della Pubblica Istruzione*, n°1, janvier-mars 1948, Rome, p. 86-90

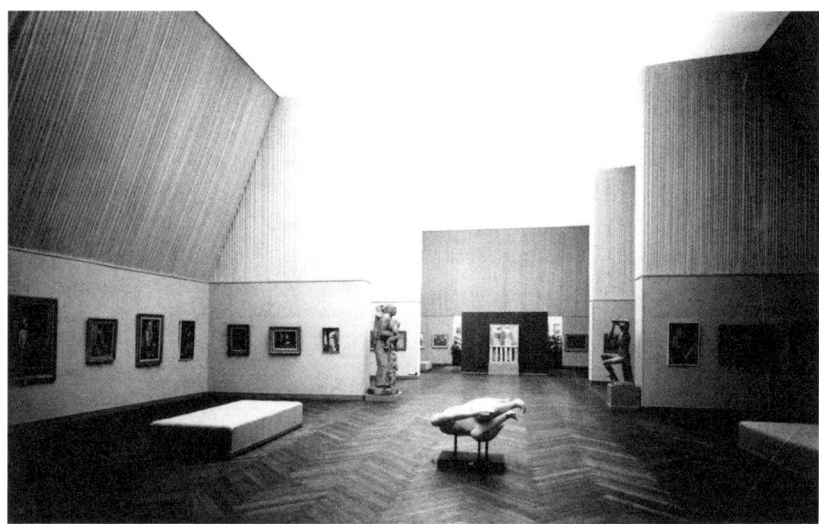

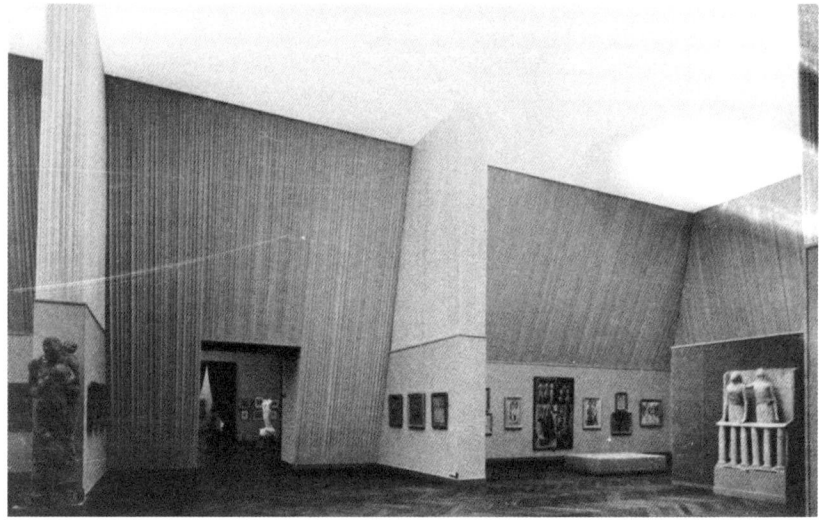

Salon central, XXIVe Biennale de Venise, 1948

Carlo Scarpa a construit une véritable perspective théâtrale *métaphysique* animée par les sculptures d'Arturo Martini. Au centre de la première salle (Carlo Carrà et Giorgio De Chirico) : *Femme qui nage sous l'eau*. Deux panneaux latéraux, sortes de glissières de théâtre, séparent la première salle de la deuxième (Giorgio Morandi) soulignées par deux sculptures de Martini : *Maternité* du côté de Carrà et *Le Buveur* du côté de De Chirico. Deux autres coulisses limitent la dernière salle (Massimo Campigli et Filippo De Pisis), divisée en deux. Au centre, se détache, en toile de fond sur un panneau sombre, *Clair de lune* de Martini.

La XXIVe Biennale de Venise

1948

« Le principe des expositions biennales, qui est solennellement repris après six années d'interruption, est d'utiliser la grande table de résonance de Venise pour des présentations d'art moderne. On a réouvert à l'extrémité de l'île le parc des expositions où subsistaient les anciens pavillons et, pour bien marquer l'esprit nouveau de l'institution, on a recherché les créations les plus fortes, et au besoin les plus contestées, de l'art présent. Dans une cité où l'histoire est puissante, la Biennale de 1948 a ainsi tenté non pas sans doute de dessiner une carte complète de l'art du siècle, mais d'en révéler certains replis profonds et de dégager quelques-unes de ses évidences. L'Italie en avait assurément besoin, mais c'est aussi l'occasion de changements de perspective qui seront utiles à tous »[1], écrit André Chastel en introduction de trois articles d'un supplément du *Monde* rendant compte de la Biennale de Venise de 1948.

Le discours d'inauguration de son secrétaire général, Rodolfo Pallucchini, le 2 juin 1948, ne laissait aucun doute sur l'ambition de cette première Biennale de l'Après-guerre : « Après sept mois de travaux, nous avons tenu nos promesses. La Biennale s'ouvre aujourd'hui avec une exposition de cent chefs-d'œuvre des Impressionnistes provenant de 22 musées et 23 collections d'Europe, d'Afrique et d'Amérique, des rétrospectives de Turner, Klee, Schiele, Maillol, Martini, Rossi et Scipione et d'autres artistes mineurs italiens, une rétrospective de la période Métaphysique, des expositions personnelles d'Auberjonois, Braque, Campigli, Chagall, De Pisis, Márffy, Szonyi, Kokoschka, Mafai, Picasso, Wotruba, etc... La participation étrangère présente des artistes comme Ensor, Permeke, Laurens. Outre qu'elle met l'accent sur une sélection de valeurs italiennes, confrontées aux valeurs étrangères, la Biennale est fière de proposer une documentation circonstancielle sur les mouvements artistiques européens de l'Impressionnisme à l'Abstraction, aidée en cela par le prêt de la Collection Guggenheim de New York. Ainsi, vis-à-vis de la culture, la Biennale croit avoir accompli sa tâche »[2].

La commission des arts figuratifs est composée de cinq critiques et historiens de l'art : Nino Barbantini (1884-1952), Lionello Venturi (1885-1961), Roberto Longhi (1890-1970), Carlo L. Ragghianti (1910-1987) et Rodolfo Pallucchini (1908-1989), et de cinq artistes : Pio Semeghini (1878-1964), Carlo Carrà (1881-1966), Felice Casorati (1883-1963), Giorgio Morandi (1890-1964) et Marino Marini (1901-1980). « L'aide » de Carlo Scarpa pour l'accrochage et l'aménagement des salles est proposée à la

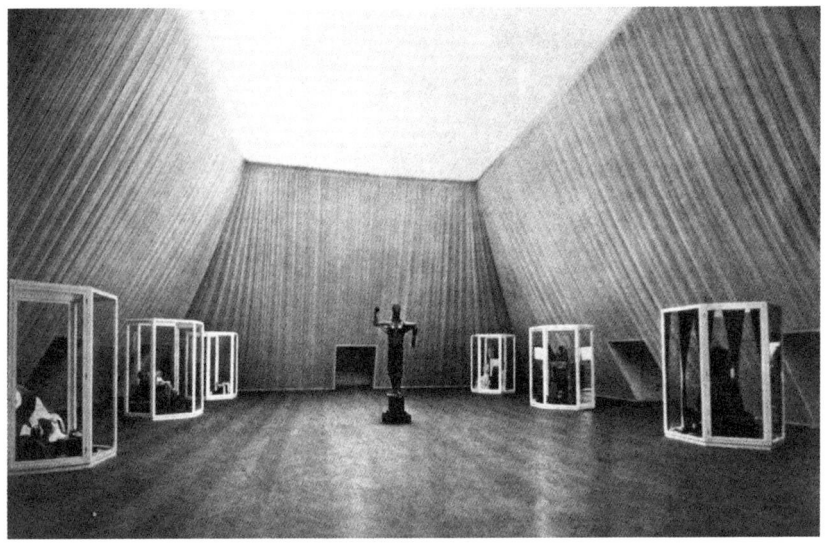

Josef Hoffmann
Salle *Mode et Sport*, exposition du Werkbund autrichien, Vienne, 1930

in *Moderne Bauformen*, n°8, août 1930, p. 325

commission par Pallucchini. Le catalogue de la Biennale précise à ce propos : « Carlo Scarpa a installé les salles III, IV, V, XXVI, XXVIII, XXXVII, XXVIII avec la collaboration des architectes Andrea Vianello et Piero Bruscagnin »[3]. Mais le curriculum de Carlo Scarpa rédigé en 1962 avec la collaboration de Giuseppe Mazzariol, à l'occasion d'un concours pour une chaire de professeur d'architecture à l'Institut universitaire d'architecture de Venise, précise qu'il est aussi responsable de l'aménagement général du Pavillon central[4]. On lui devrait donc, dans la salle L de ce pavillon, l'accrochage des tableaux de l'exposition consacrée à Pablo Picasso – dont le commissaire est le peintre Renato Guttuso (1911-1987) – comme l'installation des œuvres de la Collection Peggy Guggenheim dans le Pavillon grec qui lui avait été confiée.

I. LES RÉTROSPECTIVES D'ARTURO MARTINI ET DE « TROIS PEINTRES ITALIENS DE 1910 À 1920 » (CARRÀ, DE CHIRICO, MORANDI) ; LES EXPOSITIONS MONOGRAPHIQUES DE CAMPIGLI ET DE PISIS

À en croire Douglas Cooper, le travail de Carlo Scarpa et de ses deux collaborateurs architectes a fait son effet : « De manière générale, les accrochages des expositions internationales d'art ne réussissent qu'à brouiller les esprits, à moins qu'elles ne soient unifiées par leur thème ou par une homogénéité intrinsèque. La Biennale, où chaque pays est libre d'exposer ce qui lui plaît, ne fait pas exception. Mais cette année, la fonction de secrétaire général était assumée par Rodolfo Pallucchini, et, sous sa direction énergique et intelligente, la première Biennale d'après le fascisme a atteint une apparence d'ordre et d'importance. L'importance, on doit le reconnaître, était locale en vérité. Pour les Italiens, ce n'était pas seulement la première occasion de prendre contact avec les principales figures de l'art européen contemporain »[5]. Mettre en scène les intentions de Pallucchini et des commissaires des différentes expositions, c'est tout l'art de Scarpa. Dans le texte du catalogue de la rétrospective consacrée à Arturo Martini, Umbro Apollonio (1911-1981), l'un des commissaires, avec Carlo Carrà, Giuseppe Marchiori (1901-1982) et Giuseppe Mazzotti (1907-1981), tient à souligner que : « pour donner une image juste de Martini, cela n'apporte rien de chercher une cohérence qui aille au-delà de chaque expérience exemplaire qui se concrétise d'œuvre en œuvre, voire avec de longs intervalles entre chacune d'elles, il est préférable d'isoler une série d'œuvres et, sur celles-ci, de fonder le jugement »[6].

Le catalogue de la Biennale précise que la rotonde d'entrée est entièrement consacrée à la rétrospective d'Arturo Martini mais que « par besoin de continuité les œuvres de Martini sont aussi exposées dans les salles III, IV et V »[7]. Les archives de la Biennale ne documentent que l'installation du Salon central où seulement quatre des dix-neuf sculptures de Martini sont visibles. D'autres, à en croire Chastel, sont disposées ainsi : « Toutes les lignes dessinées par les couloirs de la Biennale sont soulignées par des œuvres sculptées qui souvent les surplombent et qu'on ne saurait traiter à la légère. Les groupes d'Arturo Martini, maître de la trouvaille plastique, ont une énergie expressive qui va jusqu'à la singularité de l'anecdote. C'est

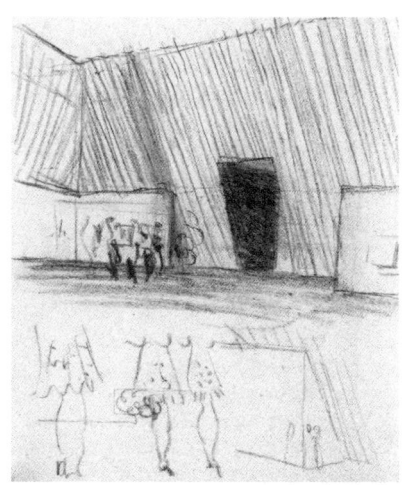

Étude pour le Salon central de la XXIVe Biennale de Venise de 1948, c. 1948

Crayon sur calque léger

que la statue n'a pas ici cette propension à la dignité affectée qu'on lui prête si abusivement ailleurs »[8]. La mise en scène proposée par Scarpa, hommage explicite à Arturo Martini, est volontairement symbolique de cette première Biennale de l'Après-guerre qui se veut celle des nations libres pour la paix dans le monde, comme l'affirme l'affiche de la manifestation : la colombe de la paix tenant dans son bec un pinceau et une mirette de sculpteur. Dans le Pavillon central, le groupe monumental en bronze *Il figlio prodigo* [Le Fils prodigue] accueille le public au centre de la circonférence en marbre noir, autour de laquelle se distribue le dallage en marqueterie de marbre noir et blanc composé de flèches noires dont les plus longues déterminent la position des autres sculptures ; devant l'*ufficio vendite*, la billeterie, transformé en niche, un groupe de trois statues sur des socles de la même couleur que les plinthes de la salle : les deux petits bronzes *Il mondo di Livio* et le *Bozzetto per il Tito Livio* [Le Monde de Livio ; Ébauche pour le Tite-Live] encadrent la grande terre cuite de *La donna al sole* [La Femme au soleil]. De l'autre côté, même scénario : au centre, deux grandes terres cuites, à gauche *Gare invernale* [Jeux d'hiver] et à droite *Aviatore* [Aviateur], perpendiculairement à l'axe de l'entrée. Une fois franchi le seuil du Salon central transformé en une véritable nef divisée en trois, comme la salle consacrée au XVIIIe siècle des Galeries de l'Académie ou la grande salle de la première Galerie du Cavallino, Scarpa a construit une scène de « théâtre métaphysique » animée par les quatre sculptures de Martini. Au centre de la première salle – 13 tableaux de Carlo Carrà à gauche, 13 de Giorgio De Chirico à droite –, le marbre *Donna che nuota sott' acqua* [Femme qui nage sous l'eau]. Deux panneaux latéraux, deux sortes de coulisses ou glissières de théâtre, séparent la première salle de la deuxième – 11 œuvres de Giorgio Morandi. Elles sont soulignées par deux sculptures de Martini, *Maternità* [Maternité] du côté de Carrà et *Il bevitore* [Le Buveur] de celui de De Chirico. Deux autres coulisses ou glissières limitent la dernière salle – 22 œuvres de Massimo Campigli à gauche, 30 de Filippo De Pisis à droite –, divisée en deux : au centre, se détache en toile de fond, sur un panneau sombre, le balcon du *Chiaro di luna* [Clair de lune]. Cette perspective théâtrale est ici mise en abîme par l'accrochage des tableaux qui s'y prêtent volontiers, que ce soit sur la glissière de Carrà : en toile de fond, *Natura morta con squadra* [Nature morte avec équerre] et sur les deux côtés *L'amante dell'ingegnere* [La Maîtresse de l'ingénieur] et *Il gentiluomo briaco* [Le Gentilhomme ivre], ou sur celle de De Chirico : en toile de fond, *Piazza d'Italia* [Place d'Italie] et sur les deux côtés : *Interno metafisico* [Intérieur métaphysique] et *Natura morta evangelica* [Nature morte évangélique]. Le commentaire de Pallucchini sur cette salle est concis : « sobre élégance ». Et il ajoute : « Scarpa interroge l'œuvre, cherchant toujours d'en comprendre le rythme interne, sans jamais en trahir l'esprit »[9]. Quelques années plus tard, André Chastel commente ainsi l'exposition d'Arturo Martini à Trévise, « installée, si on peut dire, mise en scène avec beaucoup de brio par son ami l'architecte-décorateur Carlo Scarpa »[10]. Il s'agit bien déjà ici de mise en scène. Cette nef en forme de tente, qui permet à Scarpa de redimensionner l'espace monumental du Salon central du Pavillon central de la Biennale, est un clin d'œil assumé et résolu à une réalisation de l'architecte Josef Hoffmann, alors commissaire en 1948 du Pavillon autrichien, qu'il réalisa en 1934 : le grand espace central de l'exposition du Werkbund autrichien à Vienne en 1930[11]. Même lumière zénithale naturelle diffuse à travers un grand velum blanc tendu de calicot de coton léger appelé *cencio di nonna*[12], même murs obliques et glissières sur les côtés de la nef tendus du même tissu régulièrement plissé qui tombe jusqu'aux murs blancs d'une hauteur de 2,34 mètres qui font cimaise. Ainsi la *Donna che nuota sott'acqua* devient la véritable protagoniste de cette « cage de lumière » qui n'est pas s'en rappeler la salle « éclairante » tendue d'une toile blanche de la première véritable scène théâtrale moderne : l'Institut Jaques-Dalcroze d'Hellerau conçue par Alexandre de Salzmann et construite par Heinrich Tessenow en 1910 pour les spectacles d'Adolphe Appia. « La lumière *diffuse* – la lumière du jour sans soleil –, rehausse les valeurs des couleurs et souligne les contours (rend les contours parlants, éloquents).

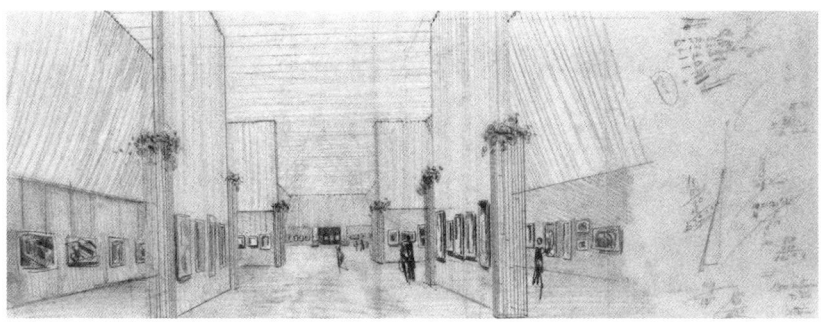

Étude pour le Salon central de la XXIVe Biennale de Venise de 1948, c. 1948
Crayon sur calque léger

[...] Si l'on n'est pas insensible aux couleurs, on remarquera comment les couleurs commencent alors à s'animer, comment les contours s'adoucissent sans perdre de leur précision, comment tout s'harmonise »[13].

Que Scarpa et les commissaires de l'exposition, un an après la mort du sculpteur, convoquent Appia pour célébrer Martini ne semble pas étonnant : Martini, un artiste dont « l'invention plastique le tourmente », ce que rappelle, comme tient à le souligner André Chastel, la publication d'un recueil stupéfiant *La scultura lingua morta* où Martini déclare sans ambages que son art, la sculpture, a perdu tout son sens au XXe siècle. « Un labeur passionné s'achève ainsi dans la détresse, dans la crainte que la sculpture manque de métaphores et de rythme distincts du sujet, c'est-à-dire de ce qui forme la poésie »[14]. C'est *L'œuvre d'art vivant* d'Adolphe Appia qui donne tout son sens à la scénographie de Scarpa : « Et la Sculpture ? Elle a ceci de commun avec la peinture qu'elle fixe et immobilise un instant *choisi* du mouvement et possède, peut-être à un degré supérieur, le pouvoir d'exprimer le contexte de ce mouvement. De même que la peinture, elle présente un spécimen de choix et en a les qualités de perfection, d'achèvement. Mais la diversité infinie de la lumière, des ombres et des couleurs *fictives*, lui est refusée. En compensation, elle a la plasticité qui appelle la lumière effective. Voilà, certes, une large compensation ! Du point de vue où nous sommes ici, la sculpture est celui des arts qui paraît nous importer le plus, puisque son objet est le corps humain. [...] La sculpture est plastique, elle vit dans l'espace et participe ainsi à la lumière vivante »[15].

II. Paul Klee

C'est à « deux sorciers, Klee et Picasso » que La Biennale, « ce congrès international des styles et des songes qui a encore le mérite de placer l'art contemporain devant ses responsabilités »[16] confie la conclusion de cette *promenade architecturale* dans l'art italien contemporain. Pour Paul Klee (1879-1940), Carlo Scarpa invente un étonnant *studiolo*, presque secret, dans la dernière salle : un cul de sac. Encore une fois, il élabore une scénographie originale qui, comme celle du Salon central, deviendra l'un de ses paradigmes muséographiques : la contre-cloison.

« Paris 1948 », écrit de la main de Scarpa sur l'ouvrage *Propos d'urbanisme* de Le Corbusier, laisse supposer que, pour se confronter aux matériaux de cette exposition, aux tableaux et aux aquarelles de Paul Klee, rien de mieux pour lui que de visiter l'exposition qui lui était consacrée au Musée national d'Art moderne de Paris, puis à Bruxelles. Les livres aussi lui permettent de se familiariser avec l'œuvre de Klee, en particulier les écrits de l'artiste[17]. Le commissaire suisse de l'exposition, Max Huggler, directeur du Kunstmuseum de Berne, est pour Scarpa un précieux interlocuteur pour positionner les six toiles et les treize aquarelles prêtées par la Klee-Gesellschaft de Berne. Les quelques dessins de Carlo Scarpa et de ses collaborateurs témoignent de l'exceptionnelle invention muséographique dont il fait preuve ici, dans la salle la plus ingrate du Pavillon central, un petit rectangle tronqué sur deux côtés, une sorte de cul de four, haut de plafond, récupéré sur la dernière salle d'exposition, mesurant 8,30 sur 4,30 mètres. La salle est diminuée de moitié en hauteur par un velum blanc tendu de *cencio di nonna* qui filtre la lumière naturelle. L'option choisie est de séparer nettement les toiles des aquarelles. Sur le mur d'entrée, cinq tableaux se déploient sur le ruban d'une cimaise blanche horizontale d'une hauteur de 1,10 mètre suspendue à 1,05 mètre du sol et se terminant en épine par un porte-à-faux noir de même dimension faisant un angle de 60° avec le mur, porteur du sixième tableau. En face, pour les aquarelles, Scarpa construit une contre-cloison, une sorte de paravent suspendu au-dessus du sol, une ligne brisée interrompue en son milieu, composée à gauche de quatre cimaises verticales alternées, trois blanches et une noire de 2,40 mètres de hauteur se terminant en épine par un porte-à-faux blanc de la même dimension et à la même hauteur que la cimaise des peintures (1,10 mètres), et, à droite, de trois cimaises blanches verticales et une noire horizontale de la même dimension que le porte-à-faux. Trois piliers marquetés horizontalement de petits liteaux de différentes essences de bois règlent ou supportent l'ensemble des cimaises. Huiles et aquarelles sont positionnées à hauteur du regard, à 1,60 mètres du sol. Une innovation : les cimaises font office d'encadrement des tableaux savamment assemblés de manière que les vitres qui les protègent soient au même niveau que la futaine (appelée *pelle del diavolo*) qui les recouvrent. Seul le tableau *Der Graue und die Küste* [L'Homme gris et la côte], avec son cadre original, donne la dimension du ruban-cimaise[18]. Pour organiser la suite des séquences et déterminer le positionnement des œuvres sur les cimaises, Scarpa prend soin de dessiner les lignes générales de composition de chaque tableau et de chaque aquarelle qui sont sans aucun doute le fondement et l'illumination de cette scénographie. Elle se déroule comme un récit continu, une sorte de *théâtre total*, hommage à Paul Klee et au fondateur du Bauhaus, Walter Gropius.

« Le premier discours spatial unitaire et homogène », « un parcours d'une singulière lucidité d'exposition capable de restituer le message du grand conteur qu'est Paul Klee », voilà comment est perçue cette gageure muséographique, fruit d'un travail exemplaire de Scarpa : mettre en espace l'œuvre de Paul Klee. Plan libre et promenade architecturale, la leçon de Le Corbusier va lui servir à réaliser en trois dimensions, au fil de sa lecture, *L'Art moderne* de Klee. « Permettez-moi une image, écrit Klee, l'image de l'arbre. L'artiste se préoccupe de ce monde complexe et, supposons-le, s'y est orienté à peu près très simplement. Il lui devient ainsi impossible d'ordonner la suite des apparences et des expériences. Cet ordre divers et ramifié, cette connaissance des choses de la nature et de la vie, je voudrais les comparer aux racines de l'arbre. [...] Comme on voit la ramure des arbres s'épanouir de tous les côtés, dans le temps et dans l'espace, de même en est-il pour l'œuvre »[19]. Mieux encore, la promenade architecturale se transforme par enchantement en parcours fléché : « Des flèches poussent du bout des chemins et dans les parcs et décident le sens de nos pas. [...] Peintre du signe, ce n'est pas la guitare cubiste que Klee multipliera dans ses tableaux, mais maintes flèches noires, des points, des pavillons (paysages pavoisés) ou encore des lettres »[20].

Le ruban-cimaise blanc avec sa pointe noire pour les peintures, les deux cimaises de panneaux pliés avec leurs pointes blanches et la tige noire qui les transperce en un endroit ne sont que la matérialisation de « la confection de la flèche noire » des *Esquisses pédagogiques* de Klee « qui consiste en un déploiement croissant d'énergie à partir du blanc donné comme présent, ou état, vers le noir émergeant comme futur, ou action. [...] Dans une progression en bon ordre d'un pôle à l'autre, la direction du mouvement s'impose avec une telle évidence que le symbole ambigu peut disparaître ». On imagine Scarpa, l'œil toujours aux aguets entre le livre et

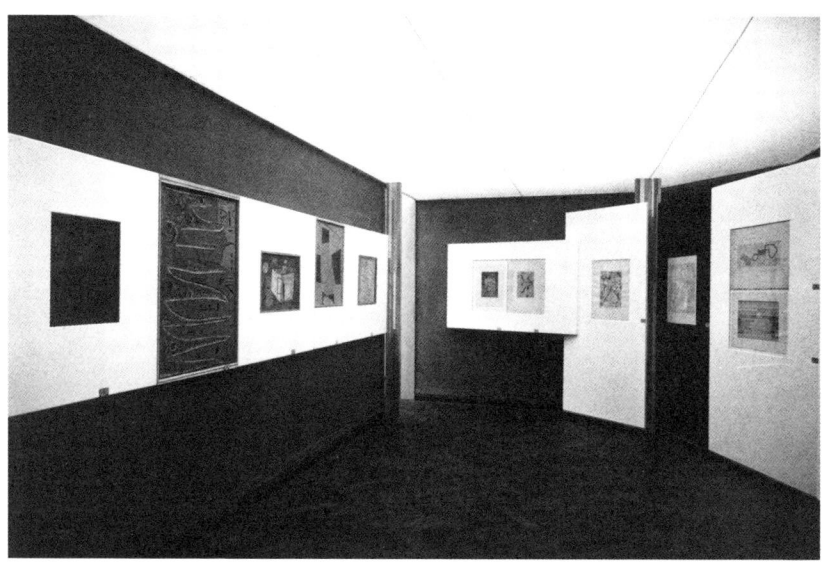

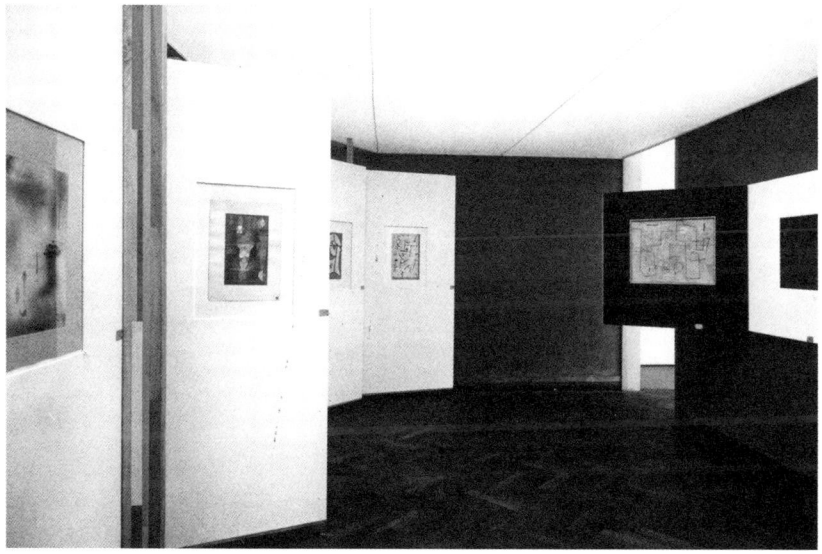

Vues de la salle Paul Klee, XXIVe Biennale de Venise, 1948

Sur le mur d'entrée, cinq tableaux se déploient sur le ruban d'une cimaise blanche horizontale, se terminant en épine par un porte-à-faux noir.
En face, pour les aquarelles, une contre-cloison, « paravent » suspendu au-dessus du sol, une ligne brisée interrompue en son milieu.

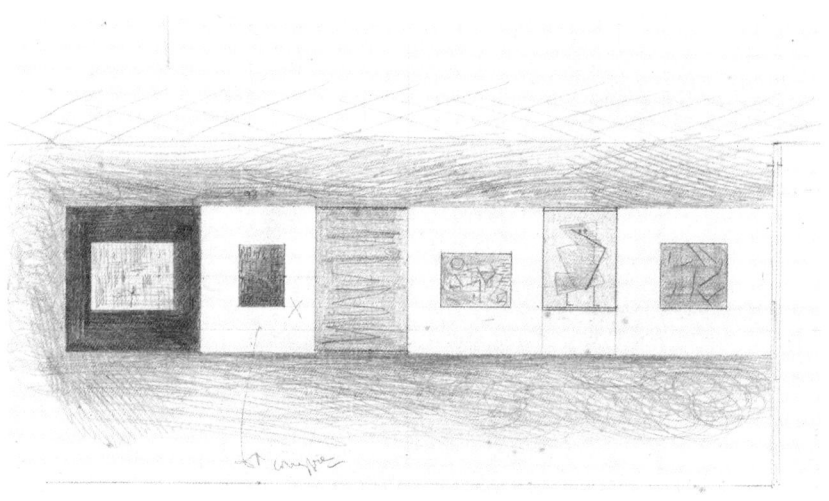

Étude pour le « ruban cimaise blanc » avec sa pointe noire, salle Paul Klee, c. 1948

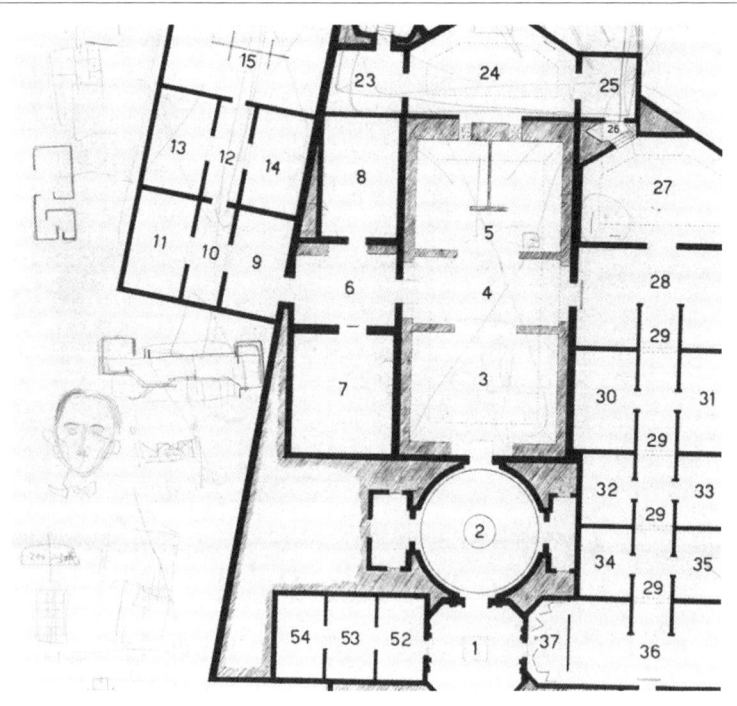

« Portrait de Paul Klee », en marge d'un plan du Pavillon central de la XXIVe Biennale de Venise, c. 1948

Crayon sur papier

la lampe, feuilletant le numéro des *Cahiers d'art* consacré à Paul Klee, un temps d'arrêt, un croquis rapide de l'aquarelle *Lieu désemparé* (Betroffener Ort[21]). Et peut-être : l'installation des treize aquarelles ne lui a-t-elle pas été suggérée par le dernier article du même numéro des *Cahiers d'art* : « Le nombre treize et la forme logique de la suspicion »[22] que Jacques Lacan consacre au jeu mathématique de François Le Lionnais que lui avait proposé Raymond Queneau, cette « machine à penser [qui] exprime assez la merveille » ?

Le crayon de Scarpa « devenu aimant, le labyrinthe du rêve, soudain magnétisé, se déroule en longs anneaux » comme le pinceau de Klee à en croire René Crevel – l'une des lectures de Scarpa – qui écrit : « Et voilà bien la plus intime et aussi la plus exacte surréalité »[23]. Cela convient bien au travail de précision et à l'immersion totale de Scarpa dans l'œuvre de Paul Klee qu'il traduit en une expérience muséographique unique : Klee comme fondement et illumination de son architecture, *point et ligne* pour un architecte soucieux à la fois de confronter le spectateur avec chaque œuvre exposée sans que son regard soit distrait par l'œuvre suivante, et de construire une spirale narrative continue dans une salle trop exigüe, qui requiert le stratagème de la contre-cloison « et par delà permet une rupture dans les circulations, extrêmement favorable à l'attention qu'on exige du visiteur »[24]. La flèche noire a chez Scarpa la fonction que, selon Gillo Dorfles, Paul Klee lui attribuait : « Le peintre se sert d'un flèche : flèche noire, isolée, presque menaçante. C'est la main du destin, le siège du devenir, qui montre au spectateur un départ d'événement, le commencement d'un drame, une direction inéluctable. *Une main*, a dit Matisse, *indique moins efficacement le chemin qu'une flèche*. Et Klee se servit de la flèche exactement là où le chemin devait être clairement indiqué »[25].

Mais un détail : un croquis explicatif rapide d'un portrait de Paul Klee dessiné par Scarpa sur la marge d'un plan du Pavillon central ne révèle-t-il pas l'essence de son inspiration : le nœud papillon de l'artiste !

III. La Collection Peggy Guggenheim au Pavillon grec

« À la fin de la guerre, j'en avais assez d'*Art of this Century* et de New York. Le surmenage exigé par la galerie m'avait épuisée. Je décidai de revenir en Europe où j'avais vécu de 1920 à 1941. J'ignorais tout à fait où me fixer, mais je trouvais l'Italie particulièrement vivante, et j'ai toujours eu une passion pour Venise. [...] Le moment était favorable, car beaucoup de gens craignaient une invasion de la Vénétie par Tito, ce qui augmentait mes chances de trouver ce que je cherchais. [...] Je fus invitée en 1948 à exposer ma collection à la XXIVe Biennale dans le Pavillon grec que la Grèce, alors en guerre, n'utilisait pas. L'exposition fut un énorme succès ; elle influença grandement les jeunes peintres italiens

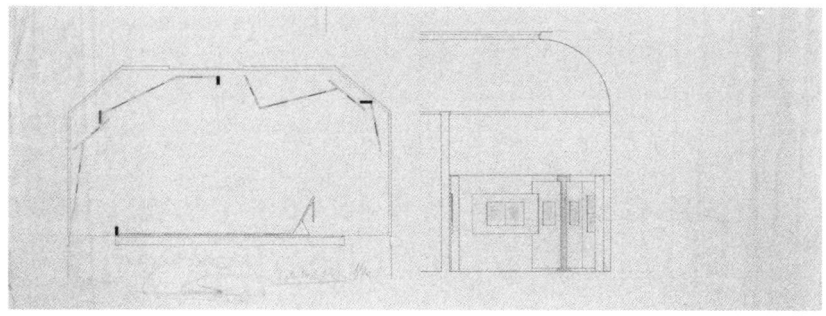

Plan et coupe de la salle Paul Klee, c. 1948

Crayon sur calque léger

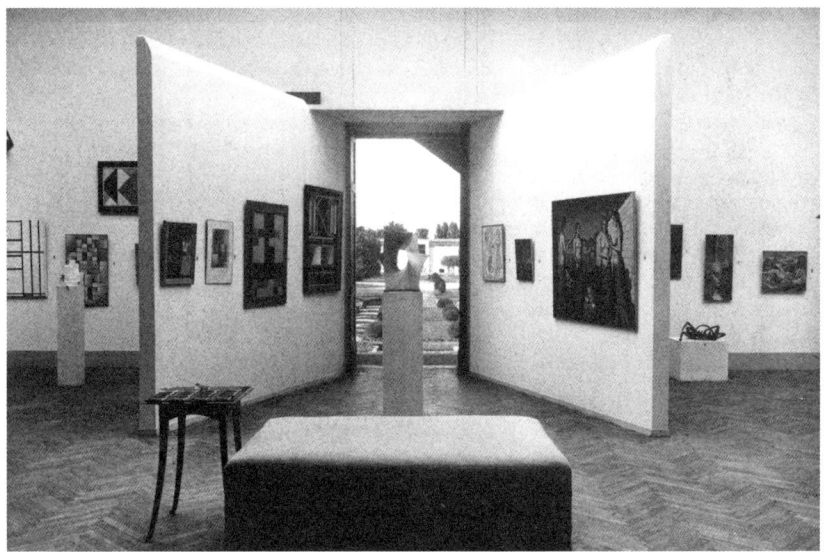

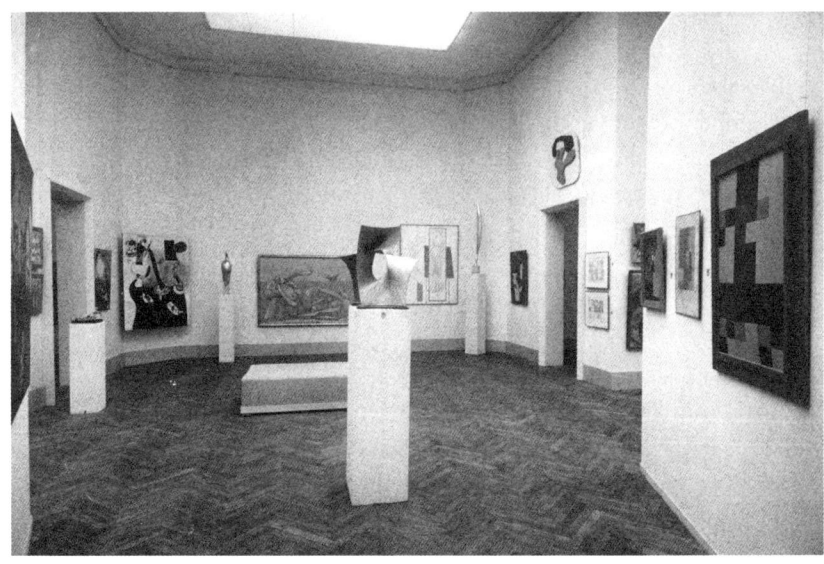

Le sas d'entrée et l'alcôve centrale, exposition de la Collection Peggy Guggenheim, Pavillon grec, XXIVe Biennale de Venise, 1948

que le fascisme avait complètement coupés de l'art moderne. Elle me tenait d'autant plus à cœur que c'était là ma première reconnaissance officielle. Mon nom figurait sur la carte des Jardins de la Biennale à côté des noms de tous les pays exposants, et le président de la République italienne vint me visiter le jour de l'ouverture »[26].

Cent trente-six œuvres présentées, « le meilleur » de sa galerie new-yorkaise : « Cette collection, avertit Peggy Guggenheim, commencée à Paris l'hiver 1939-1940, rassemble des œuvres d'art non réalistes de 1910 jusqu'à aujourd'hui. Historiquement, on peut la considérer plus ou moins parfaite, mais elle a le mérite d'offrir des exemples de ces écoles artistiques : les Cubistes nés avec Picasso, les Abstraits, les Prunistes, les Simultanéistes, les Néoplasticistes, les Constructivistes, les Suprématistes, etc., et l'autre tendance qui commence avec Kandinsky, puis continue avec le Dadaïsme et le Néoclassicisme. Elle fut exposée pendant six ans (de 1942 à 1947) dans ma galerie new-yorkaise *Art of This Century*, époque où j'encourageais aussi les jeunes artistes américains avec de nombreuses expositions de leurs œuvres »[27]. L'exposition de la collection est considérée – avec l'exposition de Pablo Picasso (dix-neuf toiles du maître dont c'est, à 67 ans, la première exposition en Italie) –, comme l'acmé de cette Biennale. Les peintres Emilio Vedova et Giuseppe Santomaso, rencontrés deux ans plus tôt par Peggy en vacances à Venise, ont joué les intermédiaires auprès du secrétaire de la Biennale, Rodolfo Pallucchini : il s'agit de ne pas laisser s'échapper une occasion unique de réinscrire l'Italie dans les grands courants de l'art moderne international. Giulio Carlo Argan est chargé de la présentation officielle de la Collection au comité directeur de la Biennale. La correspondance de Pallucchini et de Roberto Longhi durant l'hiver 1947 témoigne de la conscience qu'avaient ces historiens des conséquences à long terme de leur décision dans la culture italienne. Dans l'immédiat, ils s'attendaient à un accueil houleux de la part du public, au scandale, voire à des violences physiques : « en ce qui concerne le public, écrit Longhi à Pallucchini, il faudra une surveillance spéciale parce qu'il n'est pas impossible qu'il arrive quelque chose aux sculptures de Brancusi, de Giacometti ou de Man Ray, qu'on les griffe ou qu'on les brise ; quant à la critique du type Leonardo Borgese[28], attends-toi au torpillage ! »[29]. Dans le catalogue, Pallucchini prend les devants : « Il est évident que le public, tiré de ses habitudes, se sentira mal à l'aise devant des modes d'expression inédits pour lui, si émancipés qu'ils sont de toute représentation de la nature ». La grande « exposition de groupe » (73 artistes) devait faire pendant à la rétrospective des Impressionnistes français que Roberto Longhi organisait en parallèle aux Procuratie Nuove.

L'accueil d'une bonne partie de la presse italienne et régionale répond aux craintes des organisateurs : « Délicieuses horreurs de la nouvelle mode », « L'arche de Noé-Guggenheim », « Désolés, on a bien ri ! » titrent les journaux. Le critique de *La Repubblica* prend le parti du conseil de navigation : « Qui, le catalogue à la main, visite le Pavillon Guggenheim, est confronté à une première difficulté : le catalogue présente les artistes par ordre alphabétique, alors que les œuvres sont exposées selon un critère qui n'est pas alphabétique. Il est préférable de se diriger grosso modo vers la première salle à droite où sont regroupés les œuvres des abstraitistes [sic] qui fleurirent dans la deuxième décennie du siècle, alors que dans la salle de gauche sont exposées une majorité d'œuvres surréalistes. La salle centrale est consacrée à certains des plus importants maîtres des deux écoles, avec un nombre supérieur d'abstraits. Alors que les deux autres petites salles [...] contiennent des œuvres abstraites et surréalistes récentes »[30]. André Chastel, lui, décrit avec la gageure d'un tel accrochage : « La procédure d'urgence est demandée par la Collection Peggy Guggenheim, vaste rassemblement d'ouvrages dont le seul trait commun est de refuser les formules vieillies de la ‹ tradition › : objets hors série, tableaux d'enfer, collages cubistes, monstres érotiques, jeux aériens, images de l'infantilisme américain. Une ‹ nuit de Walpurgis › de la peinture où l'exquis travail de Kandinsky ou de Villon, les cauchemars sexuels de Max Ernst et de

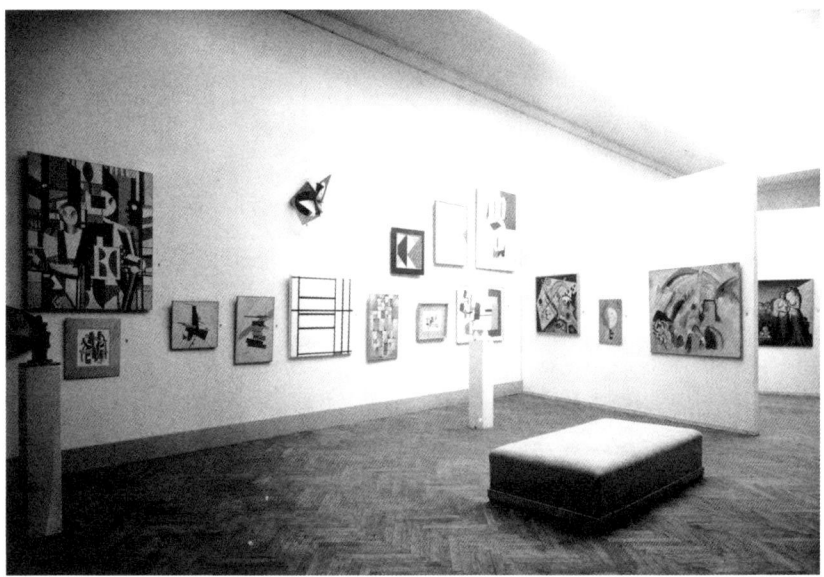

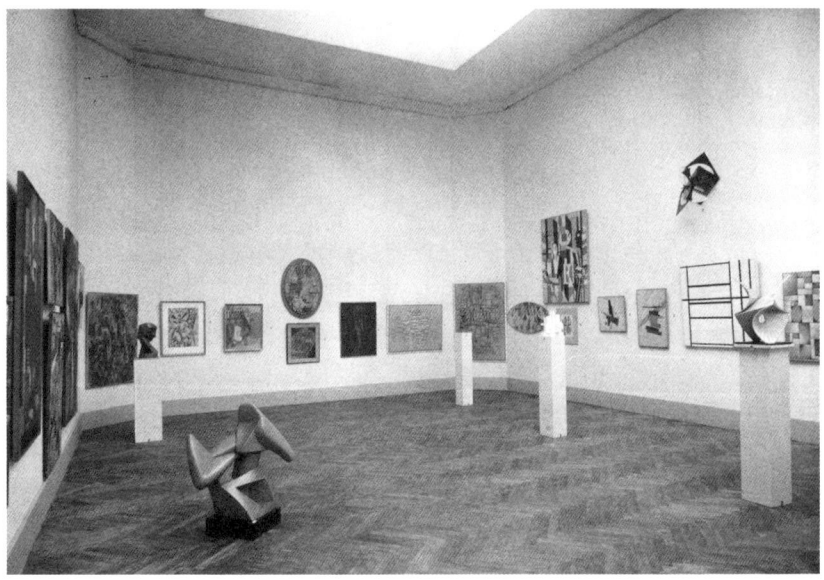

La salle des « Abstraits », exposition de la Collection Peggy Guggenheim, Pavillon grec, XXIVe Biennale de Venise, 1948

Pour la photographie, la sculpture d'Antoine Pevsner au premier plan à gauche a été déplacée de l'entrée de l'exposition.

Dali, les toiles ineptes et les rythmes purs s'entremêlent sous le fallacieux dénominateur ‹ non conformiste › »³¹. Cette « procédure d'urgence » fut confiée à Carlo Scarpa par Peggy Guggenheim, certainement conseillée dans son choix par Carlo Cardazzo et Elio Zorzi³². L'explication qu'elle en donne plus tard est claire : « En 1948, après tant d'années d'inoccupation, les pavillons étaient en mauvais état et de nombreuses réparations s'imposaient. Mon pavillon fut rénové par Scarpa, l'architecte le plus moderne de Venise »³³.

Devant l'ampleur d'une telle collection, Scarpa, aidé de Peggy Guggenheim, a mis en scène dans ce pavillon néoclassique, tous les « ismes » de l'art moderne dans leur chronologie, en divisant la grande salle en deux, ménageant de chaque côté de l'axe central deux espaces successifs séparés par les deux cloisons obliques de l'entrée faisant un angle obtus d'un côté et aigu de l'autre, obtenant ainsi plus de surface de cimaises. Les murs sont peints en blanc et la lumière naturelle zénithale se diffuse à travers le velum blanc tendu à l'horizontal au-dessus de la corniche supérieure de la salle. L'organisation de la salle reprend celle de la galerie de New York : à droite les abstraits, à gauche les Surréalistes. La fragmentation des espaces permet d'établir une chronologie dans la continuité. La grande alcôve centrale permet de répartir, dans deux « box » séparés, les « jeunes Américains qui, durant le dernier conflit, influencés par les artistes qui avaient fui Paris, ont donné naissance à une nouvelle forme d'art, qui est essentiellement le remodelage des deux tendances très différentes qui ont pour chefs de file Picasso ou Kandinsky »³⁴. La presque totalité des artistes de la collection est présentée ici, à l'exception d'Oscar Dominguez, Man Ray et Ben Nicholson. Leur répartition dans les deux salles situées de chaque côté de l'entrée permet de comprendre les paradigmes de la scénographie de l'ensemble. L'intention critique est claire : un récit continu, un jeu de correspondances ou de renvois historiques ou picturaux propres à cet ensemble d'œuvres : lignes, points, surfaces et plans. À l'extérieur, dans l'arcade centrale de la petite loge du Pavillon grec, une banderole triangulaire où Scarpa a écrit de sa main « Collezione Peggy Guggenheim » précède l'entrée de l'exposition, un sas en entonnoir ouvert vers l'alcôve centrale où commence l'exposition. Sur le mur oblique de droite disposés à hauteur du regard, les premiers abstraits : Picabia, *Très rare tableau sur terre* (1915) ; Arp, *Grande composition* (1915) ; deux *Merzbild* de Kurt Schwitters, le collage *Bleu sur bleu* (1929) et la construction *Maraak* (1923). Sur le mur oblique de gauche, *Le Jeu de balle* (1946) de Massimo Campigli, suivi de *La Bergère des Sphinx* de Léonor Fini (1941) et de *L'Aurore* de Paul Delvaux (1937) préludent à la salle des « Surréalistes ». Dans l'axe de l'entrée, sur un socle haut, une construction en bronze et plâtre d'Antoine Pevsner, *Surface qui développe une tangente avec une courbe à gauche* (1939), souligne, comme toutes les autres sculptures de la Collection, le parti-pris dynamique de la scénographie et l'accrochage des tableaux : ici, lignes et courbes de l'alcôve centrale auxquelles font écho les bronzes, à gauche *La Figure couchée* d'Henry Moore (1938) et, contre le mur de face, les deux sculptures de Constantin Brancusi, *Maiastra* (1912) et *L'Oiseau dans l'espace* (1940) qui encadrent deux œuvres de Picasso : *Jeunes filles avec bateau* (1937) et *L'Atelier* (1928) en face de l'entrée. Sur le mur de gauche, à l'angle de la salle des « Surréalistes », deux dessins d'Henry Moore (1937) accompagne sa sculpture, suivis, après la porte de la petite salle de gauche, des peintures de Joan Miró *La Femme assise* (1939) et d'*Intérieur hollandais* (1928) dans l'angle du mur. Sur le mur de droite, à l'angle de la porte, deux eaux-fortes de Picasso *Le Songe et le mensonge de Franco* (1937) ; au-dessus de la porte, le relief de bois peint *Soulier bleu* (1925) de Jean Arp, suivi d'une nature morte de Georges Braque *Le Compotier de raisin* (1926). Dans la salle à droite de l'entrée, quatre sculptures prennent possession de l'espace abstrait : *La Boxe* (1913) d'Alexander Archipenko, *Le Cheval* (1914) de Raymond Duchamp-Villon, *Le Pierrot assis* (1921) de Jacques Lipchitz et la *Construction de volumes* (1918) de Georges Vantongerloo. Sur le mur en face de l'entrée, Archipenko et Duchamp-Villon accompagnent les toiles de Balla (*Automobile et bruit*, 1912) et de Gino Severini (*Danseuse de mer*,

1914), de Louis Marcoussis (*L'Habitué*, 1920), de Jacques Villon (*Espaces*, 1920), de Jean Metzinger (*Vélodrome*, 1914), pour finir avec *Nature morte très puriste* (1920) d'Amédée Ozenfant. Duchamp-Villon et Lipchitz encadrent à leur tour la succession des toiles : *Le Poète* (1910) de Picasso, un *Dessin* (1913) de Fernand Léger, *Lacerba* (1914) de Picasso, *La Valse* (1912) de Georges Braque et *La Bouteille de Rhum de la Martinique* (1914) de Juan Gris, puis *Jeune homme triste dans un train* (1912) de Marcel Duchamp et *Océan* (1914) de Piet Mondrian. Lipchitz et Vantongerloo accompagnent le dernier mur du Pavillon, une séquence centrée sur le tableau de Mondrian, *Composition* (1939), accroché de manière à ce que la plus longue ligne horizontale du tableau soit à 1,60 mètre du sol. Répartis horizontalement de chaque côté : à gauche, *Gouache* (1938) de Fernand Léger suivie de *Composition suprématiste* (1915) de Malevitch et *Composition* de El Lissitzky, et à droite *Composition* (1918) de Théo van Doesburg, *Gouache* (1936) et *Équilibre* (1934) de Jean Hélion. La hauteur de l'œil correspondant à un élément de la composition du tableau ou à sa taille dans cet accrochage dynamique. Placé au centre de la cimaise, au-dessus du Mondrian, la sculpture d'Antoine Pevsner *Croix ancrée* (1934), complète l'accrochage ; à sa gauche, à une hauteur de 1,60 mètre, un unique tableau *Les Hommes dans la ville* (1919) de Fernand Léger et, à droite, une succession croissante de trois tableaux : *Contrecomposition* (1926) de Théo van Doesbourg, *Composition* (1939) de Vordemberge-Gildewart et enfin *Le Ramoneur* (1936) de Jean Hélion. Sur le mur oblique, trois Kandinsky, *Croix blanche, En haut, Paysage à la tache rouge*, complètent l'accrochage de cet ensemble abstrait.

L'accrochage des tableaux surréalistes, situé à gauche de l'entrée, continue cette introspection dans les « ismes » de l'art moderne pour en souligner la complexité : interpénétrations et influences réciproques au-delà même des frontières. Le *Mobile* (1941) de Calder est suspendu devant *Souvenir de la ferme (Pluie)* (1911) de Marc Chagall qui ouvre la séquence « surréaliste » du panneau oblique, suivi de deux œuvres de Paul Klee, *Jardin magique* (1926) et *Portrait de Mme P.* (1924) pour se terminer par *Dadamax* (1919) et *Le Facteur Cheval* (1932) de Max Ernst. La sculpture *Femme égorgée* (1931) d'Alberto Giacometti posée sur un socle carré termine cette séquence et commence l'autre, légèrement détachée du mur. Au centre, un tryptique métaphysique, trois Giorgio De Chirico, *Bel après-midi* (1916), *La Tour Rose* (1913) et *Le Songe du poète* (1915). La *Statue de femme acéphale (Femme qui marche)* (1934) de Giacometti termine cette séquence devant *Piège pour avion (Jardin gobe-avions)* (1936), la *Cité entière* (1937) et *L'Antipape* (1942) de Max Ernst. Deux autres sculptures, *Aurelia* (1946) de Lipchitz et *Couronne de seins* (1945) de Jean Arp, encadrent la séquence suivante : quatre tableaux de Max Ernst, *Couple zoomorphe* (1933), *La Toilette de la mariée* (1940), *La Forêt* (1928), *Le Baiser* (1927), et deux d'André Masson, *L'Armure* (1925) et l'*Oiseau fasciné par un serpent* (1943). Les deux bronzes *La Tête-Coquille* (1945) de Jean Arp et *La Maquette d'un jardin (La Place)* (1932) d'Alberto Giacometti sont placés devant la dernière séquence « surréaliste » dont nous ne connaissons pas l'accrochage. L'œil averti et à l'écoute de Carlo Scarpa, en syntonie avec l'expérience de la galeriste, assure la réussite de cet étonnant accrochage *radieux* qui propose un parcours en spirale apparemment iconoclaste, mais totalement cohérent. L'entrée en entonnoir composé des deux cimaises obliques a déjà été expérimentée par Le Corbusier au Grand Palais en 1940 pour l'exposition *La France d'outre-mer* : « Le plan qui fournissait une série de ‹ box › successifs révèle une innovation heureuse, celle des cloisons obliques (et non pas perpendiculaires au mur principal) : disposition ayant pour effet d'inviter le visiteur et de lui offrir au retour un aspect tout à fait différent »[35]. De toute évidence, Scarpa, comme Le Corbusier, manifeste son « grand respect pour la personnalité de Pevsner ». La disposition de ses deux sculptures dans l'exposition fait écho au *Témoignage de Le Corbusier sur Pevsner* : « Son œuvre est apparue comme la preuve d'un grand et long travail inspiré par une haute conception de l'art. Ses sculptures de métal soudé – qui ont exigé un si patient labeur – prennent possession de l'espace, étendant au loin leur rayonnement. En ces temps-ci, des témoignages apparaissent ici et là d'une conjugaison inévitable des arts

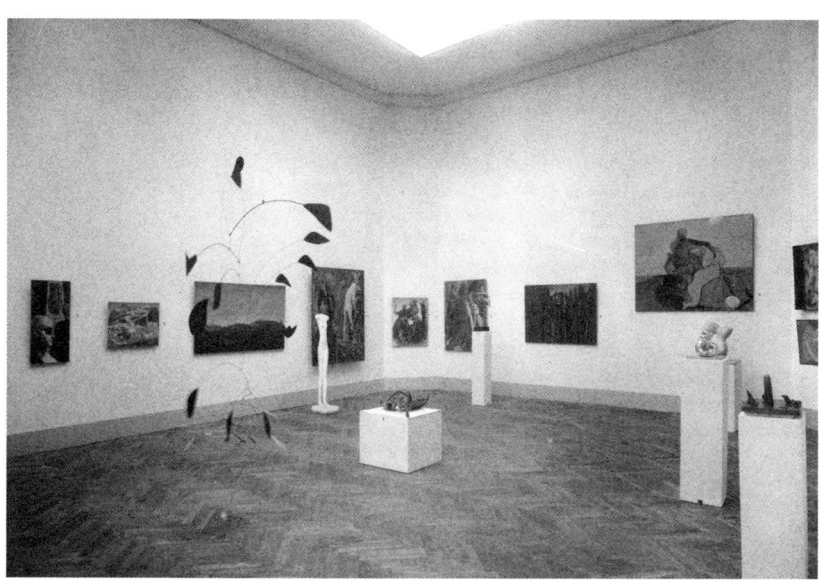

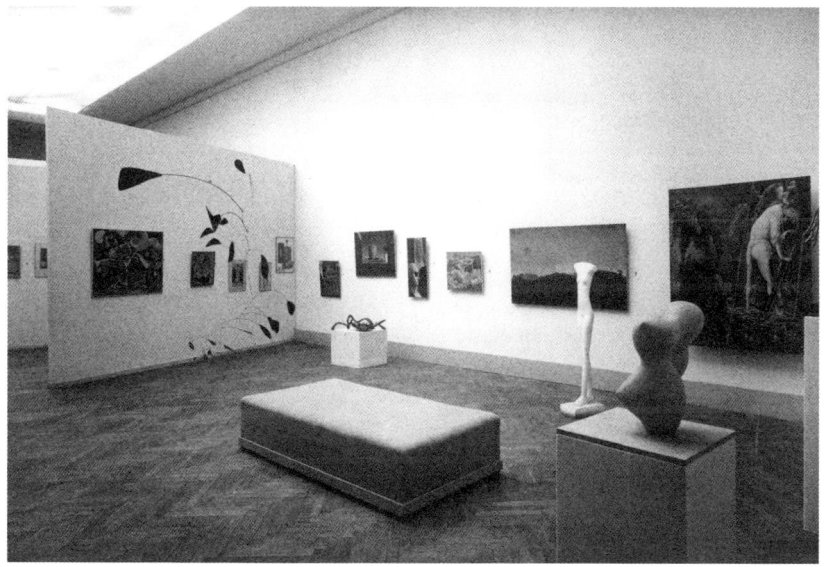

La salle des « Surréalistes »,
exposition de la Collection
Peggy Guggenheim, Pavillon grec,
XXIVe Biennale de Venise, 1948

majeurs : architecture, sculpture, peinture. Cette synthèse s'exprimera par une attitude neuve de l'émotion plastique. Pevsner apporte sa noble contribution à ces événements avant-coureurs. Depuis longtemps, j'ai pensé qu'en certains lieux de l'architecture (dedans ou dehors), lieux que j'ai qualifiés d'*acoustiques* (parce qu'ils sont les foyers régissant des espaces), les grandes formes faites des surfaces gauches d'une géométrie intelligente pourraient habiter nos grandes bâtisses de béton et de fer, ou de verre. J'ai cherché l'homme qui, comme l'ancien constructeur de nefs, joindrait les charpentes et les planches pour constituer des coffrages dans lesquels le béton de statues inattendues serait coulé. Devant les bâtisses, à leur flanc ou sur leur front, les formes en appelleraient à l'espace. La sculpture en appelant à l'espace. [...] Il me semble que c'est être dans la ligne même des destinées plastiques. Architecture et sculpture : jeu savant, correct et magnifique, des formes sous la lumière »[36].

Si Peggy Guggenheim « regrette que l'exiguïté de l'espace concédé n'ait pas permis d'exposer les œuvres avec suffisamment de respiration »[37], elle ne manque pas d'exprimer son entière satisfaction. « Ma collection a eu un grand succès à la Biennale, à Venise, cet été. J'étais dans un très beau pavillon, avec éclairage naturel venant du haut, et je n'ai jamais vu les tableaux aussi à leur avantage. Ils sont devenus célèbres en Italie, et partent en tournée. C'était la première fois que les Italiens voyaient de l'art moderne, et ils ne connaissent pas encore ne serait-ce que la différence entre Cubisme et Surréalisme. *Mais ils sont venus en masse à la Biennale* »[38].

NOTES — *

1
André Chastel, « La XXIVᵉ Biennale de Venise. I. Portée des rétrospectives. (Turner et les Impressionnistes) », *Une Semaine dans Le Monde*, 3ᵉ année, n°117, samedi 7 août 1948, p. 6.

2
Rodolfo Pallucchini, *Ulisse*, n°6, juillet 1948, p. 692.

3
XXIVᵃ Esposizione Biennale Internazionale d'Arte, 1948, cat. exp., Venise, p. 6.

4
Chiosa al « Curriculum », p. 11, Archives Carlo Scarpa, MAXXI–Collezione Architettura, Rome.

5
Douglas Cooper, « 24th Biennial Exhibition, Venice », *The Burlington Magazine*, vol. 90, n°547, octobre 1948, p. 290.

6
XXIVᵃ Esposizione Biennale Internazionale d'Arte, op. cit., p. 25.

7
XXIVᵃ Esposizione Biennale Internazionale d'Arte, op. cit., p. 27.

8
André Chastel, « La XXIVᵉ Biennale de Venise. II. Certitudes, incertitudes italiennes », *Une Semaine dans Le Monde*, 3ᵉ année, n°118, samedi 14 août 1948, p. 6. Article qui, avec ceux parus dans les numéros du 7 et du 21 août, valut à son auteur le prix de la critique de la Biennale de Venise pour récompenser les meilleurs articles qui lui était consacrée, voir « M. André Chastel prix de la critique de la Biennale de Venise », *Le Monde*, 24 décembre 1948.

9
Sandro Giordano, *Il mestiere di Carlo Scarpa. Collaboratori, artigiani, committenti*, mémoire de fin d'étude, Istituto universitario di architettura, Venise 1983-1984, p. 1.

10
André Chastel, « À Trévise, le sculpteur Arturo Martini ou l'invention désabusée », *Le Monde*, 29 septembre 1967, p. 14.

11
Parmi plusieurs exemplaires de la revue *Moderne Bauformen*, la bibliothèque de Carlo Scarpa conserve le numéro 8 d'août 1930 avec un marque-page écrit de sa main « Hoffmann » à propos d'un article de Max Eissler « Osterreichischer Werkbund 1930 », page 325, où est reproduit cette salle avec cette légende : « Werkbundaustellung Wien. Hauptraum Mode un Sport. Enwurf : Josef Hoffmann. Weibliche Figur : Rudolf Reinhart. Stofflieferung und Ausfürung des Raumes: Tapetenhaus Max Schmidt ».

12
XXIVᵃ Esposizione Biennale Internazionale d'Arte, op. cit. La présence de l'entreprise [ditta] Luigi Pasinetti di Pierluigi e Giovanni Pasinetti. Arredamenti e Decorazioni, San Stae 1897 Venezia dans les pages publicitaires confirme la collaboration des Pasinetti pour la réalisation de cette installation avec l'aide d'un artisan de l'île de la Giudecca, Crissa, spécialisé dans la confection des voiles des barques « brigantini ». La technique utilisée pour tendre ce velum de coton léger fragile est celle de la voilerie traditionnelle, la ralingue (« relinga »), corde à laquelle sont cousus les bords d'une voile pour la renforcer. Les Pasinetti font partie des artisans d'excellence avec lesquels Scarpa collabore jusqu'à la fin de sa vie.

13
Alexandre de Salzmann, « Lumière, luminosité et éclairage », (trad. fr. de « Licht, Belichtung und Beleuchtung », in *Das Claudel-Programmbuch*, Hellerau Verlag, Hellerau, 1913), in Adolphe Appia, *Œuvres complètes*, t. III, L'Âge d'Homme, Lausanne 1988, p. 171. Dans la bibliothèque de Carlo Scarpa, figurent le catalogue de l'exposition du XXIIᵉ Festival international du Théâtre (Ca' Giustinian, 11-30 septembre 1963) ainsi que Ferruccio Marotti, « Appia e Craig: Le origini della scena moderna », extrait du n°50, septembre 1963, de la revue *La Biennale di Venezia*.

14
André Chastel, *op. cit.*. Voir Arturo Martini, *La sculpture langue morte*, L'Échoppe, Paris 2009 [1ᵉ éd. ital., 1945].

15
Adolphe Appia, *L'œuvre d'art vivant*, in op. cit. [1ᵉ éd. 1921], p. 364-365, et « Projets de collaboration avec Mariano Fortuny », in Adolphe Appia, *Œuvres complètes*, t. II, L'Âge d'Homme, Lausanne 1986, p. 370-394. Les innovations de Fortuny en matière théâtrale ont certainement attiré la curiosité de Carlo Scarpa.

16
André Chastel, « La XXIVᵉ Biennale de Venise. III. Perspectives du Novecento », *Une Semaine dans Le Monde*, 3ᵉ année, n° 119, samedi 21 août 1948, p. 6.

17
Paul Klee, 4 février-1ᵉʳ mars 1948, Musée national d'Art moderne, Éditions des Musées Nationaux, Paris 1948, puis Palais des Beaux-Arts/La Connaissance, Bruxelles 1948. Les quelques feuillets qui constituent ces petits catalogues ne sont pas inventoriés dans la bibliothèque de Scarpa où figurent Paul Klee, *De l'art moderne*, La Connaissance, Bruxelles 1948 ; René Crevel, *Paul Klee*, NRF, Paris 1930 ; *Les Cahiers d'Art 1945-1946*, Cahiers d'Art, Paris 1946, qui consacre un dossier de 75 pages à Paul Klee dont les auteurs sont Christian Zervos, Georges Duthuit, René Char, Pierre Mabille, Tristan Tzara, Jacques Prévert, Joé Bousquet, Georges Bataille, Roger Vitrac, Philippe Soupault, René Crevel, Will Grohmann, Valentine Hugo et René Char. Scarpa a écrit sur son exemplaire : « come un tempo, di N.I.N.I. e di C.A.R.L.O. e anche di T.O.B.I.A. 18/3/1948 ». Figurent aussi James Thrall Soby, *The Prints of Paul Klee*, The Museum of Modern Art, New York 1947 ; Bruno Alfieri, *Paul Klee*, Istituto Tipografico Editoriale, Venise 1948, publié au moment de l'exposition et dédicacé par l'auteur « A Carlo Scarpa amico di Klee XXIV Biennale ».

18
« La construction de l'exposition a été exécutée par la maison Casa Nova de Venise, Via XXII Marzo », *XXIVᵃ Esposizione Biennale Internazionale d'Arte*, op. cit., p.155. Sur l'un des dessins du projet, Scarpa a noté « Arredamento S.A. CASA NOVA ».

19
Paul Klee, *De L'art moderne*, op. cit., p. 11-12.

20
Georges Limbour, « Paul Klee », in *Paul Klee*, cat. exp., op. cit.

21
Les Cahiers d'Art 1945-1946, op. cit., p. 29.

22
Jacques Lacan, « Le nombre treize et la forme logique de la suspicion », *Les Cahiers d'Art 1945-1946*, op. cit., p. 389-393.

23
René Crevel, « Paul Klee », in *Écrits sur l'art*, Ombres, Paris 2011, p. 47 [1ᵉ édition, celle de Scarpa, *Klee*, NRF, Paris 1930).

24
Le Corbusier, « 1939. Musée à Croissance illimitée », in *Œuvre complète 1938-1946*, Éditions d'Architecture, Erlenbach-Zurich 1946, p. 16.

25
Gillo Dorfles, « L'art de Klee, la ligne et le temps », in *XXᵉ siècle*, n°5, juin 1955, p. 56.

26
Peggy Guggenheim, Introduction, *Art du XXᵉ siècle. Fondation Peggy Guggenheim de Venise*, cat. exp., Éditions des Musées Nationaux, Paris 1974, p. 30. Voir aussi dans la bibliothèque de Scarpa, le catalogue de l'exposition : Peggy Guggenheim et Bruno Alfieri, *La collezione Peggy Guggenheim*, cat. exp., Istituto Tipografico Editoriale, Venise 1948.

27
XXIVᵃ Esposizione Biennale Internazionale d'Arte, op. cit., p. 336.

28
Critique du *Corriere della Sera*.

29
Correspondance, in Maria Cristina Bandera, *Le prime Biennali del dopoguerra, 1948-1956*.

29
Il carteggio Longhi–Pallucchini, Milan 1999, cité in O. Lanzarini, *op. cit.*, p. 46.

30
Marcello Ventiroli, « Il salotto della signora Guggenheim », in *La Repubblica Italiana*, 23 juillet 1948, cité par Maria Cristina Bandera, « Per una cronistoria dell'esposizione della collezione Peggy Guggenheim alla Biennale del 1948 », *Paragone Arte*, n°37-38, juillet 2001, p. 82.

31
André Chastel, *Une Semaine dans le Monde*, op. cit., p. 6.

32
Peggy Guggenheim, « En 1947, je vins habiter à Venise et le comte Zorzi me demanda d'exposer ma collection à la Biennale de 1948 », in « Come è nata la mia collezione » in *La Biennale di Venezia : rivista trimestrale dell'Ente della Biennale di arte, cinema, teatro, musica, moda*, n°4, avril 1951, p. 28. La même année, Elio Zorzi, directeur de la *Mostra internazionale d'arte cinematografica*, charge Carlo Scarpa de la conception et de la réalisation de la *Première exposition technique internationale de la cinématographie*, un pavillon attenant au Palais du Cinéma au Lido.

33
Peggy Guggenheim, *Ma vie et mes folies*, Perrin, Paris 2004, p. 262. [1ᵉ éd. *Out of this Century*, 1946]

34
Peggy Guggenheim, préface in *La collezione Peggy Guggenheim*, op. cit.

35
Le Corbusier, op. cit., p. 91.

36
Antoine Pevsner, catalogue de la première exposition de Pevsner en France, comprenant un télégramme de Marcel Duchamp, des témoignages de Katherine S. Dreier, Le Corbusier, C. Giedion-Welcker et René Drouin et des « Propos » de Pevsner et Gabo, René Drouin, Paris 1947. Dans l'exemplaire de Scarpa : « di C. Scarpa 2 X 1950 ».

37
Peggy Guggenheim, op. cit.

38
Lettre de Peggy Guggenheim à Lester Longman du 3 octobre 1948.

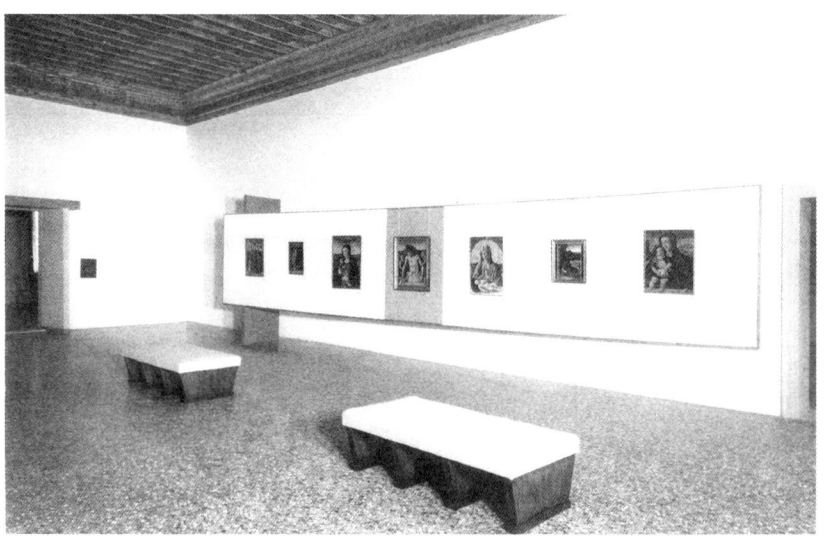

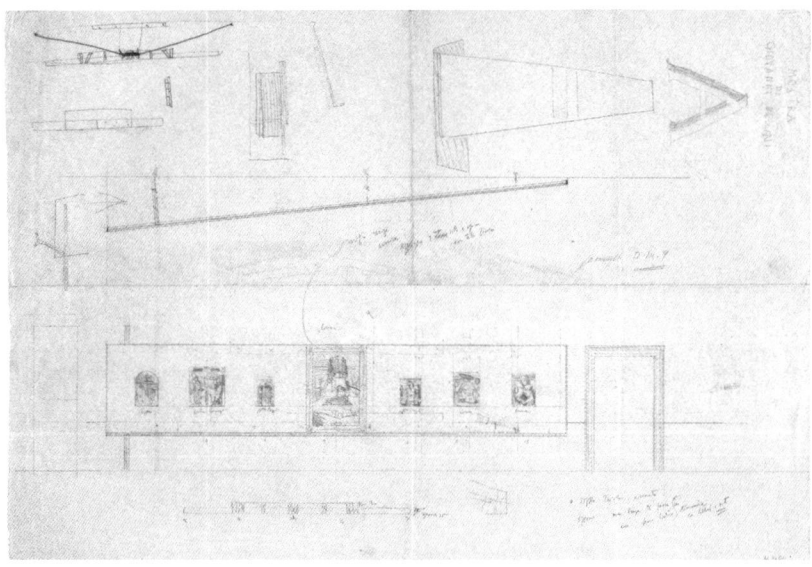

Exposition de Giovanni Bellini, Palais Ducal, Venise, 1949

Photographie illustrant l'article « Monuments historiques et musées » de Georges Henri Rivière in *Techniques & Architectures*, n°11-12, 1950, p. 70

Étude pour le panneau oblique de la première salle de la Quarantia criminale, c. 1949
Le panneau fait 9 mètres de long sur 20 millimètres d'épaisseur pour 7 tableaux : au centre, la *Transfiguration du Christ* (c. 1454-1460) du Musée Correr qui en détermine la hauteur alors que le choix final fut le *Christ mort soutenu par deux anges* (c. 1460) du même musée.

Crayon sur carte

L'exposition de Giovanni Bellini, Palais Ducal, Venise

12 juin-5 octobre 1949

Un an après la Biennale de 1948, l'exposition de Giovanni Bellini est un moment muséographique et culturel important. Son succès critique et public incite le commissaire, Rodolfo Pallucchini, à laisser une trace écrite de son élaboration : « Les expositions d'art ancien et moderne, en dehors de la mission culturelle qui leur est inhérente, devraient, à titre de témoins, et parce qu'elles sont temporaires, contribuer au progrès de la muséographie. Elles mettent à l'ordre du jour les questions d'installation et de présentation des œuvres, proposent des solutions techniques et font évoluer le goût, suscitent l'intérêt du public parce qu'elles diffusent des innovations que l'on pourra ensuite réaliser dans les musées. Il va de soi que l'aménagement des expositions et encore plus des musées doit refléter l'actualité du goût. Qu'on le veuille ou non, la compréhension des œuvres d'art en dépend. Il est bien vrai que l'on peut toujours mettre en scène une exposition en accrochant les tableaux aux murs et en posant les statues sur des piédestaux de briques, mais ce genre d'exposition, si elle intéresse les chercheurs, n'a certes aucun rapport avec le problème muséographique ou tout au moins l'escamote »[1].

Cette *Présentation de l'exposition de Bellini* était une mise au point écrite nécessaire pour mesurer l'enjeu, la prise de risque et l'engagement de Pallucchini lui-même et celui de Carlo Scarpa. C'est le témoignage vivant de leur étroite collaboration ; c'est pourquoi il est régulièrement cité, explicitement ou implicitement, par les critiques les plus importants de l'époque, comme ici par Roberto Longhi dans le compte-rendu de l'exposition publié dans le *Burlington Magazine* en octobre 1949 : « La préférence donnée en Italie à de vastes expositions monographiques est un signe certain du respect que les Italiens accordent au génie artistique. L'exemple le plus récent, consacré à Giovanni Bellini, restera pour longtemps dans l'histoire en raison de sa réussite : une sélection rigoureuse d'une centaine d'œuvres de l'un des plus grands poètes de la peinture italienne, une présentation précise fondée sur un principe scénographique acceptable bien qu'osé, et, dans le cas de nombreuses œuvres exposées, de nouvelles possibilités d'analyse grâce à des restaurations exemplaires. [...] Le commissaire de l'exposition, Rodolfo Pallucchini, est notre expert en ces matières. C'est à lui, et à son collaborateur Carlo Scarpa, que nous devons l'initiative d'organiser l'exposition dans les anciens appartements des Doges, au second étage du Palais Ducal. L'habituelle, stupide et frivole tentative de reconstruire un cadre ‹ approprié › a été abandonné, et les cadres des peintures ont été ôtés (excepté pour les rares cadres originaux), celles-ci étant simplement accrochées sur des écrans blanc-ivoire, réalisés pour l'occasion, d'une telle manière que les œuvres parlent pour elles-mêmes, comme si elles étaient dans l'atelier de l'artiste, avant l'intervention des encadreurs et l'envoi au commanditaire. Cette méthode audacieuse de présentation pourra, dans certains cas, provoquer la polémique mais au final, j'en suis sûr, sera grandement imitée »[2].

Des conservateurs de musées parmi les plus chevronnés s'expriment dans les mêmes termes. Ainsi Grace L. McCann Morley (1900-1985), fondatrice du musée d'Art moderne de San Francisco : « Les salles d'exposition étaient de deux types très différents : les premières, salles de réception des appartements des Doges, avaient gardé leur décoration Renaissance ; les autres avaient été aménagées en salles d'exposition où, du décor ancien, seul avait subsisté le riche plafond à poutres apparentes doré sur fond bleu. Les murs de ces salles avaient été tendus de velours clair aux tons dorés et les œuvres posées sur des châssis recouverts de toile beige d'un ton plus soutenu que le velours des parois et encadrés de baguettes de bois. Les châssis se détachaient des murs et étaient disposés de façon à recevoir le meilleur éclairage possible. Sauf quelques exceptions pour les cadres authentiques, les œuvres ont été présentées sans cadre ou entourées simplement de baguettes dorées. [...] Le principe qui veut que les œuvres d'art ne soient jamais séparées de leur cadre primitif est assurément louable ; mais s'y conformer de façon trop rigoureuse serait condamner automatiquement la plupart des musées du monde à n'avoir que des salles vides, et il n'est évidemment pas facile de mettre cet idéal en pratique. Une installation ‹ en accord ›, qui associe les œuvres d'art au mobilier de la même époque et vise à les placer dans un cadre qui, par le sentiment et la couleur, s'harmonise avec elles, peut contribuer à créer une atmosphère évocatrice du milieu naturel. Cette méthode est évidemment bien connue du personnel de nombreux musées. Il faut à ceux qui l'emploient un goût sûr et délicat, afin de bien saisir la qualité des objets exposés et de déterminer comment il convient de les installer pour les mettre en valeur de façon à la fois agréable et instructive »[3].

Dans sa *Présentation*, Pallucchini justifie le choix de Carlo Scarpa avant de décrire le lieu et ses audaces muséographiques : « Les critères qui ont guidé l'aménagement de l'exposition de Giovanni Bellini, approuvés par la commission consultative, ont été réalisés par l'architecte Carlo Scarpa, qui a déjà à son actif les Galeries de l'Académie, certaines salles de la Biennale de 1948 (Salon central et salle Paul Klee) et la magnifique présentation récente en lumière artificielle de la sélection de peintures contemporaines dans la Salle napoléonienne de Venise[4]. [...] Nous avions à notre disposition pour l'exposition deux types bien différents de lieux : les anciens salons d'apparat des appartements des Doges (Sale degli Scarlatti, dello Scudo, Grimani, Erizzo) – témoignages importants des décors de la Renaissance (plafonds et cheminées) – et les deux pièces suivantes (Quarantia criminale, Stanze del Magistrato alle leggi) ; les trois petites salles de l'appartement privé du Doge qui donnent sur le rio della Canonica : elles servaient de dépôt et ont été restaurées à cette occasion par l'ingénieur Aldo Scolari, directeur du Palais Ducal. En dehors de quelques beaux plafonds et de deux cheminées de l'École lombarde, il ne restait rien de la décoration originale : de sorte que les murs ont été peints de couleur claire, à l'exception de ceux d'une des salles, peints en tonalité marron en harmonie avec le plafond doré. Il n'était pas question de reconstitution historique, c'est-à-dire d'une mise en scène pseudo-Renaissance qui se serait révélée comme un faux historique, ni de présentation scénographique en velours comme on s'était obligé à le faire pour l'exposition *Veronèse* en 1939 afin d'unifier les différents sites de Ca' Giustinian et du Ridotto. Au Palais Ducal, nous avons utilisé du velours (gris et gris violacé) pour dissimuler les cartes géographiques du XVIIIe siècle de Menescardi dans la Sala dello Scudo, divisée en deux par deux grandes absides dos à dos, de manière à constituer deux espaces grandioses : l'une pour le Retable de Pesaro,

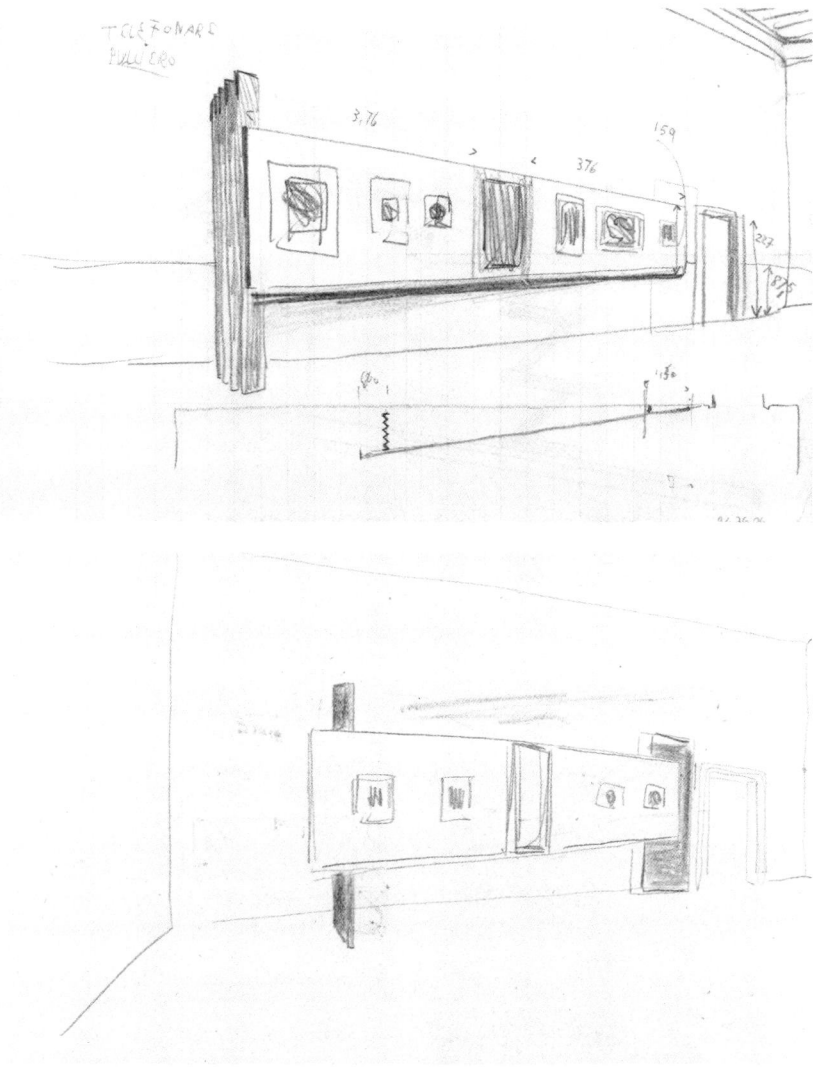

Études pour le panneau oblique de la première salle de la Quarantia criminale, c. 1949

Le panneau pour les sept tableaux est soutenu par un pilier composé de cinq éléments en accordéon

Une autre solution pour cinq tableaux : le panneau est supporté par deux panneaux vivement colorés : l'un perpendiculairement au mur, l'autre légèrement oblique près de la porte

Crayon sur papier, crayon et pastel sur papier

l'autre pour ceux de San Giobbe, de San Zaccaria et de San Giovanni Crisostomo. Dans les autres salles historiques, on a voulu privilégier naturellement le lieu et ses décorations fastueuses, pour en faire, avec des légères interventions, des salles d'expositions. La Sala degli Scarlatti, très profonde et sombre, s'est vue diminuée par une petite cloison mobile recouverte de velours clair doré, de manière à mettre en valeur le très riche double plafond sculpté sur fond bleu. Dans cette salle est exposée la Madonna « Rossa » [de la collection Contini-Bonacossi] avec son précieux cadre vénitien d'époque qui reprend l'harmonie or-bleu du plafond. Les murs des salles Grimani et Erizzo, aux couleurs très sombres qui absorbent la lumière, furent recouverts respectivement d'un velours clair doré et d'un satin lourd de même couleur. Pour y présenter les œuvres, des chevalets et des bases, presque toujours détachés des murs, parfois près des fenêtres, pour la meilleure lumière possible »[5].

Mais ce qui attire l'intérêt des conservateurs de musée, l'installation la plus novatrice, c'est la cimaise oblique de la salle de la Quarantia criminale. Elle suscite le commentaire de Georges Henri Rivière qui y voit une solution exemplaire pour « les musées aménagés dans les monuments historiques », l'illustration parfaite de l'un des principes d'aménagement qui lui sont chers : « Éviter dans les aménagements nouveaux, résultant de l'affectation muséale, tout pastiche inspiré par le cadre ou les objets exposés. [...] Donner à ces aménagements un caractère moderne, ce qui, d'ailleurs, leur conférera un maximum de chance de succès et de durée, sans compter une plus grande efficience. [...] Pour ceux qu'intéresserait un peu cette conception moderniste, nous citerons le stimulant exemple des musées italiens qui en font une large application. Telle est la partie supérieure de l'ancienne église de la Carità, à Venise, transformée en salle d'exposition, où l'on a conservé l'ancien plafond à chevrons de la nef et respecté les éléments architecturaux des murs [...] au moyen de cloisons qui composent une salle d'exposition complètement indépendante du milieu ambiant. Soulignons enfin que cet équipement ‹ moderne › est également très favorable aux collections exposées : combien préférable à un équipement de couleur locale et dont le caractère illustratif s'affirme au détriment de la valeur intrinsèque des œuvres »[6]. Le concept de « milieu ambiant à la disposition des œuvres d'art » développé dans cette exposition par un historien d'art et un architecte attire l'attention des spectateurs avertis « dans les salles restaurées qui se présente dans leur structure architectonique nue et harmonique » où, continue Pallucchini, « l'installation a tenu compte de la nécessité de présenter l'œuvre dans le meilleur éclairage, rectifiant ainsi l'incidence de sa source latérale venant de la fenêtre quasiment au fil du mur, et, en même temps, de l'isoler en la détachant des murs trop nus : les œuvres sont accrochées sur de grandes cimaises recouvertes de toile légèrement beige (d'une tonalité légèrement plus foncée que celle des murs) au grain gros, tissée exprès ; elles sont encadrées avec de simples baguettes de bois

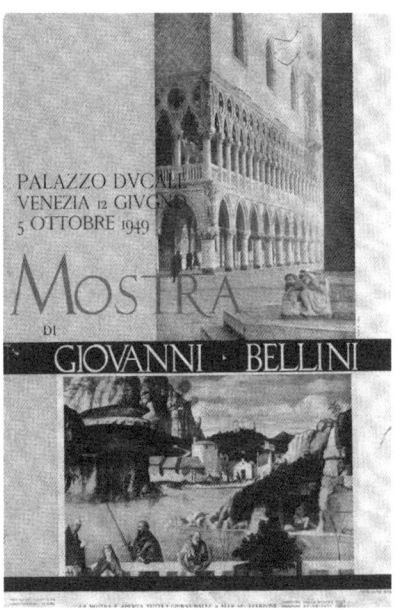

Affiche de l'exposition Giovanni Bellini, Palais Ducal, Venise, 1949 ; graphiste : Carlo Scarpa

développant ainsi le motif des cloisons mobiles que l'architecte a déjà adoptées dans l'église de la Carità des Galeries de l'Académie. Naturellement, les cimaises ont été calculées chaque fois en fonction du nombre et des dimensions des œuvres : dans certains cas, les tableaux auxquels on avait enlevé les cadres (ou laissé ceux qui se réduisaient à un simple jonc d'or) ont été accrochés sur la cimaise et, dans certains cas, la cimaise même leur servait de *passepartout* calculé avec la précision des proportions harmoniques. Dans la première salle, les polyptyques de la Carità et un groupe d'œuvres de jeunesse, faisant pivot autour de la *Pietà* du Correr soulignée par un fond d'étoffe grise, sont présentés sur une cimaise recouverte de toile, et détachée du mur de manière à améliorer sensiblement l'incidence de la lumière. Quelqu'un a prétendu trop vite que la couleur de cette toile était blanche sans tenir compte de sa couleur réelle, qui absorbe la lumière d'autant mieux que sa texture est rugueuse et donc ombrée »[7].

Les différentes propositions d'accrochage de Scarpa, visibles dans les quelques rares dessins archivés de cette première salle, témoignent de la « moralité critique » et de la méthodologie ayant présidé à la conception et à la réalisation de cette exposition. Pallucchini, devant le travail accompli, « tout danger d'excès de rigueur et donc de monotonie étant écarté », conclut que l'intention de l'équipe n'était pas « dictée par un amour du moderne pour le moderne, mais par une recherche critique de solutions aux problèmes muséographiques ». Il s'en explique : « L'esthétique moderne, ainsi liée à la lecture formelle de l'œuvre d'art, a suggéré à la muséographie la nécessité d'une présentation des œuvres toujours plus dépouillée de toute rhétorique et de toute fausse perspective, cherchant vraiment à souligner les valeurs réelles du langage aussi bien dans le choix que dans les critères d'exposition. Ce processus de valorisation de l'œuvre d'art, mieux de sa mise au point, est le thème fondamental de la muséographie d'aujourd'hui ».

NOTES — *

1
Rodolfo Pallucchini, « La presentazione della mostra del Bellini », *Bollettino d'arte del Ministero della Pubblica Istruzione,* IV, octobre-décembre 1949, p. 373-378.

2
Roberto Longhi, « The Giovanni Bellini Exhibition », *The Burlington Magazine*, vol. 91, n°559, octobre 1949, p. 274 et 277.

3
Grace L. McCann Morley, introduction au numéro « Musées et expositions temporaires », *Museum,* vol. IV, n°1, Unesco, Paris 1951, p. 16, 18-19.

4
Exposition *Rassegna d'Arte Contemporanea,* salle de bal Empire, Musée Correr, 1949.

5
Rodolfo Pallucchini, op. cit., p. 373-378.

6
Georges Henri Rivière, « Monuments historiques et musées », *Techniques et Architecture,* « Conservation et création », n°11-12, 1950, p. 69, et illustration « Exposition des œuvres de Giovanni Bellini au Palais Ducal de Venise, Italie », p. 70. À propos de l'église de la Carità, voir note 4 de l'introduction.

7
Ici et suivante : Roberto Pallucchini, *op. cit.,* p. 373-378. Il s'agit toujours de la futaine « pelle di diavolo » qui recouvrait les cimaises de l'exposition Paul Klee.

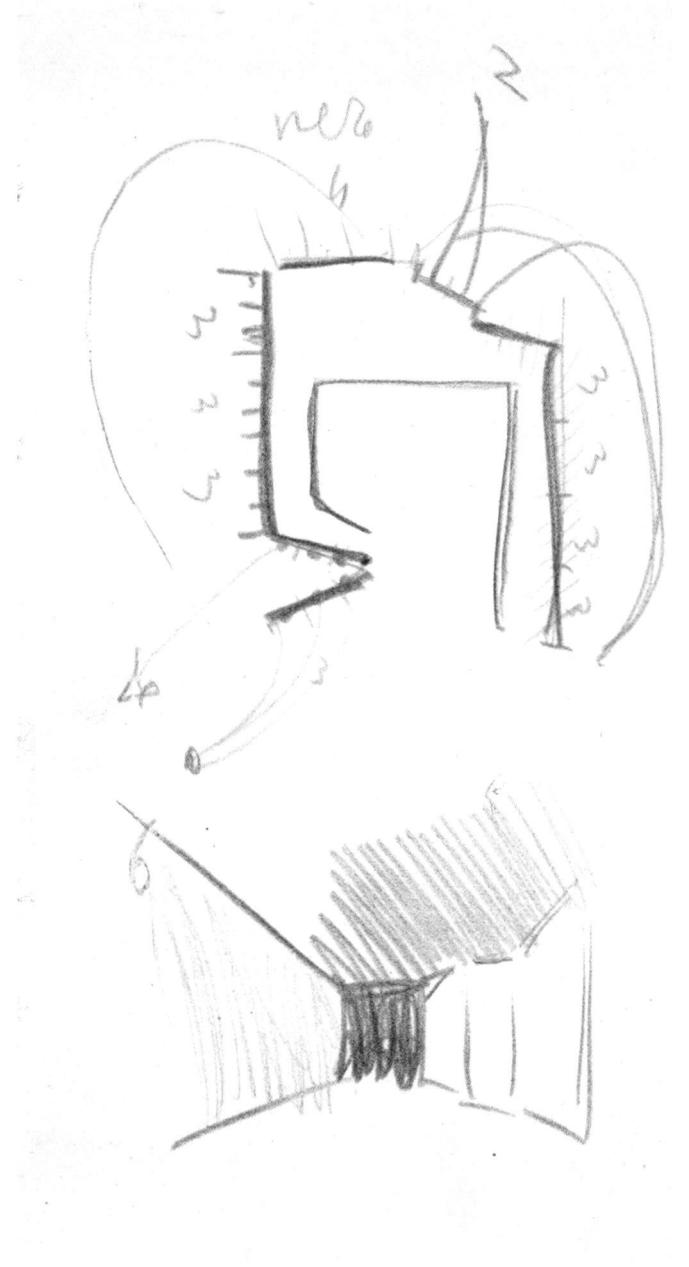

Étude de la galerie, plan et perspective, c. 1949

Crayon sur papier

La deuxième Galerie du Cavallino, Venise
1949-1960

Le comte Giuseppe Volpi, président de la CIGA (Compagnia Italiana Grandi Alberghi), décide de construire une annexe de l'hôtel Danieli sur l'emplacement de la première Galerie du Cavallino et propose en échange à Carlo Cardazzo un petit magasin du rez-de-chaussée de l'hôtel Regina Vittoria construit en 1862 par Giuseppe Calzavara, siège des bureaux de la CIGA, dans une rue très commerçante, la *Frezzeria*. Carlo Scarpa est de nouveau l'architecte de la galerie inaugurée en juillet 1949. Le critique d'art Umbro Apollonio manifeste très vite son enthousiasme : « Peu importe si la Galerie du Cavallino située Riva degli Schiavoni, à l'emplacement aujourd'hui occupé par le Danielino, se soit transférée sur la Frezzeria : le petit local conçu génialement par Carlo Scarpa isole les tableaux en les projetant dans une distance infinie, facilite le dialogue muet avec l'œuvre. Dès qu'on rentre dans la petite boutique, on se fait respectueux : c'est le cœur vivant de la peinture italienne qui bat »[1]. L'un de ses collègues va même jusqu'à prétendre : « Après plusieurs mois de fermeture, la Galerie du Cavallino a rouvert ses portes, nous réservant la surprise d'un aménagement plus adapté à son activité, avec de nouveaux murs, de nouvelles cimaises, un nouvel éclairage. Cela donne une salle centrée sur elle-même, intime, où les tableaux et les sculptures trouvent cet agencement complexe, cette souplesse d'espace, cette illumination directe qui permettent de les isoler, même l'un à côté de l'autre, et ainsi mettent mieux en valeur leurs qualités et leurs défauts »[2]. Il s'agit donc d'un petit magasin dans l'une des rues les plus commerçantes de Venise, située entre la place Saint-Marc et le théâtre de la Fenice[3] : un rectangle de 6 mètres de large sur 7,50 mètres de long pour un espace unique d'exposition de 45 m² auquel sont attenants un bureau et une réserve d'un surface de 15 m² environ. Trois ouvertures cintrées identiques en façade sur la partie la plus étroite de la *calle* : deux servent de vitrine, la troisième d'entrée. Comme pour Paul Klee et même pour la Collection Guggenheim [Biennale de Venise, 1948], Scarpa oriente le visiteur par un système de contre-cloisons détachées du sol qui transforme le rectangle de la galerie en une « spirale carrée » blanche interrompue dès qu'elle arrive sur le mur du fond noir. Ce mouvement est souligné par la rampe en spirale de l'illumination artificielle détachée du plafond également noir. Cette scénographie est accentuée par un effet perspectif volontaire qui, dès l'entrée de la galerie, flèche le parcours.

Scarpa fait une référence explicite à la vitrine d'entrée de la première galerie de la Riva degli Schiavoni avec une cimaise en biais large de 1,35 mètre qui permet de donner à cette boutique identique aux autres commerces de la rue son nouveau statut de galerie. Par sa disposition en diagonale vers la cimaise de droite, le début de la spirale, le dessin du dallage de pierre du sol accentue cet effet perspectif. La cimaise de l'entrée se retourne, faisant un angle aigu avec la dernière cimaise de la galerie de la même mesure : 1,35 mètre.

La pointe ainsi obtenue se conclut par une sorte de sculpture abstraite de plusieurs essences de bois, légèrement détachée des deux cimaises créant ainsi un accident, une rupture nécessaire : elle fait charnière entre la cimaise de l'entrée et la dernière cimaise de la « spirale carrée ». L'un des éléments en bois de cette sculpture, l'une des flèches qui s'élancent vers le plafond, sert sur toute sa hauteur d'éclairage pour la cimaise de l'entrée[4]. Contre-cloisons et lumière artificielle organisent cette savante perspective théâtrale pour une représentation dont, une fois encore, les acteurs sont aussi bien les œuvres d'art que les spectateurs.

NOTES — *

1
Umbro Apollonio, *Corriere di Trieste*, novembre 1950, cité par Dario Assante et Fiorenzo Bertan (éds.) *Carlo Scarpa. Il Padiglione del Libro alla Biennale di Venezia. La Galleria del Cavallino 1942 e 1949*, Cavallino, Venise 2000, p. 86.

2
Silvio Branzi, *Gazzettino*, 15 juillet 1949, cité par Dario Assante et Fiorenzo Bertan (éds.), op. cit., p. 85-86.

3
Adresse : San Marco 1820.

4
En juin 1960, sans faire cette fois appel à Carlo Scarpa, Carlo Cardazzo inaugure dans le même immeuble un nouveau siège de la galerie, Cavallino 2, plus grande et plus en vue, quelques mètres plus loin, à l'angle de la Frezzeria et du Ramo dei Fuseri, à l'adresse San Marco 1814.

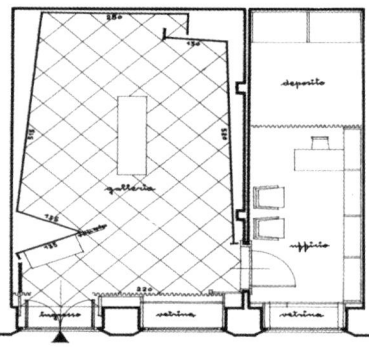

Plan de la deuxième Galerie du Cavallino, San Marco 1820, Venise

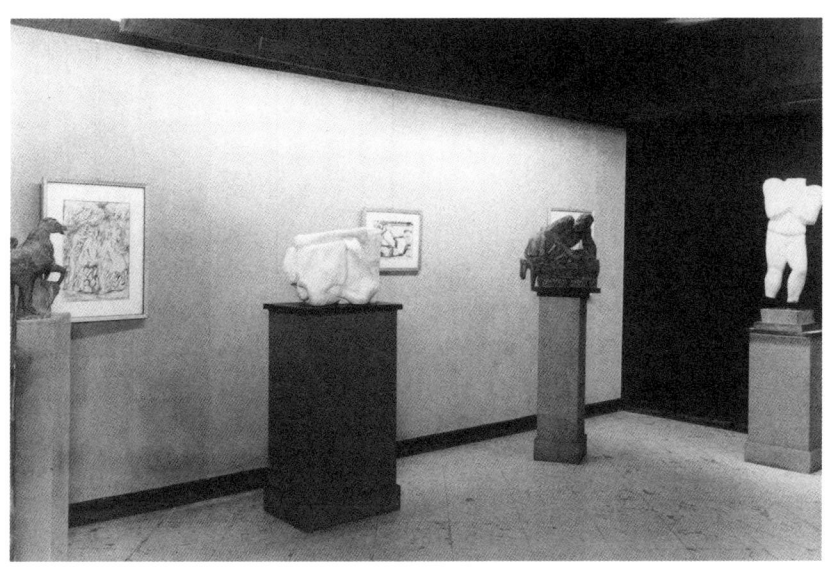

Exposition *Hommage à Arturo Martini*,
Galerie du Cavallino, 1951

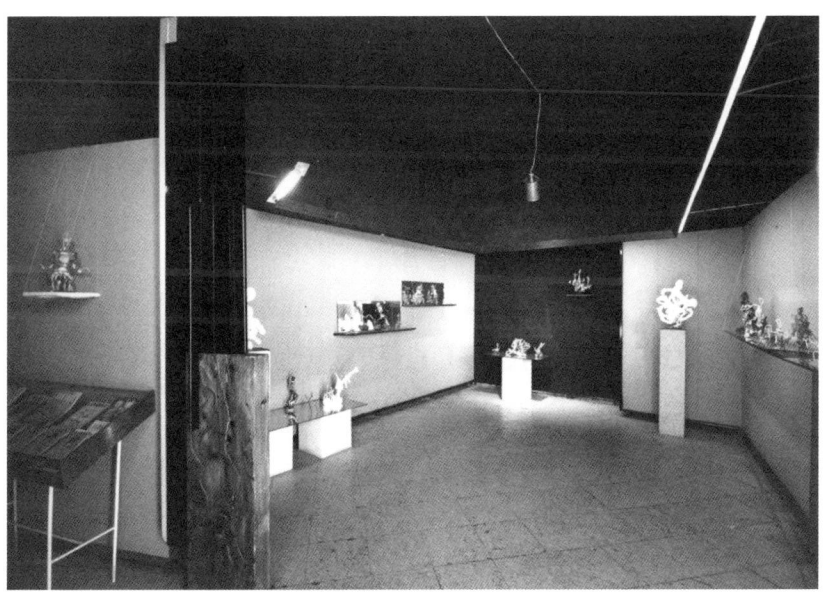

Vue intérieure de la Galerie du Cavallino, 1955,
avec, à gauche, la pointe de la « spirale carrée »

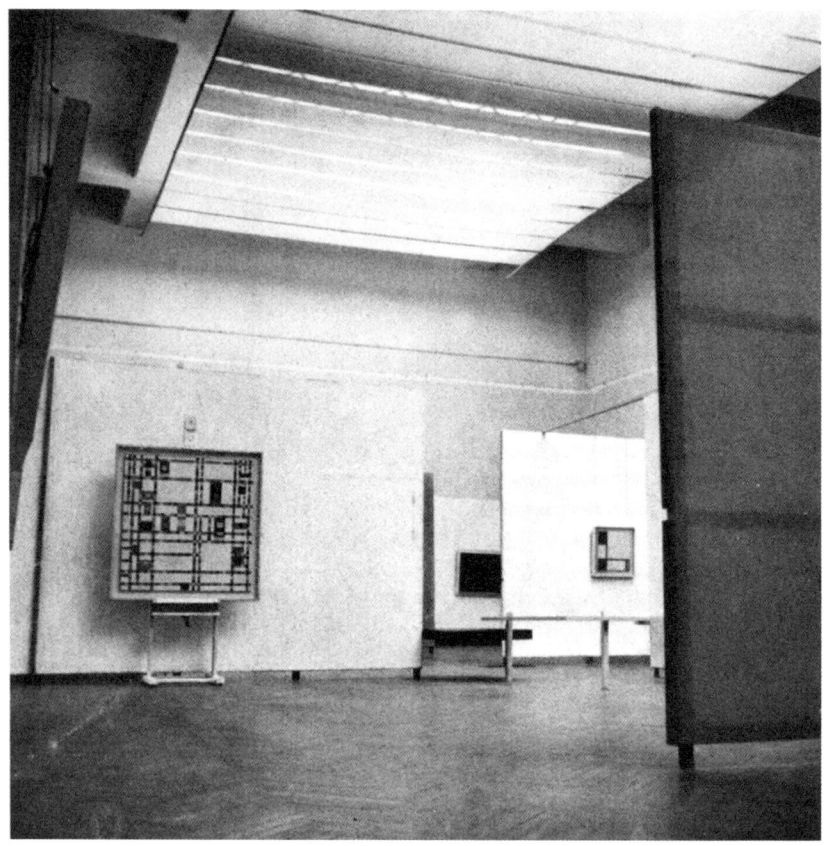

Dernière salle et dernier tableau de l'exposition de Piet Mondrian, Galerie nationale d'Art moderne, Rome, 1956

Broadway Boogie Woogie (1943) est ici présenté sur un chevalet identique à celui où l'artiste l'avait laissé dans son atelier de New York au moment de sa mort.

Photographies de ce chapitre extraites de Palma Bucarelli, « Mostra di Piet Mondrian a Roma », *L'architettura Cronache e storia*, n°17, mars 1957, p. 786-789

L'exposition de Piet Mondrian, Galerie nationale d'Art moderne, Rome, et Palazzo Reale, Milan

1956-1957

« L'économie du miracle » qui préside à la réalisation de la première grande exposition monographique consacrée à Piet Mondrian en Italie (cinquante-quatre tableaux), la plus importante de l'Après-guerre en cette année de prospérité et d'infortune pour Carlo Scarpa, ne l'a pas empêché de réaliser, une fois de plus, une expérience muséographique qui se révèle être un manifeste. Au mois d'octobre 1956, il est accusé d'exercice illicite de la profession par l'Ordre des architectes : s'en suivra un long procès dont il sortira indemne. Quelques mois après, le 3 janvier 1957, il reçoit le prestigieux Prix Olivetti de l'architecture à la Ca' Rezzonico de Venise.

Deux lieux sont à sa disposition : la Galerie nationale d'Art moderne de Rome, un fleuron de l'académisme lourd et pompeux inauguré en 1911, et le Palazzo Reale de Milan, une architecture néoclassique, pour lesquels il conçoit un unique dispositif scénique continu. À Rome, il dispose d'un monumental salon rectangulaire de 28 mètres de long sur 14 de large et 10 de hauteur ainsi que de six vastes salles de part et d'autre, quatre carrée aux angles de 10 mètres de côté et deux salles plus petites de 7 mètres sur 10. Scarpa n'en utilise que cinq pour une scénographie continue *à croissance illimitée,* projection idéale, à la suite de Mies van der Rohe, de « la ville néoplastique, le mirage de Mondrian », évoquée par Bruno Zevi dans l'un des ouvrages présents dans la bibliothèque de Scarpa : *Poetica dell'architettura neoplastica*[1]. L'œuvre de Mondrian est distribuée en plusieurs sections : 1. Période impressionniste, naturaliste, symbolique (1890-1910) ; 2. Période Fauve (1907-1910) ; 3. Ouverture vers le Cubisme (1910-1911) ; 4. Cubisme (1911-1914) ; 5. Ouverture vers le Néoplasticisme (1914-1920) ; 6. Néoplasticisme (1920-1944). Le défi de l'interprétation critique proposée par Scarpa est explicite et très documenté. Il expérimente ici les moyens d'expression de la « nouvelle plastique » de Mondrian où « l'influence latine [y] est prépondérante »[2] : les couleurs néoplasticiennes, « pures, planes, déterminées, primaires et fondamentales (rouge, jaune bleu) » des tableaux, en opposition avec « les non-couleurs (blanc, noir gris) » de sa scénographie.

« L'exposition des œuvres de Piet Mondrian à Rome a été montée par Carlo Scarpa, le gagnant du Prix national d'Architecture de cette année. L'architecte a réussi à placer les tableaux de telle sorte que chacun puisse être contemplé séparément, comme unité isolée et absolue. En dépit de l'ambiance inadéquate de la Galerie nationale d'Art moderne de Rome, des salles où on a dû construire des cloisons de séparation, cette exposition est une réussite et peut être considérée comme une réalisation positive dans l'art moderne de la présentation des tableaux ». Voilà le chapeau, en français, de la présentation de cette exposition, dans la revue dirigée par l'architecte Bruno Zevi, *L'Architettura. Cronache e storia*. L'historienne de l'art Palma Bucarelli (1910-1998), l'exceptionnelle directrice du musée de 1941 à 1975 et la complice de Giulio Carlo Argan pendant presque un demi-siècle, se donne la peine de rédiger cette présentation pour marquer le caractère exceptionnel de l'exposition qui vient d'ouvrir à Milan avec le dispositif muséal conçu pour Rome : « Le bâtiment de la Galerie nationale d'Art moderne, continue-t-elle, construit en 1911, d'une monumentalité grandiloquente dans le goût de l'époque, était vraiment tout le contraire de l'esprit de Mondrian, humain et antirhétorique. Il est nécessaire de préciser que les tableaux ‹ néo-plastiques › devaient être le plus possible isolés : chacun d'eux ayant une puissance d'irradiation exigeant un espace délimité pour être vu en toute liberté. Il fallait aussi se soustraire à la tentation de créer une architecture ‹ à la Mondrian › avec des cimaises colorées et soulignées en noir. Avec Carlo Scarpa, nous nous sommes mis immédiatement d'accord sur ces points fondamentaux. L'entrée de l'exposition, un long couloir de fine toile brute tendue sur un châssis, est couronnée par un avant-toit composé pour permettre un jeu de lumière simple et élégant. Ce couloir prépare le spectateur à la vision du premier tableau qui surgit au fond. Mais comme ce tableau est encore d'une facture du XIXe siècle et naturaliste, Scarpa a ménagé au début de ce couloir un espace rectangulaire à travers lequel on peut jeter un œil dans le dernier espace de l'exposition et entrevoir *Broadway Boogie Woogie*, c'est-à-dire le point d'arrivée de l'évolution de l'artiste, présenté ici par Scarpa sur un chevalet identique à celui où l'avait laissé Mondrian dans son atelier de New York au moment de sa mort. Les cimaises de la salle sont très simples, une grosse toile brute tendue sur des châssis et badigeonnée de chaux et de plâtre qui laisse entrevoir par endroit la trame, créant ainsi une superficie vive sans aucune recherche excessive de raffinement ou de rusticité. Le visiteur, libre de ses mouvements, se trouve chaque fois confronté à un seul tableau qui conserve ainsi toute sa charge poétique et en acquiert même un relief particulier.

Confier l'installation d'une exposition à un architecte est pour un directeur de musée l'objet de quelques préoccupations, c'est aussi le cas quelquefois pour une mise en scène de théâtre, quand l'imagination débordante de l'architecte risque d'étouffer le texte, sa présentation devenant la protagoniste principale. Mais Scarpa, confronté à cet espace si étranger à l'esprit des œuvres qui devaient y être présentées, réussit à le dominer et à en réduire la dimension qui, finalement, me semble parfaite. Éliminant les vélums, la lumière naturelle étant plus adaptée aux peintures, il se limita à disposer de simples bandes blanches de toile légère directement sous les encadrements des verrières pour casser la géométrie trop soulignée de la charpente métallique sans pour cela diminuer la quantité et la qualité de la lumière filtrée à travers des vitres légèrement bleutées. La limitation du champ visuel du spectateur une fois créé par l'agencement des panneaux, la hauteur de la salle ne dérangeait presque plus. Un simple trait, une ligne blanche qui courait le long des murs de la salle entre le haut des panneaux et la voûte fut le dernier coup de génie qui rendit plausible l'invention de ce nouvel espace. Scarpa, après avoir constaté que la couleur des murs des salles était trop uniforme et un peu dure, l'enleva avec l'intention de la refaire d'une autre manière, mais, dans la salle centrale, une fois arrivé à l'enduit qui apparut imprégné de la coloration précédente (une espèce de noir de fumée), cette matière brute lui parut plus vive et en même temps plus neutre [de sorte] qu'il la laissa telle quelle, ajoutant un léger badigeon blanc atténuant les couleurs du fond tout en les laissant transparaître. Une seule couche de blanc pour effacer l'imposant bandeau de travertin encadrant les grandes portes de communication des salles suffit pour les faire se fondre dans les tons clairs des murs. Pour la hauteur excessive des embrasures, un panneau partant du haut du linteau jusqu'aux deux-tiers de l'ouverture suffit pour les gommer. Dans la grande salle, Scarpa a créé le parcours idéal pour

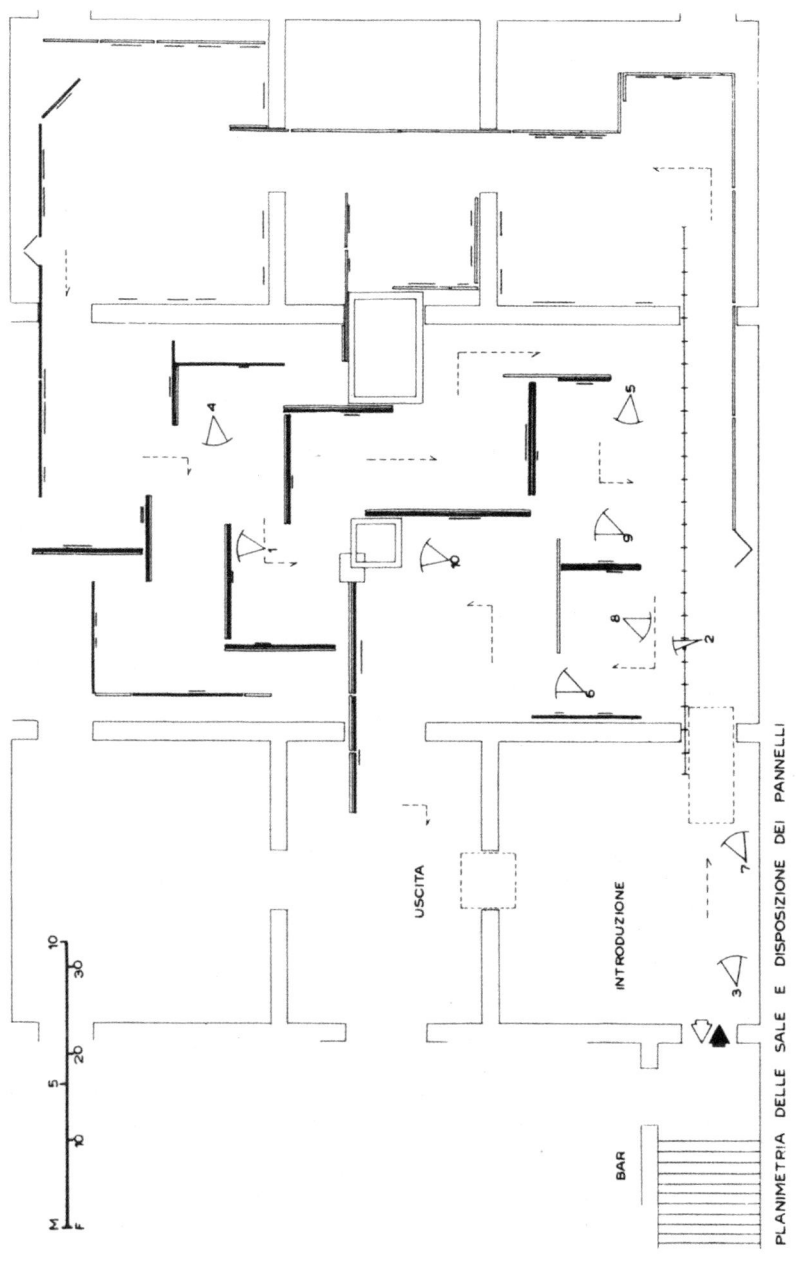

Plan des salles et disposition des panneaux pour l'exposition de Piet Mondrian, Rome, 1956

la pleine jouissance de la plus originale affirmation du génie de Mondrian avec une série de cimaises composée en plan avec intelligence critique et même poétique, dans l'esprit du mouvement De Stijl. Pour que le parti-pris d'isoler les tableaux ne nuise pas à la perception de l'ensemble, les cimaises ont été articulées de manière à laisser apercevoir, entre l'une et l'autre, le tableau précédent et le suivant grâce à une trame subtile de points de vue.

Inutile de m'étendre sur les inventions connues de Scarpa : supports métalliques, charnières, forme des plinthes le long des murs ou assemblages de bois entre les cimaises indiquant le parcours au visiteur. Il ne s'agit pas d'un simple accrochage, mais d'un véritable commentaire critique personnel »[3].

Palma Bucarelli confirme ici les qualités de Carlo Scarpa dans l'art d'exposer comme son collaborateur et collègue, Giovanni Carandente (1920-2009), à qui l'on doit l'initiative du choix de l'architecte et qui, quelques années plus tard, se souvient de ses différentes rencontres professionnelles avec Carlo Scarpa : « après les expériences siciliennes[4], nous nous sommes retrouvés à Rome pour l'installation de l'exposition Mondrian à la Galerie nationale d'Art moderne en 1956, puis dans sa seconde édition au Palazzo Reale de Milan l'année suivante ; sa première intuition reste un secret de polichinelle pour celui qui n'a pas en tête le plan de cette exposition où elle se révèle évidente. Pour le dessiner, Scarpa s'inspire d'un tableau de Mondrian de 1921, *Composition en rouge, jaune et bleu* du Gemeentemuseum de La Haye[5]. Ainsi, il divise l'espace en suivant les lignes noires horizontales et verticales du tableau. Pour le reste, il fait preuve d'une simplicité rigoureuse, aussi calviniste que la peinture de Mondrian. Il construit des cimaises articulées, recouvertes de toile de sac badigeonnée d'enduit à la chaux non fini. Il dessine lui-même au fusain les flèches qui indiquent le sens de la visite. Il dispose les tableaux et les panneaux didactiques selon la théorie de la composition néo-plastique. Une exposition aussi dépouillée et sobre reste sans égal dans l'expérience muséographique de Scarpa qui s'accorde une seule licence décorative, les caillebotis des couloirs qu'il utilise aussi comme plafond suspendu pour abaisser la hauteur des salles d'expositions. Son respect pour la *table rase,* le point de départ de Mondrian, est évident ici et c'est pour cela qu'en laissant respirer les œuvres dans cet espace libre et sévère, il en soulignait la beauté rigoureuse »[6].

La presse est unanime, les historiens ou les critiques d'art et les conservateurs de musées se donnent la peine d'exprimer publiquement leur point de vue sur cette exposition « admirablement mise en scène par Scarpa »[7]. Lionello Venturi, familier du travail de Scarpa depuis son retour d'exil, tient à s'exprimer le premier : « l'architecte Carlo Scarpa a conçu l'exposition d'une manière exemplaire. Il ne s'agit pas seulement de bon goût et d'habileté. Scarpa a saisi le caractère intime de la peinture de Mondrian et lui a construit sa maison idéale, isolant les œuvres les plus significatives, agrandissant ou rétrécissant les murs et accentuant les séparations en fonction des différents motifs peints. Il nous a offert un véritable commentaire critique de l'art de Mondrian qui contient de grandes possibilités architectoniques et décoratives : ainsi les formes du peintre se continuent sur les murs et se développent dans l'espace jusqu'à l'extrême de leurs possibilités. Pour celui qui aspire à l'unité des arts contemporains, le rapport Scarpa-Mondrian est stimulant »[8]. Cesare Brandi tient à souligner d'entrée de jeu que c'est « la plus sérieuse des rétrospectives que l'on a pu voir à Rome jusqu'à aujourd'hui et, de tout ce qu'on a vu de lui, la réalisation de l'architecte Scarpa la plus mesurée et le plus juste, sans ornements et sans crocs-en-jambe ». Il s'en explique : « un parcours obligé entre des murs de refend nus et blancs, contre des murs grattés et presque livides. En deux mots, une sorte de néoplasticisme à la Montessori[9], mais ingénieux, très ingénieux. Avec tout ce blanc sur blanc, les quelques petits tableaux de couleur pure de Mondrian deviennent éblouissants ; ils se voient d'une lieue à la ronde, mieux qu'un panneau indicatif des chemins de fer. Il faut se féliciter que cette exposition ne se soit pas déroulée, comme on pouvait le craindre, dans un climat hagiographique. Peut-être que, dès la salle d'entrée, avec le résumé et la présentation sur des panneaux didactiques, il n'aurait pas été mal pour l'édification du public de lui rappeler le *slogan* de Mondrian : le rapport équilibré entre la position et la mesure de la couleur »[10].

Au début de l'année suivante, l'exposition s'ouvre à Milan dans les salles du Palazzo Reale : « Avoir fait appel à Carlo Scarpa pour sa réalisation est l'un des mérites de cette exposition qui déjà, à Rome, avait proposé une organisation plus complexe, organique, ingénieuse sans excès et a démontré encore plus clairement dans le nouveau lieu milanais sa capacité d'atteindre l'objectif principal pour une mise en scène parfaite d'un exposition de peinture : faire voir les œuvres de la meilleure manière possible, objectif souvent étouffé par l'ambition de l'architecte d'en faire trop ou même par son manque de bon sens. Avant tout, observer avec attention la superficie un peu rêche, variée, d'un blanc délavé que Scarpa a mis comme toile de fond pour les peintures de Mondrian postérieures à 1920, servira au lecteur ou au visiteur le plus démuni pour se familiariser avec ces œuvres naturellement plus difficiles à comprendre devant le mutisme et l'hermétisme des espaces quadrangulaires circonscrits entre des lignes noires croisées à angle droit. Cette toile de fond révèle dans sa juste valeur la richesse fondamentale de la peinture du Hollandais qui fait qu'elle nous touche : sa surface tendue, plus ou moins brillante, pleine. Il y a quelques années, j'avais écrit à propos de Mondrian, et je m'en étais même vanté, de *la nullité compassée* de ses tableaux. Et bien, la toile de fond de Scarpa, avec une extrême discrétion, montre parfaitement que si, dans cette superficie, les bandes (qui indiquent les deux rythmes, verticaux et horizontaux auxquels Mondrian confie la ligne de foi du plus inébranlable équilibre figuratif et humain) sont vraiment tracées à la règle et au compas, les espaces s'interposent, plutôt que d'être nuls »[11].

On ne peut conclure ce florilège de compliments sans signaler l'ironie malicieuse du compte-rendu complice et volontairement anonyme de Giulio Carlo Argan :

« même le plus ingénu des visiteurs n'a pu échapper aux *sprezzature*[12] dogmatiques adoptées par l'architecte vénitien Carlo Scarpa dans le montage de l'exposition. À Rome, on raconte que Proust n'aurait pas voulu la voir par crainte d'une crise d'asthme. Quelques années auparavant, pour l'exposition de Picasso, un étudiant plein d'humour présentait les extincteurs rouges laissés bien en évidence dans les salles de la Galerie nationale d'Art moderne comme des sculptures de Picasso. Scarpa a fait le vide autour de Mondrian, les plantes vertes ont disparu et certains disent même que les mouches aussi : vous vous imaginez une mouche sur le blanc des toiles de Mondrian ? Toutes les plantes vertes ont été entassées dans le hall de sortie, page blanche typographiquement orthodoxe. Les flèches indiquant le parcours ‹ en labyrinthe › ont été dessinées au fusain sur les murs et sur la toile des panneaux. Les murs du vieux bâtiment qui ont survécus ont été chaulés à grands coups de pinceau comme pour une désinfection ou une désinsectisation, comme dans certains pays pour chasser le diable des maisons. Le diable ne saurait quoi faire de la peinture de Mondrian. Il ne fréquente pas les sacristies. Il n'y avait pas un centimètre de verre, pas même un gramme de métal, seulement des diaphragmes de coton sur des châssis bruts tout juste blanchis. Une sorte de lazaret abandonné et, sur les murs, les icônes sacrées de Mondrian sauvées de la peste. Une mise en page très sophistiquée de Carlo Scarpa qui ne pouvait que subjuguer le visiteur même le plus distrait ou le plus hérétique. Comme Carlo Belli[13] qui a risqué d'attraper un rhume en voulant s'approcher des tableaux de Mondrian tête nue »[14].

Cette cascade de louanges laissa Scarpa très dubitatif, c'est ce qu'il exprime très clairement dans sa réponse à la lettre de Palma Buccarelli qui, l'exposition terminée, voulait lui faire part de « sa satisfaction pour cette première collaboration très brillante »[15]. On ne peut s'empêcher d'évoquer à ce propos le petit catalogue de l'exposition *mondrian l'organisation de l'espace*, installée par Willem Sandberg à la Biennale de Venise la même année (dont vingt-cinq tableaux de l'artiste rejoignirent

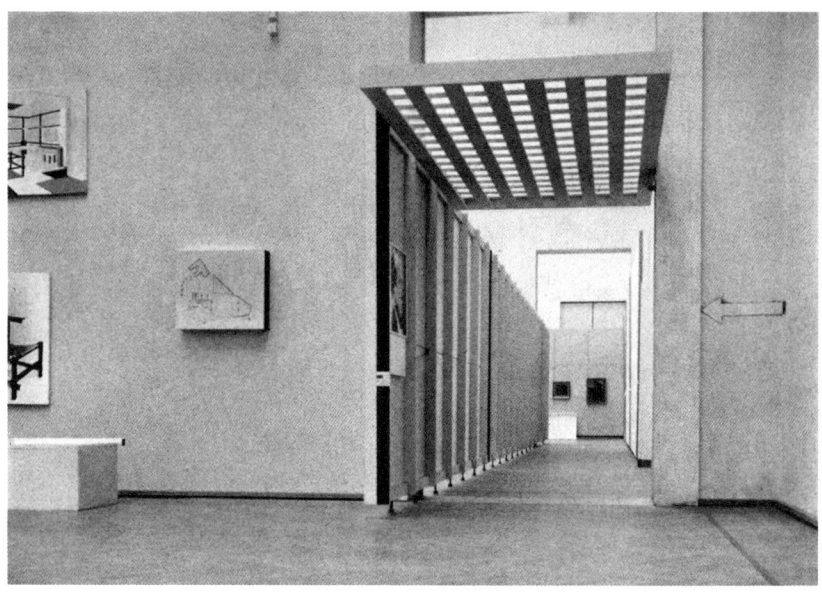

Entrée de l'exposition de Piet Mondrian,
Galerie nationale d'Art moderne, Rome, 1956

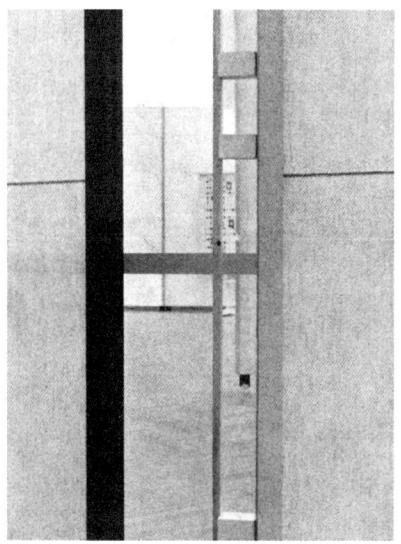 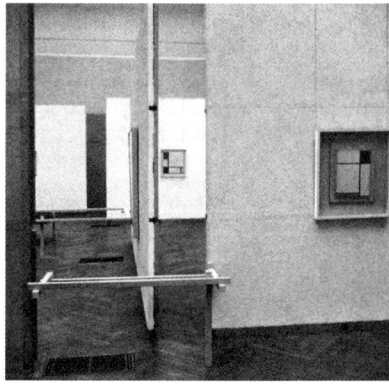

Les salles du parcours en spirale vue à travers les
regards qui servent de charnières aux panneaux

l'exposition de Rome). Sandberg écrit : « le but poursuivi par mondrian n'a pas été la fabrication de tableaux abstraits. il n'a pas peint des décorations murales. peintre, il a employé comme moyens pour ses recherches : la taille, la couleur à l'huile, le pinceau ; et si, par hasard, on accroche dans un intérieur une toile de mondrian et si on la laisse vivre, elle s'étend sur le mur : les lignes et les couleurs commencent à organiser toute la surface qui l'entoure, toute la pièce. lentement, les couleurs fades et les meubles imprécis ne tiennent plus, doivent céder la place. la pièce se purifie. ainsi, pas à pas, par une longue vie de recherches, mondrian est devenu l'un des créateurs d'un espace nouveau. il n'est pas le chef de file de l'école de peinture abstraite et les artistes qui peignent aujourd'hui des tableaux genre mondrian l'ont mal compris. Les architectes, eux, l'ont mieux compris : surtout celui qui, construisant toute une cité, me disait ‹ mondrian, c'est le *a* de mon alphabet ›. vers la fin de sa vie, la guerre le chasse : il doit quitter paris, il est bombardé à londres ; septuagénaire, il débarque à new york. la plupart des artistes européens se sentent déracinés dans l'émigration ; mondrian y trouve la réalisation de son rêve ; le règne du rectangle et le rythme du jazz. il quitte le laboratoire et entre dans son univers. dans une éclosion finale, ses recherches accomplies, il exprime sa joie dans un chatoiement de couleurs pures : le *broadway boogie woogie*, le *victory boogie woogie* sont l'apothéose de sa vie de moine, consacrée à la religion de l'espace pur. pour mondrian, la peinture ne doit pas décorer nos murs, ne doit plus meubler l'architecture : peinture et architecture ne sont qu'un. l'espace nouveau est la condition de l'homme nouveau. mondrian a voulu libérer la peinture du tableau »[16].

La citation de Le Corbusier, en exergue au texte de Sandberg : « Le grand art vit de moyens pauvres », trottait certainement dans la tête de Scarpa et on ne peut que constater ici la concordance d'idées dans leurs témoignages muséographiques respectifs : Le Corbusier, le *a* de leur alphabet. Dans le catalogue de l'exposition qui lui appartenait, Scarpa a pris soin de noter sur une feuille de papier : « aux hommes futurs P. M. 1920 », la dédicace de Mondrian au frontispice de son livre, *Le Néo-plasticisme*[17]. Si on ne trouve pas ce livre dans la bibliothèque de Scarpa, on trouve sa traduction en italien comme d'autres textes de Mondrian[18] : *Traité de l'architecture néoplasticienne, La Néo-Plastique, Principes généraux du Néo-Plasticisme*[19], *L'Art réaliste et l'art superréaliste* et *De l'art abstrait*. Et l'ironie d'Argan, très proche de Palma Bucarelli, fait écho à Mondrian, devant la prouesse muséographique de Scarpa. L'unicité du lieu : « Il faut considérer le Home et la Rue comme la Cité, qui est **une unité formée par des plans composés dans une opposition neutralisante qui annihile toute exclusivité**. Le même principe doit régir l'intérieur du Home. Cela ne peut plus être un tas de pièces formées de quatre murs, avec des trous de portes et de fenêtres, mais **une construction d'une infinité de plans en couleurs et en non-couleurs s'accordant avec les meubles et objets qui ne seront rien en eux-mêmes, mais joueront comme éléments constructifs du tout**. Et l'homme ? Rien en lui-même, il ne sera qu'une partie du tout, et c'est alors qu'ayant perdu la vanité de sa petite et mesquine individualité, il sera heureux dans cet Eden qu'il aura **créé** ! »[20].

NOTES — •

1
Bruno Zevi, *Poetica dell'architettura neoplastica*, Libreria Editrice Politecnica Tamburini, Milan 1953, p. 154-159, où est intégralement reproduit l'article de Mondrian « Le Home - La Rue - La Cité » publié par Félix Del Marle dans la revue *Vouloir*, n°25, 1927. Willem Sandberg avait fait parvenir à Scarpa en octobre 1956 le catalogue de sa rétrospective de *De Stijl* du Stedelijk Museum d'Amsterdam de 1951 dont il avait exposé une partie à la Biennale de Venise de 1952 dans le Pavillon grec, celui de Michel Seuphor de l'exposition *Piet Mondrian* au Gemeentemuseum de La Haye en 1955 et celui de son exposition *mondrian l'organisation de l'espace* de la Biennale de Venise de 1956 publié dans *Quadrum*, vol. II, novembre 1956, Bruxelles. On trouve également dans la bibliothèque de Scarpa : Michel Seuphor, *Piet Mondrian, Life and Work*, Abrams, New York s. d. [1956?] ; Piet Mondrian, *Plastic Art and Pure Plastic Art*, S. Wittenborn (éd.), Schultz Inc., New York 1947 ; Ottavio Morisani, *L'Astrattismo di Piet Mondrian con appendice di scritti dell'artista*, Neri Pozza, Venise 1956 ; David Lewis, *Mondrian*, The Faber Gallery, New York, 1957 ; Piet Mondrian, *Abbazzo l'armonia tradizionale*, All'insegna del pesce d'oro, Milan 1957 ; J. J. P. Oud, *Holländische Architektur*, Albert Langen, Munich 1926 ; Philip Johnson, *Mies van der Rohe*, Museum of Modern Art, New York 1947.

2
Piet Mondrian, *Le Néo-Plasticisme*, De l'Effort moderne, Paris 1920, p. 5, et O. Morisani, *op. cit.*, p. 107.

3
Palma Bucarelli, « Mostra di Piet Mondrian a Roma », in *L'Architettura. Cronache e storia*, n°17, mars 1957, p. 786-789.

4
L'exposition *Antonello da Messina e la pittura del'400 in Sicilia* à Messine en 1953 et la transformation du Palais Abatellis en musée à Palerme (1953-1954).

5
Exposé à la Biennale de Venise en 1952 dans une rétrospective De Stijl présentée par Giulio Carlo Argan (Pavillon grec) [NdT].

6
Giovanni Carandente, « Vent'anni di lavoro », in Carlo Scarpa, *Opera Completa*, Electa, Milan 1984, p. 205.

7
Eugenio Battisti, « Mondrian in Italia », *Il Verri*, hiver 1957, p. 124

8
Lionello Venturi, « Astrattismo. L'universo ordinato di Mondrian », *L'Espresso*, 16 décembre 1956.

9
Maria Montessori (1870-1952), l'une des plus importantes protagonistes italiennes de la pédagogie nouvelle du siècle dernier. Voir à ce propos Erminia Lucentini, *Il Metodo Montessori e il metodo di Fröbel per l'Educazione dell'Infanzia*, P. Maglione & C. Strini, Rome 1919.

10
Cesare Brandi, « Rigore e ritmo nella pittura di Mondrian », *Il Punto*, 8 décembre 1956.

11
Francesco Arcangeli, « La volontaria prigione di Mondrian », *L'Europeo*, 27 janvier 1957.

12
On doit à Baldassare Castiglione la définition exacte de ce terme : « Mais j'ai déjà souvent réfléchi sur l'origine de cette grâce, et, si on laisse de côté ceux qui la tiennent de la faveur du ciel, je trouve qu'il y a une règle très universelle, qui me semble valoir plus que tout autre sur ce point pour toutes les choses humaines que l'on fait ou que l'on dit, c'est qu'il faut fuir, autant qu'il est possible, comme un écueil très acéré et dangereux, l'affectation, et pour employer peut-être un mot nouveau, faire preuve en toute chose d'une certaine *sprezzatura*, qui cache l'art et qui montre que ce que l'on a fait et dit est venu sans peine et presque sans y penser. », *Le Livre du courtisan*, édition française, 1528 [NdT].

13
Carlo Belli (1903-1991), peintre abstrait, critique d'art et musicien.

14
Entrefilet anonyme [G. C. Argan], *Civiltà delle Macchine*, revue de la Finmeccanica, janvier-février 1957, Rome, p. 46-48.

15
Marisa Dalai Emiliani, *Per una critica della museografia del Novecento in Italia. Il « saper mostrare » di Carlo Scarpa*, Marsilio, Venise 2008, p. 165.

16
Willem Sandberg, *mondrian l'organisation de l'espace*, op. cit.. Il faut noter que Sandberg élimine volontairement toutes les majuscules de son texte.

17
Piet Mondrian, *Le Néo-Plasticisme,* De l'Effort moderne (Léonce Rosenberg), Paris 1920 ; et G. Carandente, *Piet Mondrian* (présentation de P. Bucarelli ; introduction de J. J. P. Oud), cat. exp., Galerie nationale d'Art moderne, Rome/Palazzo Reale, Milan, novembre 1956-février 1957, Editalia, Rome 1957.

18
In Ottavio Morisani, *op. cit.*

19
Voir aussi dans sa bibliothèque la traduction française de ce texte in *Art d'aujourd'hui*, n°5, décembre 1949.

20
Piet Mondrian, « Le Home - La Rue - La Cité », *Vouloir, revue mensuelle d'esthétique Néoplastique*, n°25, 1927, p. 3, et reproduit intégralement en français dans Bruno Zevi, *Poetica dell'architettura neoplastica*, op. cit., p. 147.

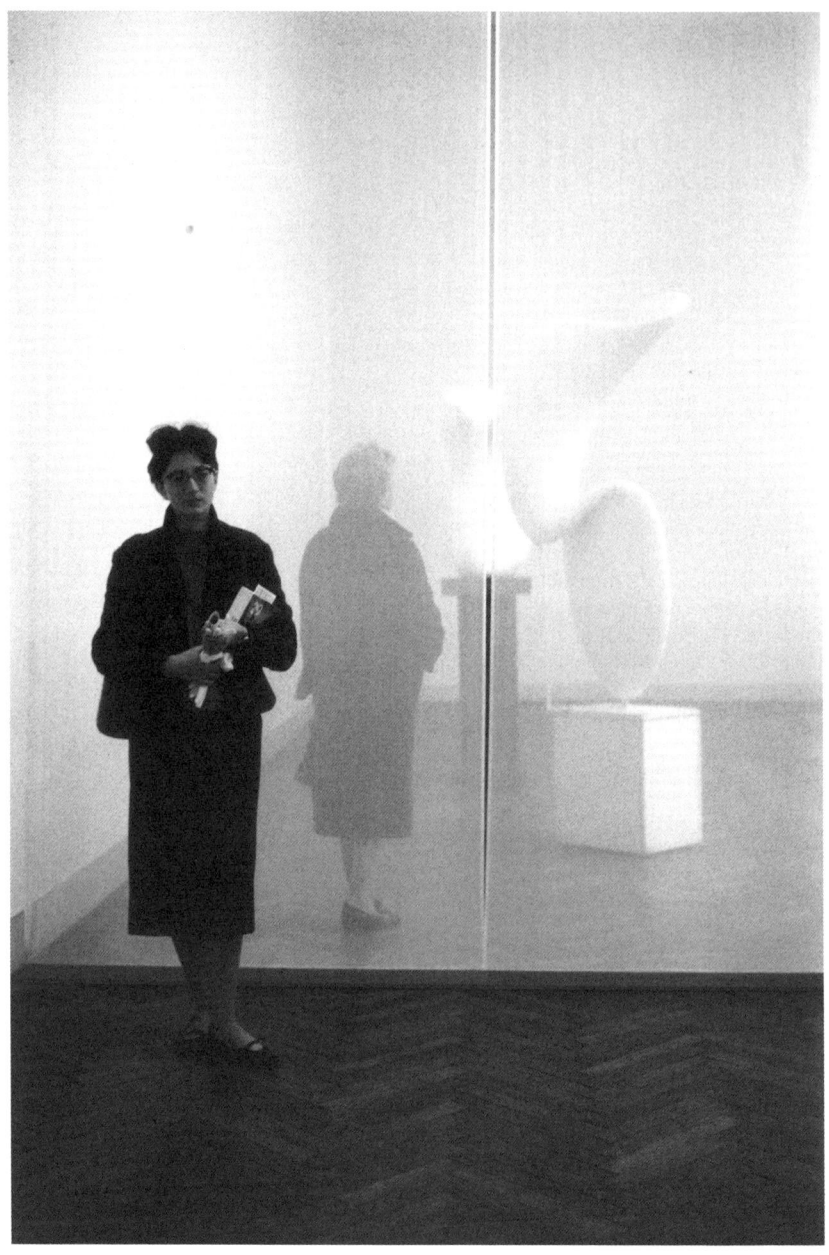

L'exposition d'Alberto Viani telle qu'elle apparaissait au visiteur, XXIXe Biennale de Venise, 1958

L'exposition d'Alberto Viani, XXIXe Biennale de Venise

1958

« La Biennale a eu la fortune d'exploiter le goût et l'expérience exemplaire de Carlo Scarpa auquel on doit, en dehors de l'étude de nombreux détails de l'aménagement, l'organisation en plan de la section italienne. Une nouveauté presque, affirme l'historien et critique d'art Gian Alberto Dell'Acqua (1903-1991), son secrétaire général de 1958 à 1968, guidée par l'exigence d'une exposition sobre et clairement articulée permettant une lecture aisé et facile. Dans l'impossibilité de transformer radicalement les structures du vieux Pavillon, un nouveau découpage des espaces est proposé au visiteur qui découvrira ainsi la scénographie originale du Salon central avec ses grands écrans, l'alternance de modules de dimensions variées pour les monographies d'artistes et une succession aérée des murs et des panneaux de division de la galerie réservée aux jeunes artistes italiens et étrangers »[1].

« Diligent et génial protagoniste », Carlo Scarpa est « responsable de l'aménagement et de la mise en scène des œuvres de quarante-quatre salles du Pavillon central »[2]. L'ensemble est redistribué en fonction d'un parcours limpide autour du Salon central ; les murs sont blancs ; la hauteur des salles redimensionnée et l'éclairage zénithal est diffusé sous velum tendu (*cencio di nonna*). La salle consacrée au sculpteur Alberto Viani bénéficie d'une attention plus particulière et d'un traitement original. Si la couverture du catalogue et le manifeste de cette Biennale réalisés par Scarpa empruntent chiffres et lettres au graphiste hollandais Willem Sandberg[3], directeur du Stedelijk Museum d'Amsterdam, les formes courbes qui la composent ne font-elles pas explicitement références aux « profils dynamiques » des sculptures d'Alberto Viani et à la composition de la couverture de l'opus de Le Corbusier *Grille CIAM d'Urbanisme*[4] ?

Au milieu du Salon central, la salle IV des *Concetto spaziale* de Lucio Fontana, également mise en scène par Carlo Scarpa. À gauche, une porte s'ouvre sur une petite salle rectangulaire donnant sur la porte conduisant au « Jardin des sculptures » (la *pensilina* [marquise] de Carlo Scarpa) ; ici, deux cimaises, détachées du sol sur des pieds en fer et recouvertes de *cencio di nonna*, légèrement moins hautes que les ouvertures des deux portes, sont disposées en angle droit (salle Mario Radice), dessinant un parcours obligé sur la gauche qui permet au visiteur d'apercevoir derrière un écran de voile translucide les six sculptures de plâtre de Viani – *Cariatide* (1952), *Torse féminin* (1954), *Torse masculin* (1956), *Nu* (1956), *Nu assis* (1957), *Nu* (1950) – disposées sur des socles de différentes hauteurs, cinq blancs et un noir dans l'angle gauche : un parfait *white cube*. L'écran et la cimaise ménagent un couloir qui conduit au « Jardin des sculptures » et à la suite de l'exposition. En face de l'écran, sur le dos de la cimaise, sont disposées à hauteur du regard huit photographies (des dessins ?) des sculptures de Viani.

Une fois de plus, Scarpa exprime en volume les volontés de son ami, l'élève d'Arturo Martini. Écoutons sa requête : « Cette année, la Biennale me présentera avec une grande exposition : plusieurs œuvres et une grande salle bien illuminée. Ce sera la seule fois où mes sculptures pourront être vues sous leurs profils dynamiques. [...] Une salle seulement pour mes œuvres, toutes en plâtre, anciennes et récentes. Je pense en exposer six ou sept, réalisées dans ces dix dernières années (1948-1958). J'ai choisi les plâtres parce qu'ils ont leur propre suggestion et sont d'apparence modeste, candide, fragile et provisoire. Et c'est leur côté provisoire qui l'emporte sur chaque matière et provoque l'inquiétude des visiteurs »[5]. Quelques jours après l'inauguration, Alberto Viani confie ses impressions à un ami collectionneur : « À Venise, j'ai réussi à me sauver avec six plâtres disposés en deux groupes de trois et dans une salle de 10 mètres sur 10, parce que l'architecte a revêtu de toile blanche (*madapolam*)[6] les murs et le plafond-lucernaire, créant ainsi une espèce de *boîte magique* où les œuvres émergent dans leur pureté linéaire de profils immatériaux : une mise en scène démoniaque à la limite du raffinement. Même les socles ont été recouverts de la même toile et les œuvres assument vraiment un aspect de modèles gnomiques. [...] C'est la première fois que j'ai été très bien exposé, seul dans une salle et sans tableaux sur les murs. [...] Je suis très content parce que mes grands plâtres (sans doute les meilleurs) sont biens lisibles et apparaissent comme de grands dessins dans leur espace raréfié et lumineux. Exactement comme je l'avais pensé. Naturellement, cette mise en scène ne plaît pas à tout le monde : beaucoup sont désorienté par cette nouvelle présentation qui s'offre au visiteur à travers un vélum »[7].

Sans doute Viani fait-il allusion à la réponse de Bruno Zevi à la question de Scarpa « Qu'est-ce que tu en penses ? » : « Une vraie erreur. La prochaine fois, si tu veux filtrer la profondeur d'un creux, choisis un mauvais sculpteur ». Relatant cette conversation quelques années plus tard, Zevi ajoute : « 1958, XXIX[a] Biennale, Scarpa est chargé de l'aménagement du Pavillon italien. Il fait immanquablement mouche sauf dans la salle Viani où il protège l'espace d'exposition avec un vélum qui noie les objets plastiques dans un vide métaphysique sous-marin. [...] Sur la photographie distribuée à la presse, le vélum a disparu »[8]. Zevi semble ignorer que souvent les photographes de la Biennale favorisent les œuvres, alors mises en vente, au détriment de leur mise en scène. Pourtant, dans son premier compte-rendu après le vernissage de la Biennale, à propos du Pavillon central, Zevi n'avait eu d'yeux que pour Scarpa : « Après avoir parcouru les salles des artistes italiens, plusieurs personnes se sont demandées : ‹ Qu'est-il arrivé à ce pavillon ? A-t-il était refait ? ›. Non, aucun mur n'a été modifié, mais deux faits se sont vérifiés, qui ont permis, sans surcharges économiques, de le transformer totalement. [...] Le nouveau secrétaire général Gian Alberto dell'Acqua a commissionné Carlo Scarpa pour l'aménagement du pavillon en toute liberté. Scarpa a étudié pour chaque artiste une ‹ quantité spatiale › susceptible de créer un espace dont les dimensions et la lumière soient conformes au caractère des tableaux et des sculptures, au meilleur point de vue de l'observateur, à la séquence, harmonique, mais parfois contrastée, des salles. Le résultat est superbe : il indique, sans l'imposer, un itinéraire cohérent à travers l'art contemporain et il suggère aussi, sans la déterminer péremptoirement, la limite critique de chaque artiste et de chaque tendance. Par exemple, [...] les suprêmes décantations plastiques d'Alberto Viani sont filtrées par un écran de voiles qui les présentent comme des images enchantées d'un gouffre sous-marin. [...] Tout cela a été pensé et réalisé par Carlo Scarpa avec génie et un esprit critique aigu sans pour cela se mettre en évidence »[9]. Et il ajoute en conclusion à ce compte-rendu republié quelques années plus tard : « C'est le plus grand mérite que l'on puisse attribuer à un architecte scénographe : son intervention ne se voit pas, mieux elle est partout sous-entendue, ce n'est pas une fin en soi mais un moyen pour une meilleure réception de l'œuvre d'art »[10].

L'historien d'art Pier Carlo Santini (1924-1993), rédacteur des revues *Comunità* et *Zodiac*, affirme que Scarpa « a œuvré à la limite de la vertu et du risque en créant des conditions de visibilité qui semblent inaltérables, trouvant des rapports de formes dans les différents blancs inégalement pénétrés par la lumière : des extraordinaires suggestions »[11]. Quelques mois auparavant, Scarpa avait acquis la confiance de Viani avec l'installation du *Nu au Soleil* (1956) à l'entrée du nouveau magasin Olivetti, place Saint-Marc. Un épisode décisif de leur collaboration que le sculpteur relate encore à son ami collectionneur : « Cette semaine, la sculpture en bronze qu'Olivetti m'a acheté pour son nouveau magasin place Saint-Marc est fondue à Vérone. C'est celle qui fut exposée à la dernière Biennale. [...] Elle sera réalisée en bronze et polie comme la carrosserie d'une voiture. L'architecte Scarpa l'a imaginée sur une base de marbre noir de Belgique dans un bassin rempli d'eau qui l'affleurera et ainsi la sculpture se répètera en s'y réfléchissant (je t'ai fait un dessin en espérant de t'avoir expliqué ce montage raffiné, je n'arrive pas à imaginer si la sculpture y sera bien ou si elle deviendra autre chose). Je fais confiance au talent de Scarpa »[12].

Pour l'historien de l'art Sergio Bettini (1905-1986), il est impossible de séparer ces deux moments importants de la confrontation de Scarpa avec Viani : « Dans la cohérence de *l'histoire personnelle* de l'artiste, la relation entre cette œuvre [le magasin Olivetti, place Saint-Marc] et celle presque contemporaine (du moins dans le goût de Scarpa à cette époque) de la petite salle de la XXIXe Biennale de Venise dédiée aux sculptures d'Alberto Viani, où la structure en plans analogues ou lamelles flottantes sur l'espace cubique (réalisée avec des voiles diaphanes qui aurait pu être matérialisée aussi par des écrans de lumière avec des légers écarts d'intensité), était tellement péremptoire qu'elle provoquait certaines réserves, pour moi injustifiées. La confrontation entre ces deux architectures thématiquement analogues, avec des œuvres du même sculpteur, dénote l'extrême sensibilité de Scarpa dans l'articulation des motifs de sa propre poétique, ici grâce à la graduation subtile des couleurs et des matériaux : dans le magasin Olivetti, la statue de Viani est en bronze brillant, les murs, les structures, le dallage, l'escalier sont en marbre ou en bois compact très brillants comme lavés et fluides ; dans la petite salle de la Biennale, les sculptures sont en plâtre candide, quasi incorporelles dans un minimum de clair obscur ; Scarpa dématérialise l'espace en éliminant même toute variation de clair-obscur qui pourrait évoquer des restes ou des fragments de formes ».

L'historien d'art Carlo L. Ragghianti (1910-1987) nous livre le dessein implicite de Scarpa dans l'invention du magasin « autour » de la sculpture de Viani : « Quand il m'a montré son architecture du magasin Olivetti, Scarpa ne m'en a dit que quelques mots, dont ceux-ci : il l'a fait pour donner un cadre à la statue de Viani. C'est vrai, et ça ne l'est pas. Ou plutôt la statue de Viani lui était nécessaire, celle-ci précisément, et l'architecte, en faisant d'elle une composante indispensable de son élaboration formelle, lui a conféré toute sa puissance, l'a magnifiée en un hommage profond, sincère, d'artiste à artiste, ce qui est très rare, et qui contribue à établir et à imposer le climat humain d'exception dans lequel l'œuvre artistique a été pensée et réalisée. S'il est une œuvre de sculpture moderne capable d'envelopper l'espace en une vaste expansion de tensions et de rythmes libérés, comme participation panthéiste du spectateur à la vie esthétique de la forme, c'est bien la sculpture de Viani, qui a la même sereine infinitude de mouvements que certains vortex léonardiens. Une sculpture telle que celle-ci, qu'exalte la continuité sans pause des reflets et des éclats de lumière, sans cesse naissants, ne reflète pas, mais absorbe et enferme les images extérieures, les scellant décorativement selon l'empreinte de la forme abstraite, comme chez Brancusi, multipliant et dégageant une énergie dynamique extraordinaire. Quel que soit l'endroit où elle est placée, telle une vague de sentiment et d'imagination, elle appelle

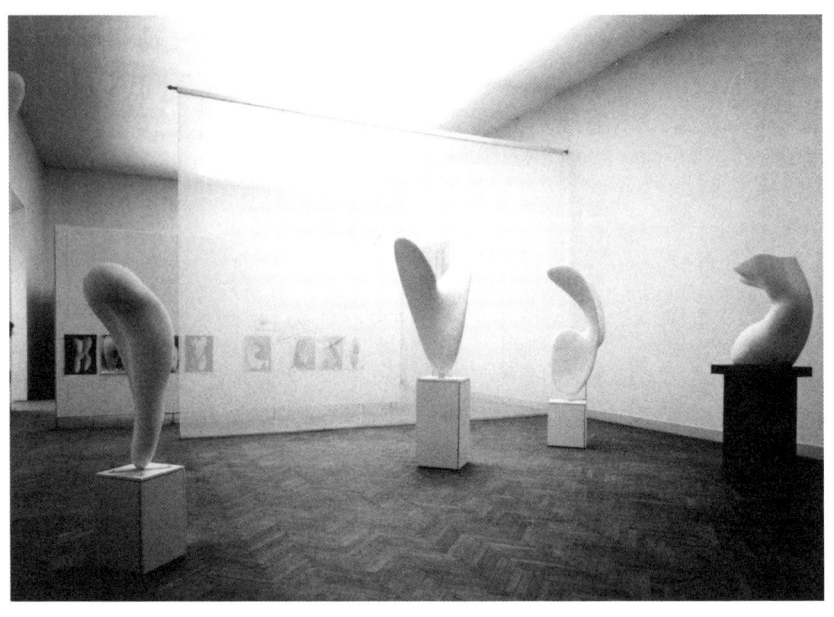

Exposition d'Alberto Viani, XXIXe Biennale de Venise, 1958

déjà le mouvement, l'élan de toute la sensibilité humaine, l'aspiration à un transport qui n'est pas seulement vital, mais engage l'intelligence et la vie éthique dans leur plus haute exigence. Scarpa a installé la statue de Viani dans un espace qui, de haut en bas, lui est entièrement consacré. Il l'a posée sur un miroir d'eau et de marbre noir, gagnant ainsi, en profondeur, une nouvelle dimension, offrant à l'admiration la section de la vasque, son creusement en dégradé en oblique et arcs de cercle et une exécution parfaite, ‹ à l'égyptienne ›. Et, en même temps qu'il donne à la statue cette base extraordinairement vivifiante, telle que nous n'en connaissons à aucune sculpture moderne, il la positionne au point visuel le plus ‹ stratégique ›, le plus inévitable, au point de convergence de tous les regards, externes et internes, latéraux et verticaux. Et c'est là le motif du choix de l'eau qui, sinon, serait inexplicable : il faut en faire le tour. En isolant les conditions de sa vision à l'intérieur, en prescrivant le parcours tracé par les développements formels propres à la sculpture, il impose celle-ci au spectateur qui pénètre dans un lieu où il ne peut que circuler. Ainsi la statue apparaît campée contre le contexte extérieur inclus par l'architecture de Scarpa – portique, place, cour latérale – et, inversement, elle est encadrée par ce même contexte grâce auquel elle déploie la plus complète et la plus puissante visibilité. Rien à voir, donc, avec les nombreux cas d'association entre architecture et sculpture, où celle-ci et celle-là restent un accessoire, dans une relation matérielle ou extrinsèque. Scarpa, concepteur très avisé d'installations de musées et d'expositions, a ainsi servi de la manière la plus juste la sculpture de Viani, en pleine correspondance avec son art, inscrivant son choix et le positionnement de la statue – plexus des relations entre celle-ci et son environnement – dans un processus cohérent qui prenait en compte l'essentiel de l'image architecturale »[13].

Le dernier des *Petits poèmes à l'intention de Viani*[14] de Jean Arp font entrevoir des horizons plus lointains mais familiers de Scarpa pour ces deux premières scénographies de l'ami artiste, le Japon :

« Dais d'ailes
Flammes d'oiseaux
Armures diurnes
Plantes à longues chevelures humaines
Bourdonnement japonais ».

NOTES — *

1
Gian Alberto Dell'Acqua, *XXIX^a Esposizione Biennale Internazionale d'Arte*, Venise 1958, p. LXXI.

2
Idem, p. XXII et XI.

3
Voir Ad Petersen, *Sandberg graphiste et directeur du Stedelijk Museum*, Xavier Barral, Paris 2007.

4
Le Corbusier, *Grille CIAM d'Urbanisme. Mise en application de la Charte d'Athènes*, De L'Architecture d'aujourd'hui, coll. « Ascoral », Boulogne 1948.

5
Alberto Viani, *Lettere da lontano*, Marsilio, 1996, p. 104-105.

6
Autrement appelé « cencio di nonna ».

7
Alberto Viani, *op. cit*, p. 105-106.

8
Bruno Zevi, « Di qua o di la dell'architettura », in *Carlo Scarpa, Opera completa*, Electa, Milan 1984, p. 271.

9
Bruno Zevi, « La Biennale di Venezia. Il 1960 sarà l'anno degli architetti », in *L'Espresso*, 29 juin 1958, p. 16, republié sous le titre « Arredi scarpiani, spaccato BBPR », in *Cronache di architettura III*, n°218, Laterza, Bari 1971, p. 116-119.

10
Bruno Zevi, *Cronache di Architettura III*, op. cit., p. 118.

11
Pier Carlo Santini, « La XXIX^a Biennale Internazionale d'Arte di Venezia. Il padiglione italiano », *Comunità*, n°62, Milan, août-septembre 1958, p. 80-90.

12
Alberto Viani, *op. cit.*, p. 103.

13
Carlo L. Ragghianti, « La Crosera de piazza di Carlo Scarpa, », in *Zodiac*, n°4, 1959, p. 134-137.

14
Jean Arp, « Petits poèmes à l'intention de Viani », in *Viani. Sculture in bronzo*, cat. exp., Galerie Odyssia, Rome 1961, p. 29, et in *Jours effeuillés. Poèmes, essais, souvenirs 1920-1965*, Gallimard, Paris 1966, p. 59-62. Ce grand respect de Carlo Scarpa pour la personnalité d'Alberto Viani n'est pas sans rappeler, encore une fois, le témoignage de Le Corbusier, l'une des lectures de Scarpa, sur Antoine Pevsner. Voir chapitre 7 sur la Biennale de Venise de 1948.

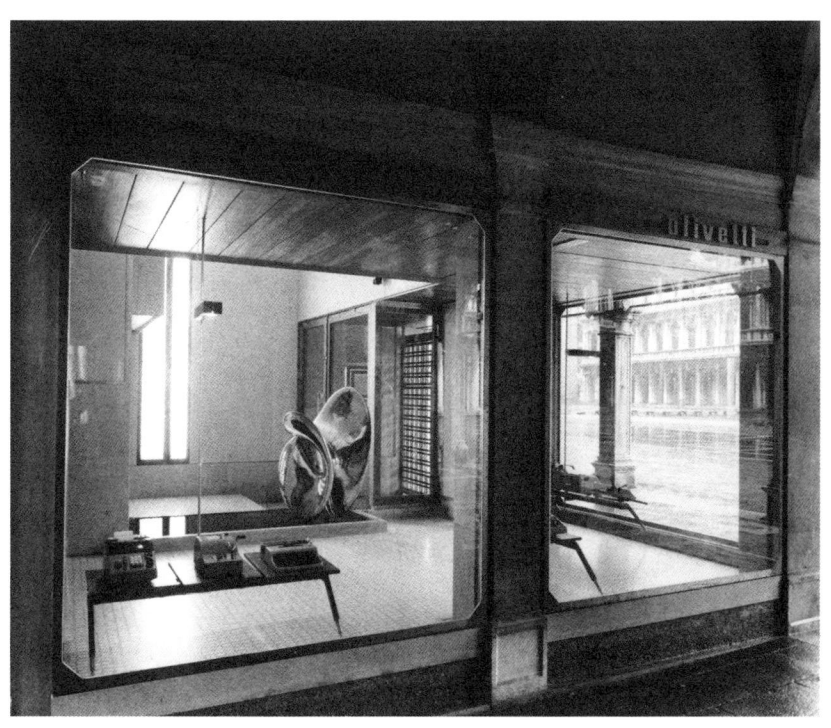

Nu au Soleil (1956) d'Alberto Viani
à l'entrée du Magasin Olivetti,
place Saint-Marc, Venise, c. 1958

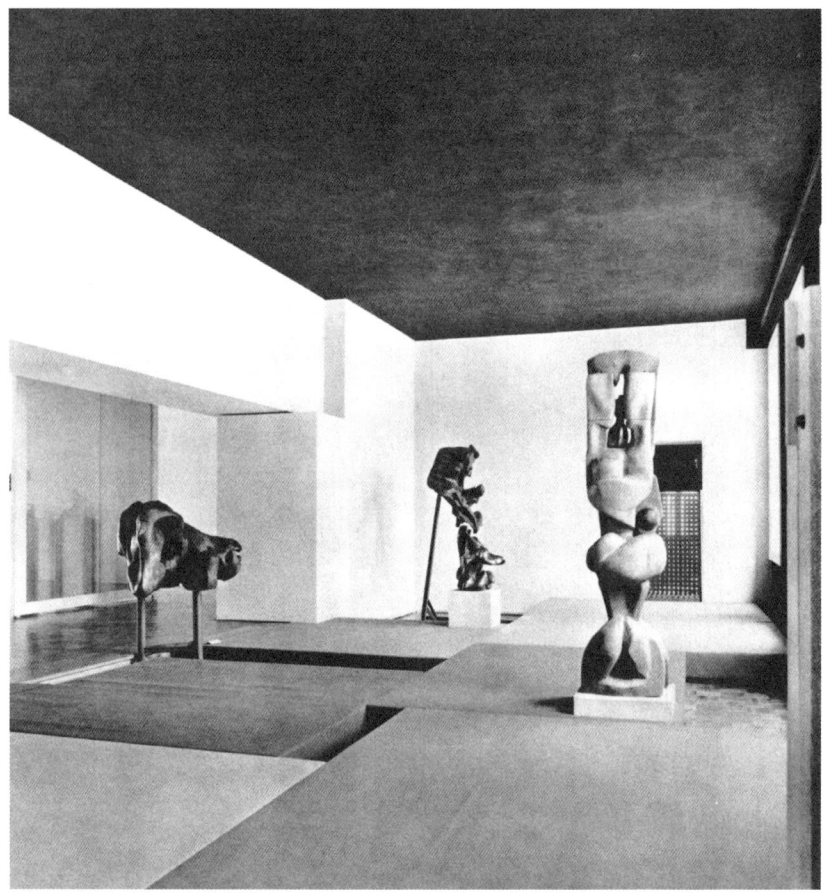

Exposition *Vitalità nell'Arte*, Palazzo Grassi, Venise, 1959

Salle du deuxième étage sur le *cortile* [atrium vitré central] en léger dénivelé avec une composition néo-plastique de cubes de feutres de différentes hauteurs qui nivelle les deux salles et sert aussi de socle pour chaque sculpture exposée

L'exposition *Vitalità nell'Arte*, Centre international des arts et du costume, Palazzo Grassi, Venise

1959

« Franco Marinotti vient de mettre sur pied une œuvre des plus importantes. Mettre sur pied n'est peut-être pas l'expression juste, puisque cette œuvre n'est autre qu'un palais de Venise (le Palazzo Grassi). [...] C'est dans ce lieu illustre et de vie intense malgré le rythme que les gondoles imposent, c'est dans ce lieu habité par les magnifiques fantômes des Doges (qui savent marcher sur l'eau), c'est dans ce lieu planté en pleine mer par des machinistes de génie, que Franco Marinotti organise le Centre international des arts et décors de la vie. Il ne pouvait choisir cadre plus apte à l'étude de cette quatrième dimension qu'on nomme le temps et dont les perspectives s'opposent à celles de l'espace, puisque les choses qui s'y éloignent grandissent au lieu de rapetisser, prennent du relief, deviennent, en quelque sorte, plus présentes aux regards de l'âme »[1]. C'est ainsi que Jean Cocteau présente la nouvelle destinée du Palazzo Grassi voulue par son nouveau propriétaire, le magnat de la SNIA Viscosa, Franco Marinotti (1891-1966), qui en confiera plus tard le secrétariat général à son fils Paolo (1919-1995). Alain Jouffroy, alors jeune critique d'art, le décrit ainsi : « Parmi ceux que l'aventure de la création enthousiasme, Paolo Marinotti aime se présenter comme *poète industriel*. L'Italie a été prodigue de cette espèce d'homme, qui fait défaut à la France et à bien d'autres pays. Leur combat, leur générosité soutiennent l'utopisme des poètes et des peintres. Secrétaire général du Centre international des arts et du costume, qui a son siège vénitien au Palazzo Grassi, sur les rives du Canal Grande, Paolo Marinotti a su, depuis quinze ans, imposé l'idée simple et irremplaçable d'une dialectique de l'art et des mœurs. [...] De 1959 à 1963, en quatre expositions manifestes, Paolo Marinetti a diffusé un art instinctuel européen – débordant sur l'Amérique et le Japon – qui avait pris le nom de COBRA au lendemain de la dernière guerre mondiale et que des crises récentes ont remis en question. Ce courant a traversé en effet l'univers occidental de part en part, et essaimé un peu partout dans le monde. Paolo Marinotti a réussi, avec les cinq expositions intitulées *Vitalité dans l'Art* (1959), *De la Nature de l'Art* (1960), *Art et Contemporain* (1961), *Vision et Couleur* (1963) et *L'Hourloupe* de Jean Dubuffet (1964), à mettre en lumière le dynamisme et les contradictions de ce courant »[2].

À l'inauguration de la première de ces expositions, *Vitalité dans l'Art,* Marinotti invite le public de ses invités à « regarder, c'est-à-dire à préparer notre esprit à entrer libre de tout héritage mental dans les sensations, dans les couleurs et dans leur

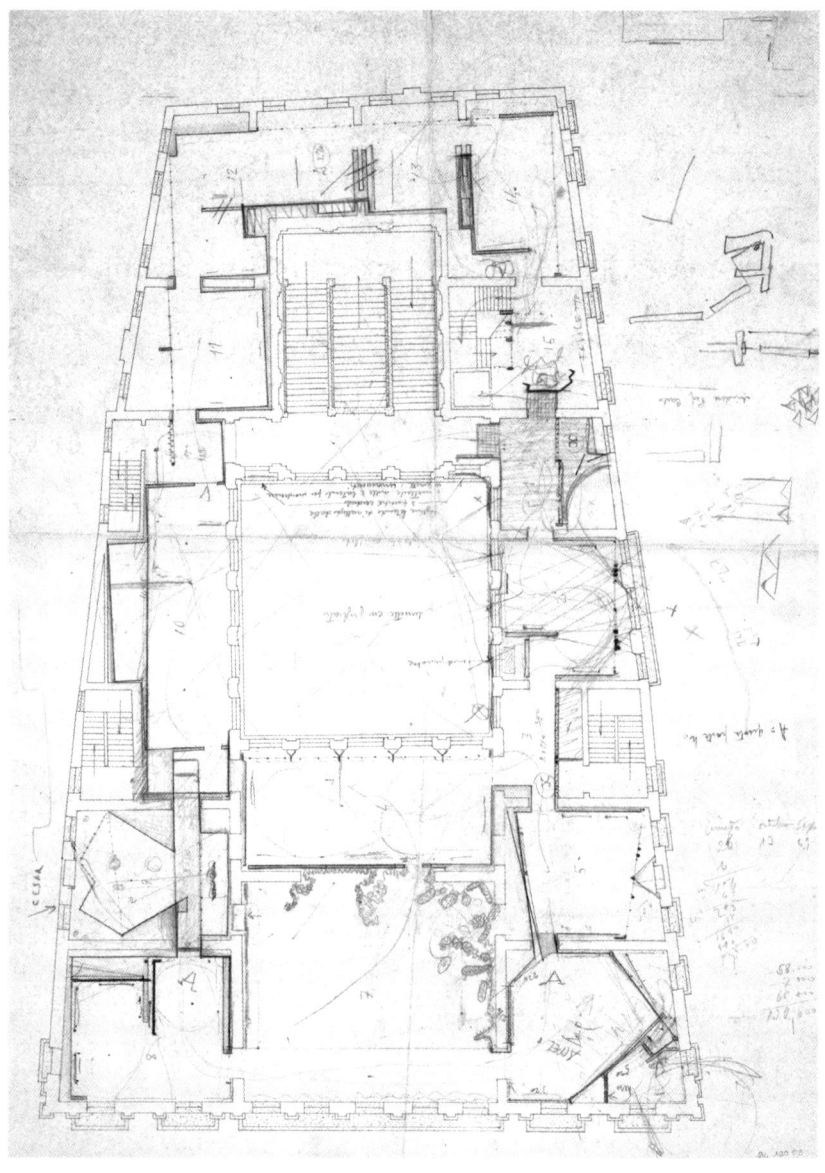

Étude pour la scénographie du premier étage de l'exposition *Vitalità nell'Arte*, Palazzo Grassi, Venise, 1959

Crayon sur papier épais

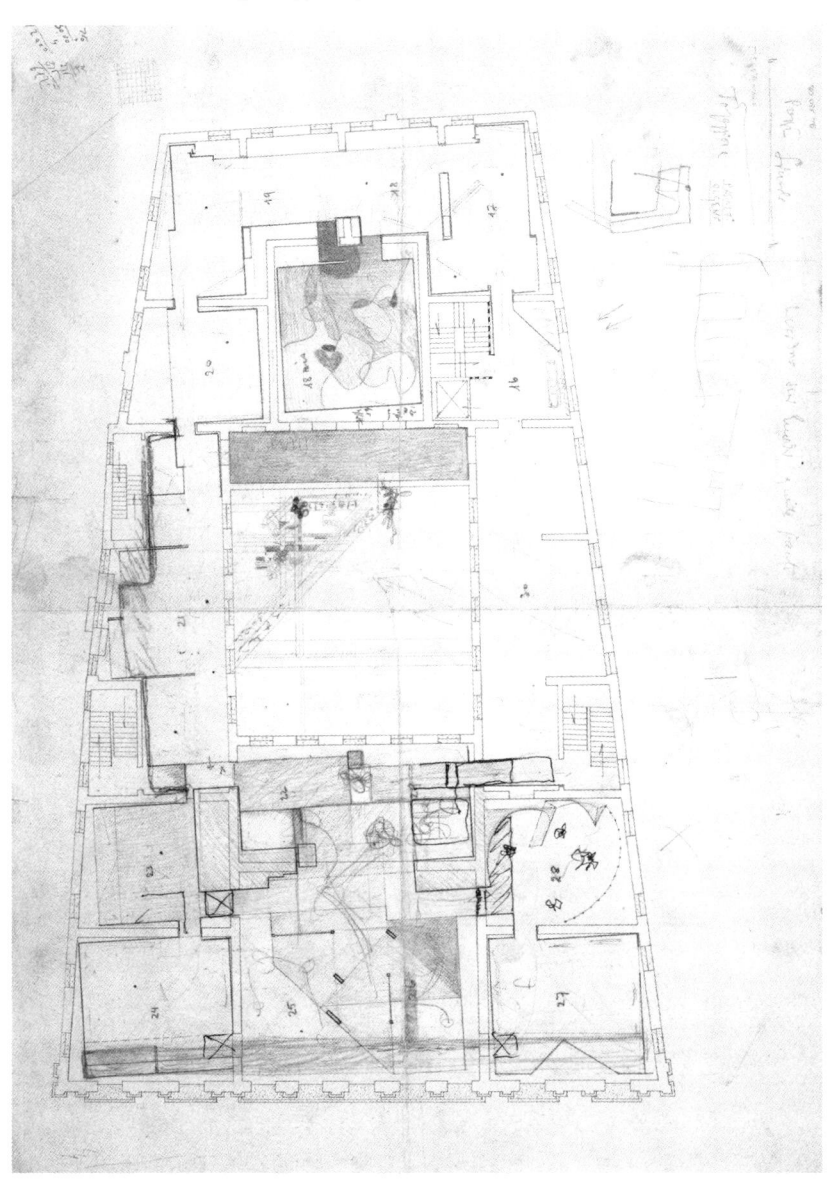

Étude pour la scénographie du deuxième étage de l'exposition *Vitalità nell'Arte*, Palazzo Grassi, Venise, 1959

Crayon sur papier épais

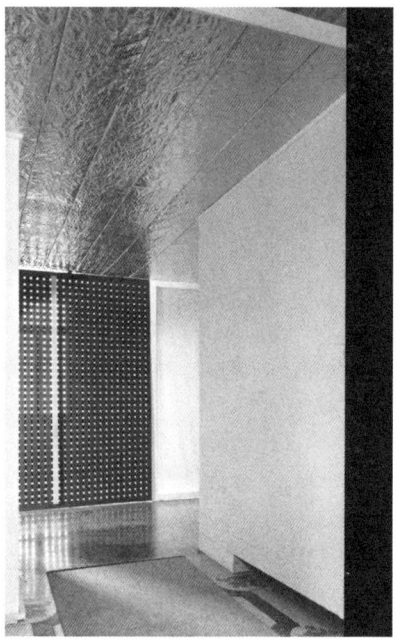 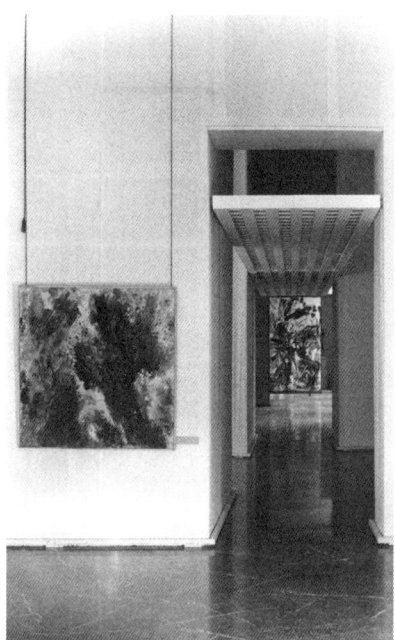

Entrée du premier étage, exposition *Vitalità nell'Arte*, Palazzo Grassi, Venise, 1959

Parcours de l'exposition souligné par le plafond surbaissé en caillebotis, exposition *Vitalità nell'Arte*, Palazzo Grassi, Venise, 1959

signification qui ne saurait être celle que nous chercherions opiniâtrement dans un itinéraire purement formel allant de l'individu à l'objet »[3].

Jean Leymarie (1919-2006), conservateur de musée et historien d'art, à qui l'on doit le choix de Scarpa pour le concours d'idées pour la préfiguration du Musée Picasso en 1976, rend compte de cette initiative patronale exceptionnelle qui va marquer le destin du Palazzo Grassi. Sa visite de l'exposition en fait comprendre la complexité. Suivons-le : « Le Centre international des arts et du costume, à Venise, bien connu pour la qualité de ses manifestations d'art ancien, a pris cette année l'excellente et courageuse initiative d'accueillir une exposition d'avant-garde intitulée *Vitalité dans l'Art*. Outre le Dr. P. Marinotti, animateur du Centre et collectionneur averti, le comité d'organisation comprend les critiques italiens R. Pallucchini et M. Valsecchi, Th.

Grochowiak, directeur de la Kunsthalle de Recklinghausen, J. J. Sweeney, directeur du Musée Guggenheim de New York et W. Sandberg, directeur du Stedelijk Museum d'Amsterdam. C'est surtout à ce dernier, dont on sait le dynamisme inlassable et le bonheur de la prospection que revient la responsabilité principale d'un choix volontairement restreint et orienté. 35 artistes seulement [...] révélés pour la plupart depuis 1945 ou plus récemment encore ont été retenus, soit 22 peintres : Alechinsky, Appel, S. Blow, Burri, A. Davie, de Kooning, Dubuffet, Goetz, Grieshaber, Jorn, Lataster, J. Mitchell, Moreni, Gea Panter, Pedersen, Pollock, Saura, K. Smith, Sonderborg, Bram van de Velde, Vedova et Wolvecamp, 11 sculpteurs dont César, Lipchitz, Marino Marini, Paolozzi, A. et G. Pomodoro et, groupés dans une section spéciale, trois peintres-poètes, Michaux, Lucebert et Hugo Klaus. Parmi les pionniers récemment disparus mais dont l'influence s'exerce encore toujours, un panneau de rappel est consacré à Pollock, créateur de la peinture d'action mais non à Wols ni à Nicolas de Staël, ce qui souligne assez bien la tendance physique et paroxystique sur laquelle a été mis l'accent et que recouvre imparfaitement la notion un peu vague de ‹ vitalité ›. Car, comme le remarque Sandberg lui-même dans sa préface au luxueux catalogue [...], ‹ la vitalité a toujours été l'une des qualités inhérentes à l'art ›, mais la dernière guerre et sa fureur destructrice ont provoqué par contrecoup ‹ une vitalité bruyante ›, laquelle est devenue, lui semble-t-il, l'une des ‹ caractéristiques primordiales › de l'art actuel.

‹ Ce ne sont plus les recherches intellectuelles et paisibles, ce sont les instincts qui s'emparent des moyens d'expression plastique ›. Cette tendance vitale ou instinctive qu'entend illustrer l'exposition, à l'exclusion, précise avec soin Sandberg, ‹ d'autres tendances non moins valables ›, est en gros la tendance expressionniste qui affecte surtout les pays nordiques et anglo-saxons et que les bouleversement de 1940-1945 ont réactivés avec une violence accrue.

Le noyau central de l'exposition, pour la peinture, est en effet constitué par les anciens membres du groupe expérimental hollandais Reflex (Appel, Wolvecamp) auxquels se joignirent des éléments belges (Alechinsky) et danois (Jorn, Pedersen) pour former en 1949 le mouvement COBRA dont la première manifestation se tint précisément la même année au Stedelijk Museum d'Amsterdam. ‹ Un tableau, proclamait en 1948 le manifeste Reflex cité par Sandberg, n'est plus une construction de couleurs et de lignes, mais un animal, une nuit, un cri, un être humain ou tout ensemble ›. D'où l'explosion viscérale qui suscite chez Appel ou chez Jorn un volcan de couleurs, denses et rutilantes. W. de Kooning, d'ailleurs d'origine hollandaise, est aux États-Unis le chef de file de cet expressionnisme élémentaire et forcené qu'approfondissent, à des niveaux différents, quand l'expérience intérieure pénètre l'impulsion biologique, Dubuffet, Bram van de Velde ou la jeune maturité d'Alechinsky. À côté de peintres aussi sensibilisés à la richesse de la couleur et à la trituration de la matière et qui jouent sur la texture plus que sur la structure, d'autres comme l'Allemand Goetz ou l'Espagnol Saura déchaînent la puissance du geste et tracent dans un espace plurivalent des tourbillons monochromes. Grieshaber transpose dans le domaine de la gravure la même impulsivité dramatique. Exalté par sa propre ville et l'ambiance d'une manifestation pour laquelle il a composé spécialement un tryptique grandiose, le vénitien Vedova tente de surmonter, en les projetant dans

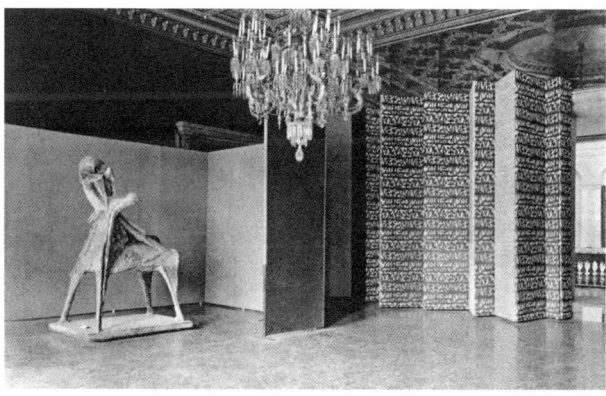

Le grand salon du premier étage avec *Composition 56* (1956) de Marino Marini, exposition *Vitalità nell'Arte*, Palazzo Grassi, Venise, 1959

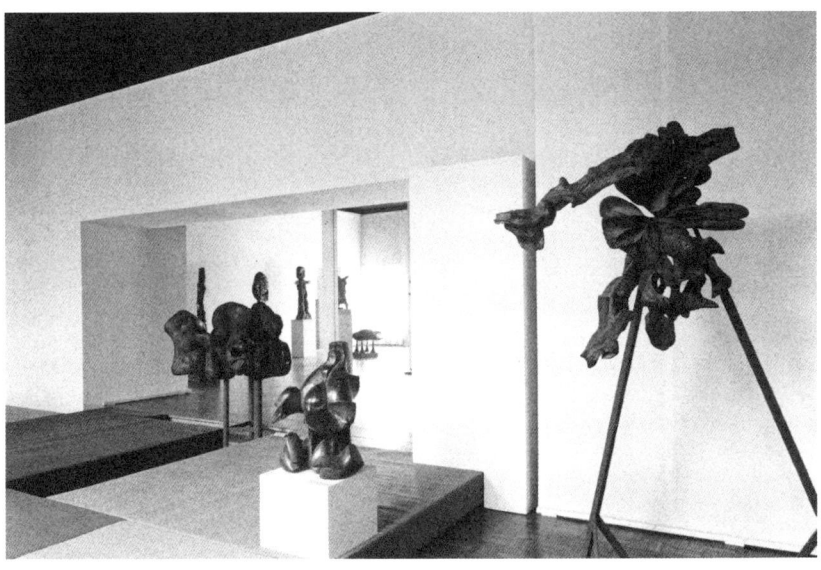

Salle sur le *cortile* du deuxième étage avec la composition néo-plastique, exposition *Vitalità nell'Arte*, Palazzo Grassi, Venise, 1959

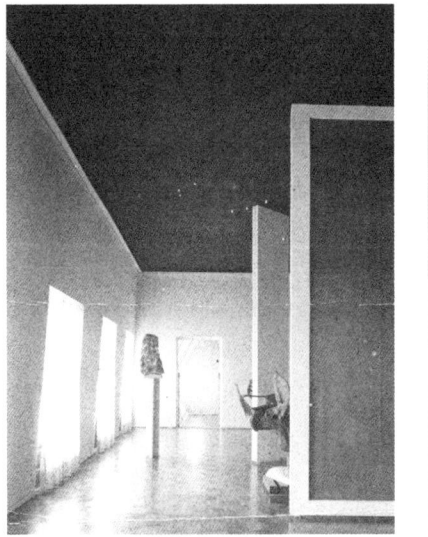 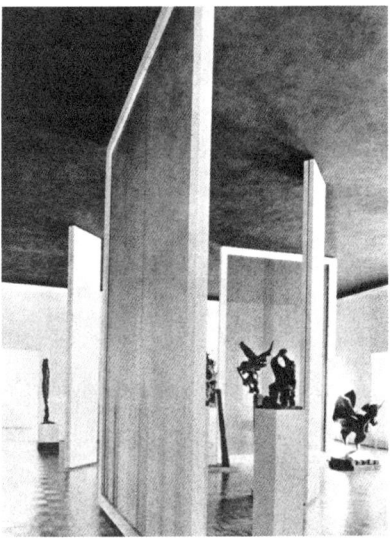

La salle contigüe sur le Grand Canal où trônent, isolées, derrière deux écrans de *cencio di nonna* bleu ciel, les sculptures de Wessel Couzijn, exposition *Vitalità nell'Arte*, Palazzo Grassi, Venise, 1959

un cycle dialectique fiévreux, les contradictions aiguës d'aujourd'hui. Il est sans aucun doute avec Appel, mais sur un axe opposé, le pôle majeur de cette confrontation véhémente. L'expressivité de la sculpture, où se détache particulièrement les envois de César, Roel d'Haese, Paolozzi, des frères Arnoldo et Gio Pomodoro se traduit par l'éclatement de la matière, la démultiplication de l'espace et la tension nerveuse de la masse et du modelé. Henri Michaux, qui domine la judicieuse section des peintres-poètes, se révèle de mieux en mieux comme ‹ l'un des créateurs originaux de notre temps › ». Il s'agit donc, nous en sommes prévenus, « d'un choix assez large, mais en aucune manière limitatif ». On ne peut néanmoins s'empêcher, chacun selon son goût, de regretter certaines absences ou de discuter, au contraire, dans un ensemble aussi fortement caractérisé la présence d'éléments plus faibles, admis par concession nationaliste ou d'artistes de très haut niveau mais qui, comme le peintre Burri ou les sculpteurs Lipchitz et Marino Marini n'appartiennent pas fondamentalement au courant que l'on se propose de mettre en valeur. Ces quelques réserves n'enlèvent rien à la qualité d'une tentative remarquable que l'on souhaite voir se poursuivre dans les autres directions fécondes également explorées par l'art actuel et qui bénéficiait, à Venise, au Palais Grassi, d'une présentation exceptionnelle de l'architecte Scarpa »[4].

La tâche est difficile : le monumental Palazzo Grassi, construit par un architecte néoclassique du XVIIIe siècle, correspond à ceux décrits par Scarpa dans ses cours : « des façades, écrans picturaux sur le Grand Canal où il n'existe aucune cohérence spatiale dans la distribution intérieure : le *paraître* se substitue à l'*être* »[5]. Scarpa, l'oreille et l'œil aux aguets, doit s'harmoniser aux exigences des curateurs. Le catalogue de l'exposition est très explicite. Willem Sandberg, le véritable commissaire, évoque, en connaissance de cause, l'histoire et son expérience de la résistance : « puissance vitale, dressée contre l'horreur et la sécheresse du présent ».

À propos du choix des artistes et de l'orientation de l'exposition, il tient à préciser :
« Partout, des petits groupes ou des individus se lancent avec vigueur dans des recherches osées, au groupe hollandais Reflex se joignent des Danois et des Belges. Ils créent le mouvement COBRA avec des Français et des Allemands, ils organisent des expositions qui çà et là font scandale. [...] Mais bien plus important que les manifestes sont les œuvres. C'est la langue que nous parlent ces peintures et ces sculptures qu'il nous faut tacher de comprendre. Ce ne sont plus les recherches intellectuelles et paisibles, ce sont les instincts qui s'emparent des moyens d'expression plastique. Partout éclate une vitalité bruyante. C'est à cette vitalité que nous consacrons l'exposition actuelle. [...] Notre exposition présente une trentaine d'artistes de huit nations nés entre 1890 et 1930. Ce choix n'est en aucune manière limitatif mais, d'autre part, il est assez large pour démontrer au visiteur le rôle de la vitalité dans la création actuelle. Le but d'une exposition ne saurait être de satisfaire les exposants mais de remuer les visiteurs. Espérons que la vitalité qui émane des œuvres présentées s'empare d'eux »[6].

Carlo Scarpa, l'architecte désigné, concède un entretien pour présenter l'exposition à son ami, son complice de la Fondation Querini Stampalia, Giuseppe Mazzariol. Il lui en confie la retranscription, les partipris muséographiques de Sandberg autant que ceux de Scarpa y transparaissent[7] : « Le thème proposé à l'architecte pour la scénographie de cette exposition était celui-ci : présenter une série d'œuvres figuratives contemporaines dans un cadre monumental du XVIIIe siècle. Scarpa a adopté une solution, qui se distingue de ce qui avait été fait auparavant dans le Palais et n'en modifiait pas les structures internes. ‹ Une scénographie spatialement autonome, indépendante des dimensions et des sources lumineuses – dit Scarpa –, peut trouver sa place dans n'importe quel autre cadre, monumental ou pas, et dans n'importe quelle autre ville. › Ici, Scarpa s'engage, au contraire, à suivre la structure originale des espaces, à maintenir l'illumination naturelle et à favoriser un dialogue ouvert avec le contexte urbain, d'autant qu'ici il pouvait compter avec un face à face exceptionnel des salles destinées à l'exposition et du Grand Canal. ‹ C'est la lumière naturelle qui, littéralement, m'a suggéré la succession des différents espaces, que qualifient figurativement les œuvres exposées : en définitive, c'est le palais, avec la succession de ses parcours originaux qui m'a donné l'idée du *continuum de cimaises*, où chaque artiste, représenté par quatre œuvres, a trouvé sa place, exception faite des séquences Appel et Vedova ›.

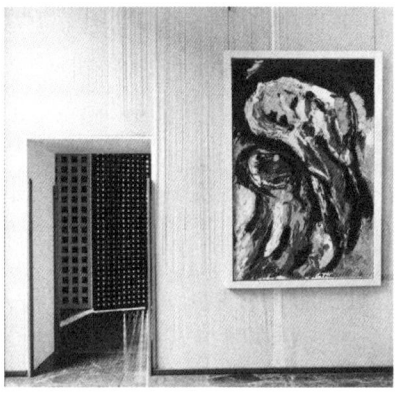

Vue d'une salle avec *Maternité* (1958) de Karel Appel

Les voilages, utilisés comme filtres de lumière, les *plafonds* de différentes couleurs, l'échelle des hauteurs, par exemple dans la salle des sculptures du deuxième étage, ont été choisis, non pas pour altérer la structure spatiale du palais, mais pour en souligner le parcours dans une interprétation critique en relation étroite avec les œuvres exposées. En d'autres termes, cette scénographie était conçue avec la volonté de créer un rapport dialectique entre espaces traditionnels et œuvres figuratives contemporaines, la lumière naturelle jouant le rôle de médiatrice. Les œuvres sont offertes à une appréhension ‹ environnementale › en quelque sorte, plutôt qu'à une contemplation abstraite. C'est pourquoi il n'y a pas d'espaces de repos, l'accent a été mis sur un parcours dirigé, souligné d'incitations diverses. ‹ Abstraction faite des œuvres figuratives exposées, les épisodes Appel et Vedova sont les exemples parfaits d'une telle démarche, alors que la présence de Marino Marini est contradictoire à tel point que j'avais pensé l'exposer à l'extérieur du Palais. Pour moi, la salle des sculptures du deuxième étage représente la meilleure solution formelle › »[8]. C'est bien à une *cohue* d'artistes, peintres et sculpteurs que Scarpa doit se mesurer[9] : l'*informel* sous toutes ses formes. Les mouvements Reflex et COBRA sont les fédérateurs de ce *melting pot* d'artistes. Cette cohue se déploie sur les deux étages du palais, dans un continuum de cimaises en spirale, comme c'était le cas pour l'exposition consacrée à Mondrian à Rome : ici, une autre *ville néo-plastique*, mais le « mirage Mondrian » prend une portée critique, voire iconoclaste.

Ouvrons une « Parenthèse », celle proposée par Henri Michaux, l'un des peintres exposés, en contrepoint aux propos de Sandberg et de Marinotti dans le catalogue de l'exposition : « Ses matériaux sont encore de la peinture à la limite. Mais son élan est d'ailleurs. Ainsi les arts, par un besoin nouveau (de croissance et de libération et de dégoût) font, à de certaines époques, échange entre eux, de tempérament, de température, et même de ce qui paraissait si propre à l'un qui passe à l'autre, dont mystérieusement mais pas tout a fait inexplicablement, c'est le tour. C'est à celui-ci que revient le ciel dégagé. C'est par celui-ci que reprend la bataille. Donc, le vieux, le savant, le patient, l'entendu depuis un demi millénaire, redevient fils. À la surprise et à l'irritation presque générale, fils contre les pères. Fils et voyou. Un air en ce qu'ils font (quand *ça* y est) qu'on n'avait jamais encore respiré devant des tableaux. Donnez à voir. Non plus. Non plus tellement. Plutôt *donner à respirer* »[10].

La lumière naturelle reçue du Grand Canal ou des fenêtres du *cortile* [atrium vitré central] du Palais est filtrée par les habituels voilages *cenci di nonna* chers à Scarpa. C'est elle qui permet cette respiration exacte au fil du parcours qu'impose une contre-cloison continue, immaculée, d'un seul matériau, qui épouse la structure distributive du palais – une contre-cloison légèrement détachée du sol et soulignée par une plinthe en bois continue. Trente espaces d'exposition

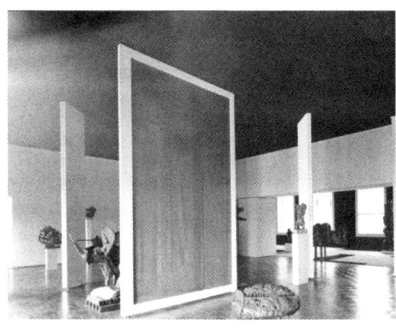

Vue de la salle des sculptures
du deuxième étage

se succèdent équitablement sur les deux étages du Palais, alternant peintures et sculptures dans une succession réfléchie et cohérente, élaborée d'un commun accord entre l'architecte et le commissaire. Les plafonds, généralement colorés en fonction des couleurs dominantes des tableaux ou des sculptures que Scarpa (ou/ et Sandberg) ont attentivement relevées, redimensionnent la hauteur des salles et des couloirs en les abaissant : un caillebotis du même genre que celui qu'il avait utilisé à Rome crée des « ruptures dans les circulations, extrêmement favorables à l'attention qu'on exige du visiteur », ruptures chères à Le Corbusier dans l'organisation de son *Musée à croissance illimitée*.

Autres ruptures volontaires : le grand salon du premier étage, seul témoignage historique de la splendeur imposante du monument, séparé par deux paravents de viscose au dessin graphique de la salle contiguë qui donne sur le *cortile* intérieur, sert d'écrin précieux (or du plafond à caissons, riche lustre de Murano) à l'œuvre unique de Marino Marini, *Composition 56*. Pour Scarpa, sa présence dans l'exposition est aussi contradictoire que le lieu qu'elle occupe. Mais Scarpa, attentif aux exigences de Sandberg, respecte le point de vue du commissaire hollandais : « Cette *Composition* de 1956, c'est l'opinion de Sandberg, s'insère avec un grand sens de l'actualité et avec une puissance singulière dans l'idée d'un mouvement qui porte la vitalité à une intensité quasi explosive »[11]. Du côté du Grand Canal, le parcours de la lumière naturelle est continu et filtré par un écran de *cencio di nonna* pour atténuer la réverbération de la lumière. Un paravent à trois volets pliés à angles droits et tendu de tissu de teintes dégradées établit un rapport dialectique entre le lieu et la sculpture de Marini.

Autre rupture, au deuxième étage, entre la salle sur le Grand Canal et celle, contiguë, qui donne sur le *cortile* : elles sont en léger dénivelé, séparées de deux ou trois marches. Côté Grand Canal trônent, isolées derrière deux écrans bleu ciel, les sculptures de Wessel Couzijn, de l'autre côté, une composition néo-plastique de cubes de feutres de différentes hauteurs nivelle les deux salles et sert également de socle pour chaque sculpture exposée : celles d'Étienne-Martin prédominent. Les plafonds des deux salles sont d'un brun violet comme l'entourage des fenêtres d'où filtre la lumière naturelle à travers le calicot-paradigme habituel.

Pour la première fois, Scarpa se confronte avec son *alter-ego* hollandais Sandberg. Le résultat est passionnant, leur démarche étant la même et il est clair que le texte-entretien de Mazzariol est empreint des prises de positions de Sandberg, observateur attentif des réalisations de Scarpa depuis la Biennale de 1948 – et réciproquement. Il faut noter que Scarpa, le 10 mai 1959, avait déjà fait une proposition d'installation de l'exposition approuvée par Sandberg et Marinotti[12], prélude à une collaboration évidente. Une liste des artistes et de leurs œuvres, datée du 25 mai, annotée par une écriture anonyme (Sandberg ?) et aussi par Carlo Scarpa, fait état des couleurs dominantes des peintures ou des sculptures de chaque artiste[13]. Emilio Vedova, deux ans plus tard, recommande chaleureusement à Sandberg la visite en 1961 de son exposition personnelle *Disegni di Vedova 1935-1950* au Palais de la Gran Guardia à Vérone, ajoutant pour le convaincre : « L'exposition a été mise en scène avec encore plus de simplicité par Carlo Scarpa avec l'aide d'un architecte plus jeune »[14]. Vedova faisait explicitement allusion à l'exposition du Palazzo Grassi où « pour Vedova, Scarpa a taillé un espace quadrangulaire, ouvert, qui rappelle vaguement par assonance certains légers intérieurs japonais ; la peinture d'Emilio Vedova est incrustée dans les écrans du mur et fait un tout avec lui, elle crée l'espace et le caractérise »[15].

Parmi les trente salles d'un parcours continu sur les deux étages du palais, celles conçue pour Appel et pour Vedova ont particulièrement retenu l'attention de la critique internationale : c'est un exercice de style obligé où Appel joue avec les tissus de la SNIA Viscosa et les transforme en une œuvre totale : « une énorme boîte abstraite, réalisée en cousant sur un fond de toile noire des drapés d'étoffes de toutes les couleurs. Une seule source de lumière, un cube dont les côtés opaques diffusent la lumière sur le sol et le plafond »[16]. Willem Sandberg conclut : « Il en résulte qu'un musée porte l'empreinte de son organisateur puisque c'est lui qui y rassemble ses amours. Le musée impersonnel est un cimetière, les objets y sont déposés et n'y vivent pas, le vrai musée est une œuvre d'art »[17].

Vitalità nell'Arte est le fruit de la rencontre exceptionnelle et de la collaboration étroite de deux grands muséographes du XXe siècle, Willem Sandberg et Carlo Scarpa.

NOTES — *

1
Jean Cocteau, in *Centro internazionale delle arti e del costume,* CIAC, Venise 1951.

2
Alain Jouffroy, « Combat pour un art instinctuel (à propos du Centro internazionale delle arti e del costume) », *XXe siècle,* n°25, 1965, p. 137-138, suivi d'une lettre de Paolo Marinotti, « Parthogenèse et Fécondation » p. 151-152 : « Mon cher Alain Jouffroy. Les expositions du Palazzo Grassi n'ont jamais été à thèse, c'est-à-dire ayant pour but de fixer des termes à tel ou tel autre phénomène artistique : c'étaient au contraire des propositions libres, fondées sur des prémices qui, tour à tour, allaient *se confronter* avec la réalité qui entre temps s'était formée ou se formait. »

3
Discours prononcé par Paolo Marinotti à l'inauguration de l'exposition *Vitalité dans l'Art* , 8 août 1959, in *Vitalità nell'Arte* (1959), *Dalla Natura all'Arte* (1960), *testi e discorsi,* CIAC, Venise s.d.

4
Jean Leymarie, « Vitalité dans l'Art », *Quadrum,* n°7, 1959, p. 173-174.

5
Franca Semi, *A lezione con Carlo Scarpa,* Cicero, Venise 2010, p. 73.

6
Willem Sandberg, « Vitalité dans l'Art », in *Vitalità nell'Arte* (1959), *Dalla Natura all'Arte* (1960), op. cit., p. 8-9.

7
La bibliothèque de Scarpa témoigne de son attention à Willem Sandberg en particulier : W. Sandberg, « Réflexions disparates sur l'organisation d'un musée d'art d'aujourd' hui », in *Art d'aujourd'hui,* n°1, octobre 1950 ; *mondrian l'organisation de l'espace,* op. cit. ; Willem Sandberg, Georges Salles, *Alexander Calder,* cat. exp., Stedelijk Museum, Amsterdam, 15 mai-22 juin 1959, avec cette dédicace pour l'épouse de Carlo Scarpa : « 7. 8. 59 per la signora Lazzari », signée Sandberg et Dida Sandberg.

8
Giuseppe Mazzariol, « Per la mostra *Vitalità nell'arte* a Palazzo Grassi, Venezia », *Domus*, n°361, décembre 1959, p. 53-56. Dans les documents d'archives conservés au MAXXI à Rome, il existe un manuscrit du texte à la première personne sur papier à lettre du Grand Hôtel de Milan, *Mostra Palazzo Grassi « Vitalità nell'Arte »*, qui se conclut par ces mots au crayon de Carlo Scarpa, « scritto di Mazzariol ».

9
La cohue de l'exposition est évoquée par Piero Manzoni dans sa critique virulente de l'exposition rebaptisée « Viltà nell'arte » [« Lâcheté dans l'Art »], publiée dans *Il pensiero nazionale*, n°19, octobre 1959 : « On parle toujours et l'on pourra toujours parler des dangers de la mauvaise peinture, mais l'art existera toujours ; ainsi l'exposition *Vitalité dans l'art* n'a pas été la première et ne sera pas la dernière du genre que, hélas, nous verrons. En général, aucun des exposants ne parvient à s'entendre ou à nouer un dialogue avec les deux seuls peintres présentés qui soient vraiment pleins de vie, Pollock et Burri, dont la présence, dans la cohue de l'exposition, montre encore plus, puisqu'elle rend possible une confrontation directe, combien les rhétoriques expressionnistes, craignant le nouveau, ayant peur de la liberté d'invention, refusant tout *engagement* supérieur, sont éloignées d'une véritable vitalité. » Critique qui fait suite au manifeste *Contre le Style* qu'il avait co-signé avec plusieurs des artistes présents à Venise comme Saura ou Arnaldo et Gio Pomodoro à la suite de l'exposition *Mondrian* à Rome et Milan (p. 21-24). [tr. fr. « Lâcheté dans l'art », in Piero Manzoni, *Contre rien*, Allia, 2002, p. 29-31].

10
Henri Michaux, « Parenthèse », in *Vitalità nell'Arte* (1959), *Dalla Natura all'Arte* (1960), op. cit., p. 10.

11
« Marino Marini » *in Vitalità nell'Arte*, op. cit..

12
Dactilographies, *Tempi di esecuzione* et traduction en français accompagnée d'une note manuscrite de Paolo Marinotti adressée à Sandberg, 1959, Archives du Stedelijk Museum, Amsterdam : « Cher Sandberg, il est vraiment urgent que nous nous rencontrions tous à Milan ».

13
« Vitalità nell'Arte. Elenco artisti e opere Sit. al 25/6 », Archives du MAXXI–Collezione Architettura, Rome.

14
Emilio Vedova, lettre du 24 octobre 1961 à Willem Sandberg, Archives du Stedelijk Museum, Amsterdam. Les vitrines de cette exposition sont celles que dessine Carlo Scarpa pour l'exposition *Vetri di Murano dal 1860-1960*, où déjà le jeune architecte Arrigo Rudi (qui travaillera avec Scarpa au Castelvechio, à Vérone) apparaissait comme son collaborateur. Voir Alba Di Lieto et Filippo Bricolo, *Allestire nel museo. Trenta mostre a Castelvecchio*, Marsilio, Venise 2010, p. 38-39.

15
Luciano Semerani, « Vitalità nell'Arte » in *Casabella-Continuità*, n°232, 1959, cité par Stefano Collicelli Cagol, *op. cit.*, p. 68.

16
Luciano Semerani, *ibidem*.

17
Willem Sandberg, « Réflexions disparates sur l'organisation d'un musée d'art d'aujourd'hui », *Art d'aujourd'hui*, n°1, octobre 1950, p. 9. Bibliothèque de Carlo Scarpa.

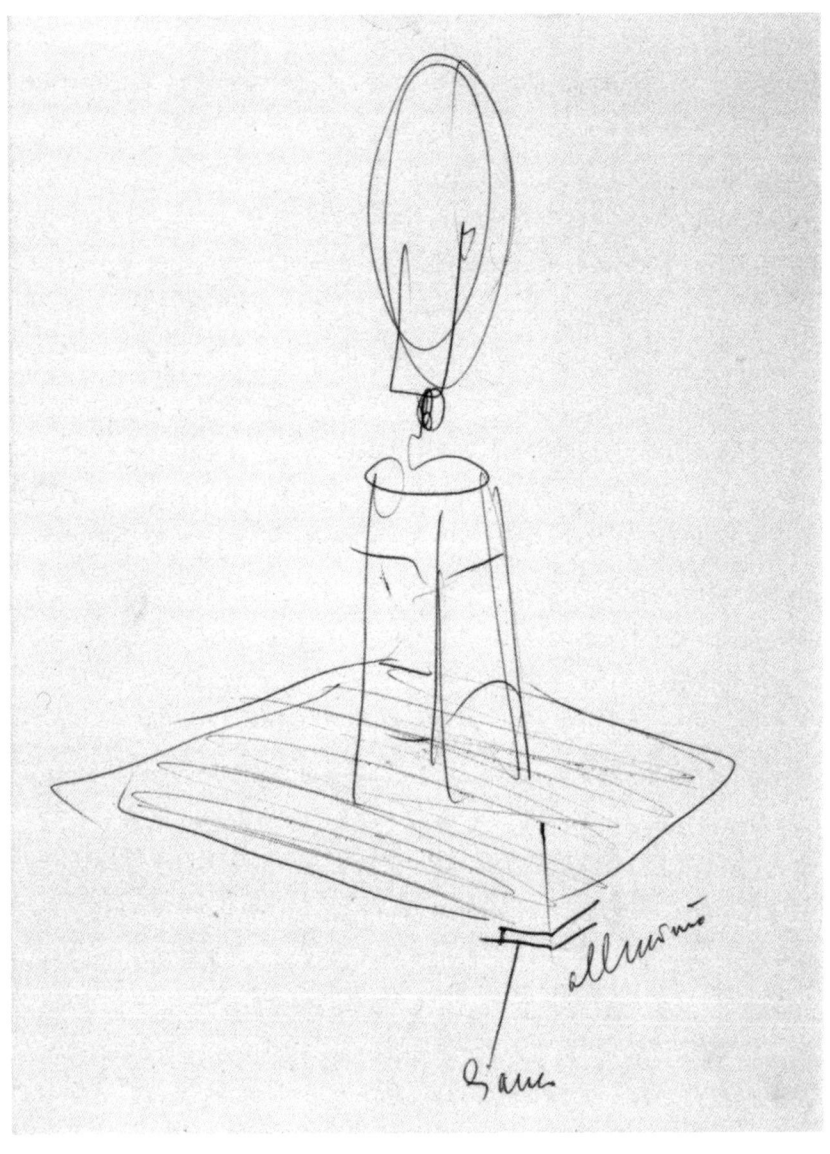

Étude pour l'installation du ready-made *Roue de Bicyclette*, c. juin 1965

Crayon sur papier

L'exposition *Marcel Duchamp Ready-made* Inauguration des bureaux Gavina, Rome
11 juin 1965

« J'ai connu Duchamp en 1965. Je devais inaugurer les bureaux de Rome et j'avais pensé à quelque chose de différent. Pour une fois, aucun meuble, uniquement les fauteuils Wassily de Breuer et les ready-made de Duchamp : la *Fontaine*, le *Porte-Chapeaux*, le *Porte-Bouteilles*, etc. En somme, les pièces classiques de ce génie qui avait bouleversé l'art de ce siècle et qui m'avait totalement fasciné. Presque au dernier moment, je pris mon courage à deux mains et lui écrivit en lui rappelant que c'était le cinquantième anniversaire de son premier ready-made, la fameuse *Roue de Bicyclette*, un objet commun monté sur un tabouret et élevé au rang d'œuvre d'art. Duchamp accepta. Je n'en croyais pas mes yeux quand il arriva et je fus très surpris quand il déclara : ‹ C'est la plus belle exposition que j'aie jamais eue. › En repensant à cette exposition mise en scène par un autre homme de génie comme Carlo Scarpa, je pense que cette phrase n'était pas qu'un compliment »[1].

C'est le témoignage de cet exceptionnel industriel du design, précurseur éclairé que fut Dino Gavina (1922-2007) qui, pour inaugurer ses nouveaux bureaux de Rome, ne trouva rien de mieux que de présenter les ready-made de Marcel Duchamp (1887-1968) et de s'assurer de la présence exceptionnelle de l'artiste, tout en confiant la scénographie du lieu et de l'exposition au président de la société Gavina, Carlo Scarpa – lui qui avait également conçu le magasin Gavina de Bologne, terminé en 1962, « digne des choses qu'il [Gavina] a faites, souligne Carlo Scarpa, et capable de durer pour celles qu'il a l'intention de faire »[2]. Cet événement a, dans le parcours muséographique de Scarpa, le statut d'une légende. Les propos mêmes de Duchamp, répétés à plusieurs reprises par Dino Gavina, le confirment : « Dans des conditions, aurait ajouté Duchamp, où tu ignores si ton travail sera apprécié ou non (nous étions en 1963 [sic], lorsque très peu de gens encore prêtaient attention à l'expérience Dada), une reconnaissance de ce genre fait grand plaisir »[3]. À son retour à Paris, il accuse réception des catalogues de l'exposition et ajoute : « J'en profite pour vous remercier encore d'avoir si bien présenté mon exposition à Rome. Grâce à vous, notre séjour à Rome a été une complète réussite dans une atmosphère aussi amicale »[4]. Les exégèses de Marcel Duchamp n'ont pas cru nécessaire de signaler cette exposition dans les monographies ou catalogues raisonnés de l'artiste ; seules les précieuses *Ephémérides sur et autour de Marcel Duchamp et Rrose Sélavy* de Jennifer Gough-Cooper et Jacques Caumont en révèlent l'existence[5].

Peu d'éléments permettent de reconstituer cette première exposition de Duchamp à Rome. Une série de photographies témoigne de l'atmosphère amicale de la soirée où l'on reconnaît, autour de Marcel Duchamp et de sa femme Teeny, Carlo Scarpa, Dino Gavina, Arturo Schwarz, Lucio Fontana, Giuseppe Capogrossi, Giorgio De Marchis et Palma Bucarelli. Des ready-made exposés, nous n'avons comme témoignages que huit croquis de Carlo Scarpa qui permettent de se faire une idée de leur présentation. Rien ne nous permet d'affirmer que Marcel Duchamp a collaboré à l'installation de Carlo Scarpa et de Dino Gavina. Si l'on s'en tient aux propos de Gavina, pour meubler l'espace, le choix exclusif d'une icône du design du Mouvement Moderne, le fauteuil B3 créé en 1935 par l'architecte du Bauhaus Marcel Breuer, qu'il rebaptisa, en hommage à Kandinsky, « Wassily » pour sa réédition dans la collection de meubles de l'entreprise Gavina, n'est pas un hasard et devient emblématique, confronté aux œuvres de Duchamp : « Le produit de Breuer était conçu pour la fabrication en série ». À propos de cette réédition de 1962 et de son refus catégorique de « reproduire » le fauteuil LC2 de Le Corbusier, Gavina s'explique : « Celui de Le Corbusier, non. Les meubles de Le Corbusier, produits en série, n'auraient même pas obtenu une note *satisfaisante* dans une école de design. [...] Tout au contraire, si nous observons le célèbre fauteuil en forme de cube de Le Corbusier, que remarquons-nous ? Le tube a six soudures d'angle, plus deux de tête et six autres qui unissent le profilé (plein) au tube (creux) ; nous additionnons à celles-ci les quatre soudures en angle qui fixent le fer en L au châssis et nous obtenons un total de dix-huit soudures manuelles pour une seule pièce. Il faut y ajouter l'incohérence dans l'utilisation des matériaux : trois matériaux différents soudés ensemble dans une même structure représentent une folie au point de vue de la production industrielle »[6]. Cette confrontation iconoclaste aux icônes de Duchamp est menée ici avec l'ironie (complice ?) de nos trois acteurs, Gavina, Scarpa et Duchamp, qui jouent allègrement avec « l'iconologie » du Corbusier, célébrée dans son manifeste *L'Art décoratif d'aujourd'hui* (1925)[7]. En ce qui concerne Duchamp, nous ne reviendrons pas sur ses emprunts à son « jumeau » Le Corbusier dans l'invention, digne de Bouvard et Pécuchet, de ses ready-made, cela saute aux yeux. Écoutons sa réponse à la question : « Vous êtes tout à fait d'accord avec la définition de Breton [...] : ‹ Un ready-made est un objet manufacturé, promu à la dignité d'objet d'art par le seul choix de l'artiste ? › – C'est entendu : par le choix de l'artiste. Mais c'est toujours le choix de l'artiste. Quand vous faites même un tableau ordinaire, il y a toujours un choix ; vous choisissez vos couleurs, vous choisissez votre toile, vous choisissez le sujet, vous choisissez tout. Une œuvre d'art, c'est un choix, essentiellement. Là, c'est la même chose. C'est un choix d'objet. Au lieu de le faire, il est tout fait. Ce choix, évidemment, dépend des raisons pour lesquelles vous choisissez. Là, c'est une question assez difficile à expliquer : au lieu de choisir quelque chose qui vous plaît ou quelque chose qui vous déplaît, vous choisissez quelque chose qui n'a aucun intérêt, visuellement, pour l'artiste. Autrement dit, arriver à un état d'indifférence envers cet objet. À ce moment-là, ça devient un ready-made. Si c'est une chose qui vous plaît, c'est comme les racines sur la plage, comprenez-vous : c'est esthétique, c'est joli, c'est beau, on met ça dans son salon. Ce n'est pas l'intention du ready-made. L'intention du ready-made, c'est de se débarrasser de cette idée du beau et du laid. On pourrait en faire cinquante par jour, mais ce n'est pas vrai. Si vous en faites cinquante par jour, vous verrez que dans trois ou quatre jours les cinquante commencent à vous plaire, ou à vous déplaire, donc le résultat n'est pas ce que je cherchais »[8].

Pour se documenter sur les œuvres à exposer, Scarpa possède la monographie l'*Hommage à Marcel Duchamp* publiée en 1964 par la Galerie Schwarz de Milan, mise en page par Duchamp lui-même et par Arturo Schwarz, « dernier survivant du Surréalisme ». On y trouve la mention suivante : « Nous avons le plaisir d'annoncer que notre Galerie a obtenu de Marcel Duchamp l'exclusivité de vente des œuvres de l'artiste décrites ci-après qui seront répliquées sous sa

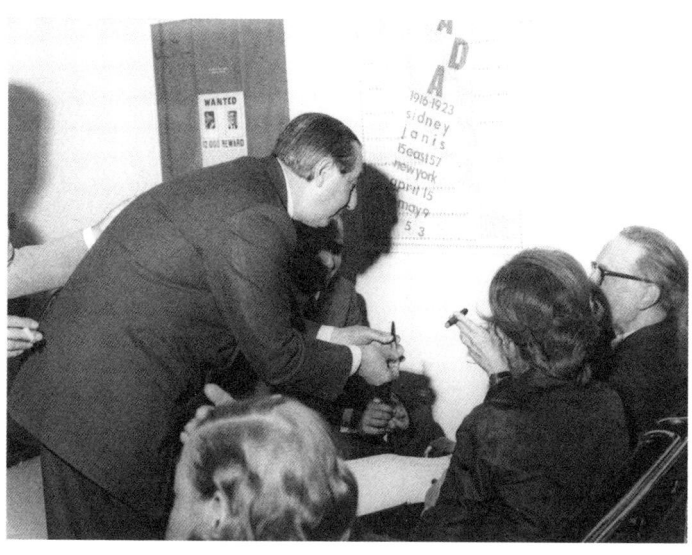

Carlo Scarpa demandant un autographe à Marcel Duchamp, 1965
Au premier plan : Teeny Duchamp et Palma Bucarelli (de dos)

direction en huit exemplaires signés *Marcel Duchamp 1964* et numérotées de 1/8 à 8/8. En outre, deux exemplaires hors commerce ont été préparés, marqués : *Exemplaire H.C. pour Marcel Duchamp* et *Exemplaire H.C. pour Arturo Schwarz* »[9]. Dans le catalogue de l'exposition Gavina, il est précisé : « À l'occasion du 50e anniversaire du premier ready-made, Marcel Duchamp a permis à la Galerie Schwarz de reproduire ses principaux ready-made. Chaque exemplaire est la copie rigoureuse de l'original et a été réalisé sous la direction de Marcel Duchamp qui en a suivi toutes les phases de la réalisation. Nous remercions la Galerie Schwarz qui a eu l'amabilité de nous prêter les ready-made et nous a permis d'utiliser les textes de son catalogue édité par Walter Hopps, Ulf Linde et Arturo Schwarz »[10]. Les ready-made reproduits dans le catalogue sont certainement ceux qui ont été exposés ; il s'agit de : *Pliant de Voyage, Trébuchet, 3 Stoppages-étalons, Apolinère Enameled, In Advance of the Broken Arm, Porte-Bouteilles, Peigne, Fresh Widow, Fontaine, Roue de Bicyclette, Why not Sneeze ?, À Bruit Secret, Air de Paris* et *Porte-Chapeau*.

Huit croquis de Scarpa, esquisses de huit de ces quatorze « ready-made to the square power »[11], réalisés pour la Galerie Schwarz par un dessinateur industriel sous la direction de l'artiste, sont les seuls témoignages de leur installation dans l'espace vide et blanc des nouveaux bureaux de Gavina à Rome, 11 via Condotti : les *3 Stoppages-étalons*, la *Roue de Bicyclette*, le *Porte-Bouteilles*, la pelle à neige *In Advance of the Broken Arm*, la pelote de ficelle serrée entre deux plaques de laiton jointes par quatre longues vis *À Bruit Secret*, l'urinoir *Fontaine*, la house de machine à écrire Underwood *Pliant de Voyage* et le porte manteau fixé au parquet *Trébuchet*. Les *3 Stoppages-étalons* (1913-1914) : « un fil droit horizontal d'un mètre de longueur tombe d'un mètre de hauteur sur un plan horizontal en se déformant *à son gré* et donne une figure nouvelle de l'unité de longueur »[12]. « Le résultat, précise Lebel, trois fils de moins d'un mètre, fixés sur des bandes de toiles collées sur verre. Ces *3 Stoppages-étalons* sont accompagnés de leurs règles à tracer, épousant les formes des fils, [...] le tout dans une boite de croquet »[13]. Scarpa propose de poser la boite de croquet sur un plan horizontal vert foncé posé sur deux

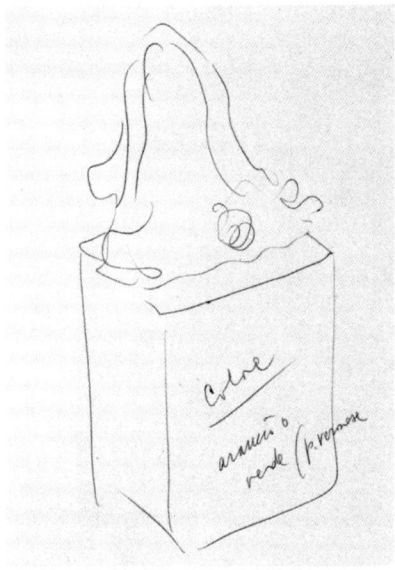
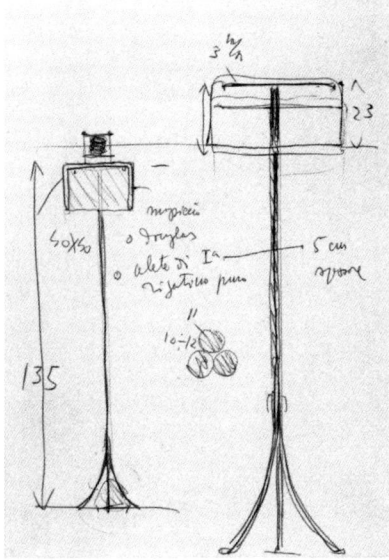

Étude pour l'installation du ready-made *Fontaine*, c. juin 1965

Étude pour l'installation des ready-made *À Bruit Secret* et *Pliant de voyage*, c. juin 1965

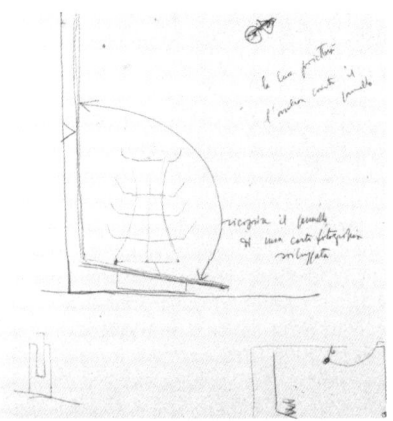
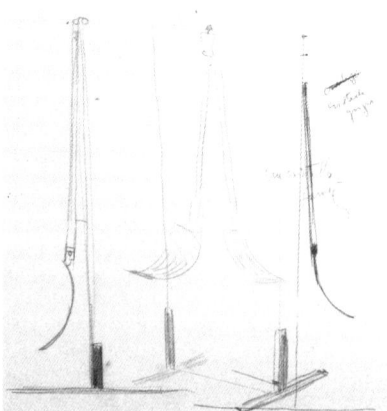

Étude pour l'installation des ready-made *Porte-Bouteilles* et *In Advance of the Broken Arm*, c. juin 1965

Crayon sur papier

tréteaux bas, d'environ 60 centimètres de hauteur, les stoppages ou les règles appuyées contre le mur. En réalité, la boîte de croquet est éliminée ; à sa place, seules deux des trois règles à tracer sont posées sur cette sorte de table basse appuyée contre le mur à un angle de la salle. Le plan horizontal est de couleur sombre posé sur deux tréteaux blancs composées de deux cadres de section carrée. À sa droite, toujours à l'angle de la salle, près du mur, la housse de machine à écrire Underwood est posée sur une barre de métal plate de 3 centimètres de largeur qui termine une hampe de 5 centimètres de diamètre d'un trépied de fer composé de trois tiges rondes de 1 à 1,2 centimètres de diamètres soudées ensemble : une sorte de lampadaire qui n'est pas sans rappeler ceux des architectes viennois Adolf Loos ou Josef Frank. À Bruit Secret, la pelote de ficelle serrée entre deux plaques de laiton jointe par quatre longues vis avec, à l'intérieur, un petit objet « à bruit secret » ajouté par Walter Arensberg pour l'édition originale et, pour cette édition par Teeny Duchamp, est monté sur une hampe identique à celle du ready-made précédent de 135 centimètres de hauteur et se termine par un parallélépipède ou un cube de 40 centimètres de section en bois massif de sapin douglas ou d'épicéa veiné de premier choix que Scarpa utilise souvent pour les coffrages du béton : les quatre vis de ce ready-made ressemblant à s'y méprendre à des fers de béton armé.

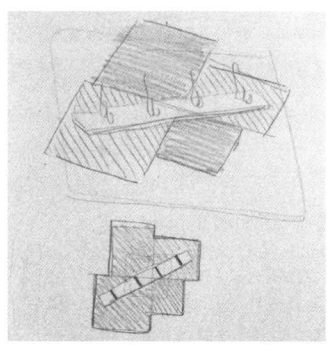

Étude pour l'installation du ready-made Trébuchet, c. juin 1965

Crayon sur papier

Scarpa, nourri des images et des textes de l'*Hommage à Marcel Duchamp*, propose une archéologie aussi attentive que possible de certains de ces ready-made qui ont un statut spécial : la réplique d'un objet perdu ! La photographie du *Porte-Bouteilles* (Paris, 1914) de Man Ray, celle de la *Boite-en-Valise* (1938) sont les sources de son installation : deux panneaux recouverts de papier photographique développé, donc noir, l'un horizontal le long du mur et l'autre, un plan incliné, sur lequel est posé le porte-bouteille horizontal de manière que la lumière d'une simple lampe électrique pendue au plafond projette les ombres sur les deux panneaux exactement comme sur la photographie. Scarpa propose deux solutions : au ras du sol ou suspendu. « Ce n'est pas très important », affirmera Marcel Duchamp deux ans plus tard à propos de sa propre installation, Galerie Givaudan à Paris, et de continuer : « Ils n'ont pas de destination absolue, c'est-à-dire de présentation absolument nécessaire. Par exemple à Rouen, ils étaient beaucoup plus par terre que dans l'air. Ici, ils sont dans l'air. Il n'y a pas de vrai »[14]. *In Advance of the Broken Arm*, la pelle à neige, détachée du sol, est accrochée par son manche sur un panneau de verre fumé gris supporté par deux T en fer (environ 1,20 mètre de hauteur), l'un des paradigmes favoris de Carlo Scarpa, et détachée du panneau au bas du manche de manière à projeter son ombre couleur de neige sur le panneau. *Fontaine*, réplique de l'original perdu photographié par Alfred Stieglitz en 1917, est présenté sur un piédestal carré (40 centimètres) de même hauteur (68,5 centimètres) de couleur orange ou vert Véronèse. Le *Trébuchet*, porte-manteau fixé au parquet (1 mètre de longueur) pour faire trébucher, se présente posé en diagonale sur quatre carrés de métal ou de bois veiné posé sur le sol, le contraste entre carrés foncé et clair d'un des croquis est certainement pour faire allusion aux cases du jeu d'échec et à la position dite du *trébuchet*, un piège de finale, la première étudiée par Duchamp et Halberstadt dans leur ouvrage *L'Opposition et les Cases conjuguées sont réconciliées*[15].

La réplique de l'original perdu de la *Roue de Bicyclette* est elle aussi simplement posée sur un plan horizontal de métal ou de bois sur le sol de la galerie, avec un coin en aluminium blanc pour légèrement incliner le tabouret qui supporte la roue. Pour ces deux derniers ready-made, le plan horizontal sert de filtre entre l'objet et le sol. Scarpa utilise souvent ce stratagème pour poser un objet à même le sol.

La réussite de l'exposition, l'atmosphère amicale du vernissage laissent à penser que Scarpa réussit, peut-être avec la complicité de Duchamp, à meubler les bureaux de Gavina avec les ready-made dans *l'état d'indifférence* voulu par l'artiste. Pier Giacomo Castiglioni l'assista pour le système d'illumination : des ampoules nues pendues au plafond qui projettent leurs ombres portées sur les murs du lieu[16]. Duchamp était-il redevable de cette solution à Scarpa lorsque, deux ans après, il décida de peindre sur les murs de la Galerie Givaudan les ombres portées des ready-mades ? « Les ombres du ready-made, expliqua-t-il alors, c'est déjà une combinaison autre. C'est une action esthétique plus ou moins, n'est-ce pas, comme un Calder. On ne peut pas toujours rester dans l'indifférence. Le monde n'est pas qu'indifférence, quand même ! »[17]. Ce qui expliquerait sans doute la dédicace rédigée par Duchamp pour Scarpa dans le petit livre de Katherine S. Dreier et Roberto Matta Echaurren, *Duchamp's Glass*, le jour de l'inauguration : « Pour Charles Scarpa affectueusement Marcel Duchamp »[18]. Au prénom italien de Scarpa, Duchamp préfère Charles, celui de Le Corbusier que Duchamp porta particulièrement dans son cœur jusqu'à la fin de sa vie ! Mais ceci est une autre histoire[19].

Cet épisode de la vie de cet *épicurien dadaïste* est à placer dans ce qu'André Chastel, à propos de Marcel Duchamp, qu'il désigne comme « ce grand joueur impavide », qualifie de « son chef-d'œuvre imprévisible » : « Son entrée triomphale dans le monde des arts qu'il a si vigoureusement dénoncé et dédaigné. En 1959, un important ouvrage de Robert Lebel ; en 1963, une notable réunion de ses œuvres à Pasadena ; l'an dernier, une énorme exposition à la Tate Gallery de Londres qui compte le plus vif succès et qu'accompagnent des rééditions massives des objets les plus gratuits de l'*artiste* par la Galerie Schwarz de Milan. [...] Chaque époque possède, plus ou moins en évidence,

des esprits libres et sans égards pour les conventions. Marcel Duchamp a tenu, sans s'imposer, ce rôle de cynique Diogène tendant une lanterne qu'il n'avait, bien entendu, pas allumée, ce qui fit tourbillonner autour de lui les hannetons, les pasticheurs, les badauds munis d'appareils enregistreurs. Est-ce un nouveau piège du mépris, ou pis encore, de l'indifférence amusée ? Jeu si méphistophélique qu'on ne sait plus très bien qui le mène »[20].

Dino Gavina et Carlo Scarpa ont été, sans aucun doute, les parfaits complices de ce jeu, si l'on en croit Marcel Duchamp.

NOTES — *

1
Dino Gavina, *Ricordo di un amico bolognese*, www.dinogavina.it

2
Carlo Scarpa in Philippe Duboÿ, « Les non-dupes errent », in *Carlo Scarpa/Tobia Scarpa… dialogo sospeso*, cat. exp., Musée des Arts Décoratifs de Bordeaux, septembre 2012, p. 11.

3
Le propos de Marcel Duchamp est rapportés par Dino Gavina in Virgilio Vercelloni, *L'Aventure du Design : Gavina*, Jaca Book, 1988, p. 174. La date de l'exposition est anticipée de 2 ans, une erreur fréquente dans les monographies consacrées à Gavina. Voir aussi *Dino Gavina collezioni emblematiche del moderno dal 1950 al 1992*, cat. exp., Fondation Querini Stampalia, Venise, juin-août 1992, Jaca Book, Milan 1992, p. 18 ; *Tre Grandi Artisti Mario Deluigi, Carlo Scarpa, Alberto Viani*, cat. exp., sur une idée de Dino Gavina, Palais Ducal, Venise, novembre 2006, Jaca Book, 2006 ; *Atlas Atlante Dino Gavina*, cat. exp., *Dino Gavina. Lampi di Design*, Museo d'Arte moderna de Bologne, septembre-décembre 2010, Corraini, Mantoue 2010.

4
Marcel Duchamp, lettre à Dino Gavina datée du lundi 28 juin 1965, Archives Dino Gavina, Bologne, publiée par Giuseppe Di Natale, « Marcel Duchamp en Italie : présence et héritage, de 1948 à 1968 » in *Étant donné*, n°10, numéro consacré à Marcel Duchamp et Gianfranco Baruchello, Paris 2011, p. 138 : premier compte-rendu de l'exposition. Voir aussi la publication à l'occasion de l'exposition *Duchamp Re-made in Italy*, Galerie nationale d'Art moderne, 8 octobre 2013-9 février 2014, Rome.

5
Jennifer Gough-Cooper, Jacques Caumont, *Marcel Duchamp. Vita*, in *Marcel Duchamp*, cat. exp., Palazzo Grassi, Venise, Bompiani 1993, p. 10-11.

6
Casa Vogue, n°78, janvier 78, cité par Virgilio Vercelloni, op. cit., page 14.

7
Le Corbusier, *L'Art décoratif d'aujourd'hui*, Grès, Paris 1925, en particulier les chapitres « Iconologie, iconolâtres, iconoclastes », « Autres icônes les musées » et « Usurpation le folklore ».

8
Marcel Duchamp parle des ready-made à Philippe Collin, L'Échoppe, Paris 2008, p. 10-11, entretien réalisé pour l'ORTF à la Galerie Claude Givaudan, Paris, le 21 juin 1967.

9
Hommage à Marcel Duchamp dal 5 giugno al 31 settembre 1964 alla Galleria Schwarz, Milano, supplément au catalogue n°49, juin 1964 ; Walter Hopps, Ulf Linde, Arturo Schwarz, *Hommage à Marcel Duchamp. Ready-mades, etc (1913-1964)*, Galleria Schwarz/Le Terrain Vague, Milan/Paris 1964.

10
Marcel Duchamp Ready Made. Gavina a Roma, Roma 1965 : projet graphique du catalogue d'Ennio Lucini avec, en frontispice du catalogue, *Pulled at Four Pins* (« Tiré à quatre épingles »), ready-made perdu (1915), gravure réplique d'Arturo Schwarz (septembre 1964).

11
Arturo Schwarz, *The Complete work of Marcel Duchamp*, vol. 1, Delano Greenidge, New York 2000, p. 832-839.

12
Note de la *Boîte Verte* in Robert Lebel, *Sur Marcel Duchamp*, Trianon, Paris 1959, p. 165, et *Hommage à Marcel Duchamp. Ready-mades etc (1913-1964)*, op. cit.

13
Robert Lebel, *op. cit.*, p. 165.

14
Marcel Duchamp parle des ready-made à Philippe Collin, op. cit., p. 15.

15
Marcel Duchamp et Vitaly Halberstadt, *L'Opposition et les Cases conjuguées sont réconciliées*, L'Échiquier, Paris/Bruxelles 1932.

16
Vittoria Coen, « Amici miei. Fontana, Castiglioni, Duchamp e Man Ray... Gli anni '60 di Dino Gavina », in *Intervista*, n°7, avril 1997, Giancarlo Politi, cité par Giovanna Coltelli, « È la più bella mostra che abbia mai avuto » in *Duchamp Re-made in Italy*, cat. exp., Galerie nationale d'Art moderne, Rome, 8 octobre 2013-9 février 2014, Electa, Milan 2013, p. 142.

17
Marcel Duchamp parle des ready-made à Philippe Collin, op. cit., p. 15.

18
Katherine S. Dreier & Roberto Matta Echaurren, *Duchamp's Glass*, Société Anonyme Inc., New York 1944, Bibliothèque de Carlo Scarpa.

19
Philippe Duboÿ, « Le Corbusier (1887-1965) con sidéré, ment moderne copyright by Rrose Sélavy (1887-1968) », *Art Press*, hors-série n°2, 1983, p. 57-59.

20
André Chastel, « Un hommage à Méphisto », *Le Monde*, 9 juin 1967.

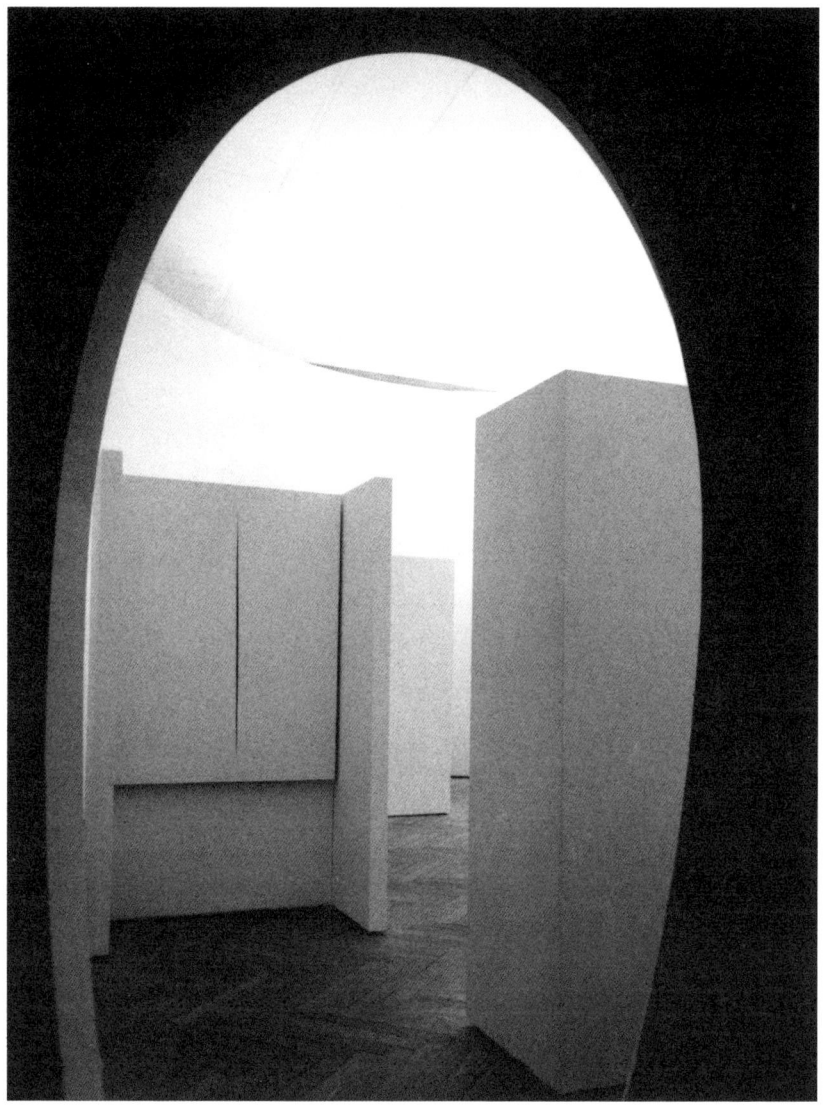

Entrée de la salle de Lucio Fontana, XXXIIIe Biennale de Venise, 1966

L'exposition
Concetto spaziale, Attese de Lucio Fontana, XXXIIIe Biennale de Venise

1966

Dans les remerciements du catalogue de la XXXIIIe Biennale de Venise, son président Mario Marcazzan (1902-1967) qualifie Carlo Scarpa de « génial et zélé protagoniste de la scénographie ». Dans la préface, son secrétaire général Gian Alberto Dell'Acqua renchérit : « Avec ses compétences exceptionnelles de scénographe de musées et d'expositions, Carlo Scarpa a encore une fois résolu brillamment le problème de la distribution des salons centraux du vieil édifice en les divisant clairement en de très grands espaces appropriés pour la mise en valeur des œuvres de Boccioni, de Morandi et des abstraits lombards. Il est aussi intervenu, apportant des solutions et des modifications opportunes, dans les autres espaces du Pavillon central et, collaborant comme à son habitude avec le secrétariat général, il a réalisé l'installation des œuvres, plus particulièrement des sculptures »[1].

C'est le cas pour les œuvres de Lucio Fontana (1899-1968) : cinq versions des *Concetto spaziale, Attese* (1966), enveloppées dans une spirale ovoïde de toile blanche couverte d'un vélum blanc, qui occupent la salle XXVI du Pavillon central, à laquelle on accède par des ouvertures ellipsoïdes. Le critique d'art Gillo Dorfles présente la salle en ces termes : « Un grand espace ovale où un parcours en labyrinthe place le visiteur devant une image répétitive – égale mais chaque fois légèrement différente – à chaque nouveau point de vue. Mieux encore, un ovale qui est en même temps l'œuvre et son *container*. C'est le concept qui a guidé Fontana dans la conception de sa salle personnelle à la Biennale. [...] Et ce n'est pas un hasard si cet énième *concept spatial* de l'artiste se concrétise aujourd'hui, vingt après le *Manifeste Blanc* qui inaugure la naissance officielle du Spatialisme. [...] Aujourd'hui, vraiment, le *Spatialisme* atteint son but : ponctuer la monotonie de la bi-dimensionnalité illusoire ou de la tridimensionnalité du dessin et de la couleur en clair-obscur encore plus illusoire et illusionniste. Ici, sur les toiles blanches (ou monochromes), même le seul élément de la fente, dans sa rétroflexion agressive ou dans sa profondeur abyssale, est tout sauf illusionniste : une réalité physique qui se transforme en réalité psychologique. Dans cette salle exemplaire par sa clarté, sa sobriété, son absence de toute grandiloquence et de tout étalage auto-publicitaire, dans cette salle presque monastique (d'une religiosité Zen ou domine le rien et l'asymétrique !), Fontana a voulu (et su) nous donner une leçon de simplicité et de franchise et aussi une nouvelle manière de dimensionner l'espace »[2]. Pierre Restany (1930-2003), dans son compte-rendu de « cette Biennale de la joie de vivre et de l'art-jeu, de l'*homo ludens* contre l'*homo faber* » qui « ne résout rien [mais] constate un certain nombre de faits nouveaux et les considère comme acquis. [... Qui] a su faire la part des choses et c'est pour cela qu'elle est bien vivante », donne sa place à Lucio Fontana dans le paragraphe intitulé « Quand la beauté est contemplation » : « Le moment où la beauté devient contemplation, où l'esthétique cède la place à l'éthique. Et par le biais de ce cheminement moral, certaines démarches ‹ puristes › rejoignent la finalité de la fonction ludique, [...] l'art-jeu comme une fête de l'esprit et des sens. Fontana illustre brillamment ce passage à une morale de la vision toute entière contenue dans le geste de comportement. Pour illustrer l'infinité répétitive de l'acte moral, Fontana avait conçu un espace ovoïde blanc dans lequel un parcours labyrinthique aurait débouché successivement sur une dizaine de *tagli* de même format. La réalisation effective laisse à désirer, le labyrinthe ayant été remplacé par une série de reposoirs blancs qui créent des panneaux aveugles fragmentant la vision. L'idée, bien que très approximativement rendue, s'impose néanmoins, et c'est là l'essentiel. Le jury en décernant le Grand Prix de Peinture à Fontana a couronné à la fois une œuvre, une pensée et un personnage : le père du Spatialisme est le plus tenace artisan de la remise en question des valeurs faussement établies dans l'Italie de l'Après-guerre »[3].

La critique de Restany semble tout à fait justifiée car aucun des nombreux dessins de Fontana ne correspond à la réalisation de la salle ovale, et cela tient très certainement aux premières intentions de l'artiste, celles dont témoignent les premières esquisses[4]. Puis, les délais se rapprochent. La salle allouée se révèle plus petite qu'espéré – les six reposoirs s'en trouvent réduits à cinq. La spirale ovoïde de toile blanche qui enclôt l'espace, réalisée selon les exigences de l'artiste, réduit encore la surface d'exposition. Les dimensions des tableaux qui auraient dû être tous égaux (1,40 mètre de haut sur 1,14 mètre de large) sont différentes. Tout cela, ainsi que la nécessité que « chaque tableau [soit] vu indépendamment de l'autre », contraignent à les placer symétriquement de part et d'autre de l'axe d'entrée, tout en se conformant à la courbe du mur : deux à gauche et trois à droite, un à l'endroit et deux à l'envers – de manière à ce que lorsque l'un est visible, l'autre ne le soit pas, chacun étant perçu dans son autonomie. Enfin, l'entrée et la sortie disposées sur le même côté de la salle offrent une même vision de l'ensemble à travers une ouverture ovale légèrement tronquée dans le bas.

Comme il l'a défini lui-même, le rôle de Scarpa consista à « l'exécution des dessins constructifs pour la réalisation de la ‹ salle ovale › de Lucio Fontana après accords oraux avec l'artiste »[5]. L'artiste Luciano Fabro (1936-2007) témoigne rétrospectivement, en 2003, de la teneur de ces accords : « Je crois que dans l'espace réalisé avec Scarpa, Fontana voulait éliminer les tableaux. Puis, finalement, à la Biennale, il en fut autrement. Les tableaux se présentaient comme des apparitions sur lesquelles on jetait un coup d'œil en passant pour poursuivre la visite. Je peux me souvenir de ces discussions, j'étais encore un gamin. Pourquoi ces discussions ? Fontana ne voulait pas s'arrêter sur les parties constructives. Mais bien avant, pour la salle des sculptures, à ma première Biennale, en 1954, je crois qu'il y eut une polémique à propos des socles. Pour Fontana, la première exigence était d'effacer la mise en page de l'exposition »[6]. Luciano Fabro, un « gamin » ? En 1966, il avait 30 ans ! C'est bien la « salle ovale » de Fontana qu'a réalisée scrupuleusement Scarpa à partir du dernier croquis de l'artiste[7], effectué au dos d'un morceau de papier utilisé habituellement par l'architecte avec l'ébauche au crayon d'un projet, en l'adaptant aux dimensions réelles de la salle : l'axe de l'ellipse dans la diagonale du rectangle de la salle ; l'ellipse, légèrement détachée des murs, du plafond et du sol, de la même épaisseur que les cinq niches des tableaux, tous de même largeur mais de hauteur différente. La *tempera* blanche des tableaux est aussi le matériau de l'ovale de la toile et des cinq reposoirs. L'éclairage zénithal de l'ensemble est filtré par le velum habituel de *cencio di nonna* tendu, divisé en rectangles réguliers, parallèles à l'entrée, comme pour indiquer le parcours de la visite.

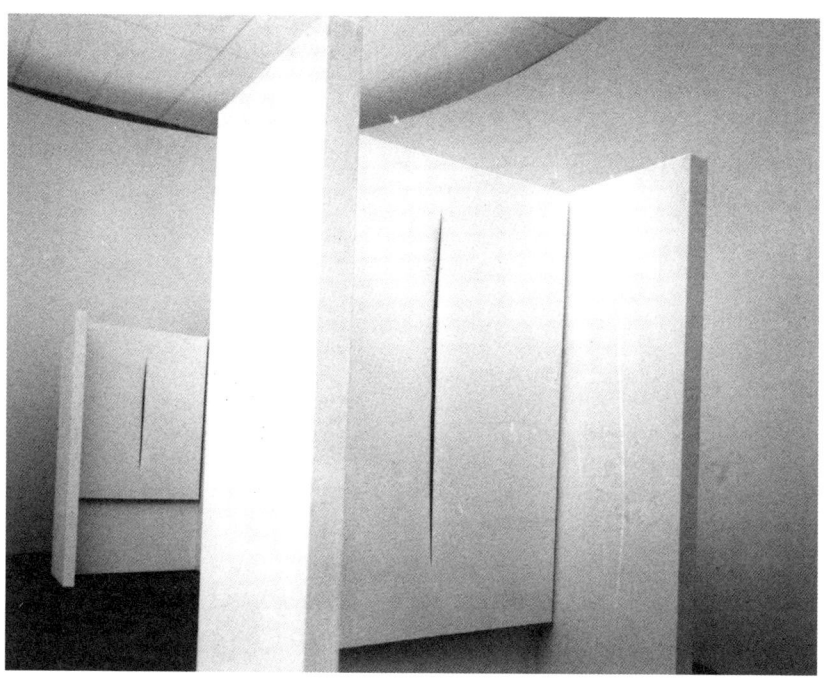

Structures pour les tableaux de la salle de Lucio Fontana,
XXXIIIe Biennale de Venise, 1966

Dans un long entretien avec la critique d'art Carla Lonzi (1931-1982), c'est Fontana lui-même qui fait son auto-critique, s'exprimant en toute liberté à propos de cet environnement. « C'était vraiment une construction, c'était vraiment des structures. J'ai placé les fentes à l'intérieur parce que j'ai eu deux ou trois projets. J'ai peut-être fait le moins révolutionnaire parce que, tu sais, on est toujours un peu effrayé par ses propres propositions. J'ai fait ces espaces avec une fente à l'intérieur, ce sont des constructions. Mais j'avais imaginé une forme entièrement ovale. Si j'avais fait cela aujourd'hui, je serais content. Au contraire, j'ai changé d'idée en écoutant les suggestions des uns et des autres. Et j'ai fait une erreur parce que si j'avais uniquement fait cet ovale, sans les tableaux à fentes, construit dans une forme nouvelle, cela aurait été peut-être mieux. Plus novateur, mais cela ne veut rien dire, tu sais. L'important, c'est d'avoir réalisé cette salle sans tableaux, comme un environnement, comme une pensée pure, tu comprends ? Ils ont donné le prix [de la Présidence du conseil des ministres] à [Julio] Le Parc pour des œuvres que j'aime beaucoup, mais au fond, ce sont des objets. Au contraire, c'était la fin de l'objet, c'était un environnement cosmique, entièrement blanc. Comme je te l'ai dit, le blanc n'a aucune importance, cela aurait pu être rouge ; l'important c'était de ne pas mettre de tableaux. [...] Ici, à Venise, cela a été enlevé un peu comme cela en deux jours, mais c'était l'idée qui comptait »[8].

Pour conclure sur cette collaboration attentive et réussie, dans la mesure où la réalité de la construction met en évidence les contradictions d'un projet qui s'est vu attribuer le Grand Prix de Peinture, laissons la parole au poète et critique d'art Pierre Guéguen (1889-1965) : « Ces dernières années, la peinture trouée de Fontana a évolué et est devenue littéralement une peinture au couteau, celui-ci n'étant plus destiné à maçonner la couleur, mais à percer de blessures parallèles (avec les lèvres des vraies blessures) un tableau de couleur à peu près unie. [...] Ces mouvements sont dans l'air du temps. Et Fontana peut s'enorgueillir d'être d'accord avec le plus grand architecte de l'époque, Le Corbusier. [...] On sait, en effet, que l'une des plus grandes originalités et trouvailles de la Chapelle de Ronchamp a consisté à percer de trous inégaux certaines façades. Ces *jours* permettent à la lumière d'éclairer avec retenue l'atmosphère volontairement obscure de l'intérieur. Rencontre de luminosités en des Arts différents »[9].

NOTES — •

1
Mario Marcazzan, Gian Alberto Dell'Acqua, XXXIII^a Esposizione Biennale Internazionale d'Arte, cat. exp., Venise 1966, p. XXII, XXVI et XXVII. Voir aussi sur cette Biennale le film de Jef Cornelis disponible dans le DVD *Summer of 1966*, bdv (bureau des vidéos)/JRP| Ringier, Paris/Zurich 2013.

2
Gillo Dorfles, XXXIII^a *Esposizione Biennale Internazionale d'Arte*, op. cit., p. 43-44.

3
Pierre Restany, « L'*homo ludens* contre l'*homo faber* », *Domus*, n°441, août 1966, p. 40.

4
« Progetto per ambiente alla Biennale di Venezia s.d. (1966) » in Gloria Bianchino, *Lucio Fontana. Disegno e materia. Le Opere delle collezioni CSAC*, CSAC/Skira, Parme/Milan 2009, p. 223-228.

5
Carlo Scarpa, *Notula delle miei prestazioni* adressée a la direction administrative de la Biennale de Venise, datée du 19 octobre 1967, Archives Carlo Scarpa, MAXXI– Collezione Architettura, Rome.

6
Luciano Fabro, « A proposito degli ambienti di Lucio Fontana », in *L'uomo nero*, n°1, juin 2003, p. 85-86, cité par Paola Valenti, *Luciano Fontana in dialogo con lo spazio : opere ambientali e collaborazioni architettoniche 1946-1968*, De Ferrari, Gênes 2009, note 243, p. 180-181.

7
Lucio Fontana, dessin autographe publié par Enrico Crispolti et Rosella Siligato, in *Lucio Fontana*, cat. exp., Palazzo delle Esposizioni, Rome, 3 avril-22 juillet 1999, Electa, Milan 1999, p. 172. Publié aussi par Paola Valenti, op. cit., p. 161.

8
« Entretien avec Carla Lonzi » 1967. Version originale retranscrite par Paolo Campiglio en 2007, publié dans *Lucio Fontana, Sedici Sculture (1937-1967)*, Edizioni Amadeo Porro Arte moderna e contemporanea, Milan 2007, et dans *Écrits de Lucio Fontana*, Les presses du réel, Dijon 2013, p. 342-343.

9
Pierre Guéguen, « Lucio Fontana l'innovateur », in *XXe siècle*, n°12, mai-juin 1959, p. 72.

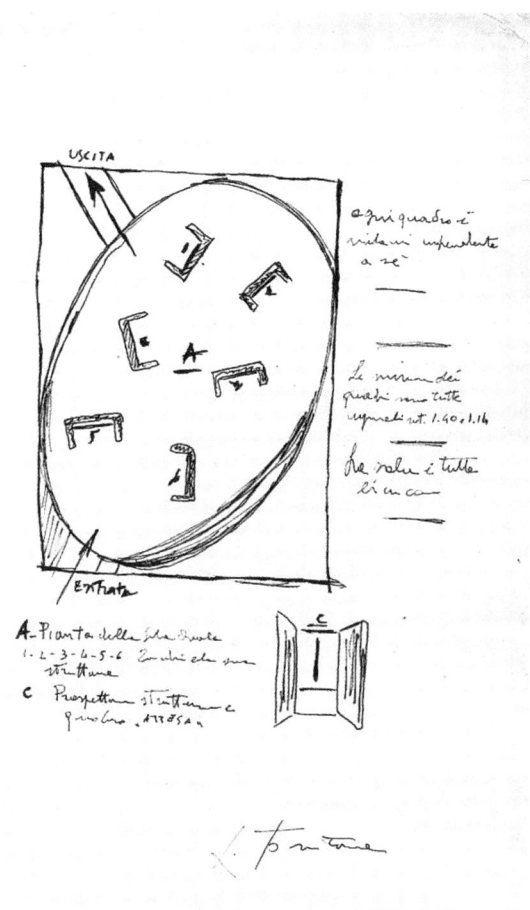

Plan de la salle ovale et perspective de la structure pour chaque tableau pour l'exposition de Lucio Fontana à la XXXIIIe Biennale de Venise, c. 1966

Encre sur papier

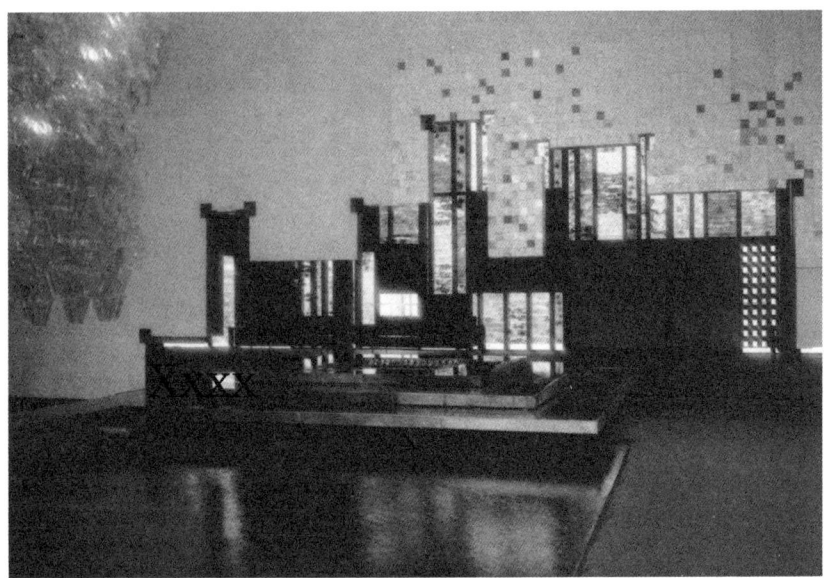

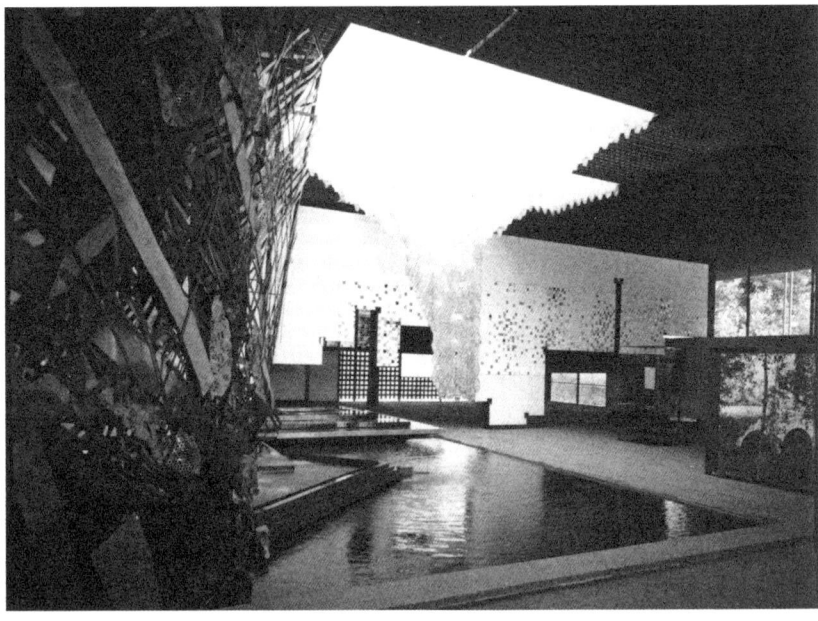

Exposition *Il senso del colore e il dominio delle acque*, Pavillon de la Vénétie, *Italia 61*, Turin, 1961

Une heure avec Carlo Scarpa

1972

Carlo Scarpa — Comment arrive-t-on à faire (de) l'architecture ? Ce n'est pas une plaisanterie ! Ça arrive. Ça pourrait m'arriver à moi aussi. C'est possible. Malheureusement, je me suis beaucoup occupé d'expositions, de musées aussi. Maintenant, j'ai des invitations pour faire d'autres musées, deux autres. Mais j'ai toujours affaire à des lieux d'ores et déjà construits : comment fais-je pour les transformer ? Ceci est lié un peu à tout le bagage dont je suis fait, le bagage de la tradition, le bagage des connaissances, les composantes que l'architecture moderne nous a – comment dire ? – fait absorber par osmose.

Narrateur (voix-off) — Carlo Scarpa, architecte vénitien. Plus de trente ans d'activité ininterrompue dans le domaine de la scénographie de Biennales et d'expositions – comme par exemple *Italia 61* à laquelle se réfèrent ces images – mais surtout chercheur attentif et profond des valeurs qualitatives de l'architecture.

Carlo Scarpa — Alvar Aalto a reçu des applaudissements à tout rompre. Il a commencé ainsi : « L'architecture, c'est une chose très difficile ! ». C'est une chose très, très sérieuse. J'ai été passionné dès l'enfance, si je peux me permettre le luxe de dire cela. Quand j'habitais à Vicence, j'avais six ou sept ans, je me souviens – c'est même mon souvenir préféré, et j'aime le raconter – que je jouais aux billes entre les colonnes attiques du Palais Chiericati. Je pense que ça m'a pris très tôt, j'aimais beaucoup les colonnes, leurs soubassements, marcher sous les arcades. Quand je suis allé à l'Académie – quand on va à l'Académie, on ne sait pas très bien si on sera peintre, sculpteur, architecte, du moins dans l'ancien temps, oserais-je dire, parce que maintenant tout a changé, beaucoup changé –, à un moment donné, après les trois, quatre, premières années de cours communs, je devais faire mon choix. J'ai alors choisi l'architecture comme un besoin. Comme ça. Ça me paraissait naturel. Également parce que, comme je peignais aussi – j'avais appris les premiers rudiments de la peinture –, j'avais compris que je n'y aurais pas réussi. Mais, ça [l'architecture] m'amusait beaucoup, ou plutôt ça me plaisait. On ne peut pas parler de divertissement. Toucher les choses, les mesurer. Nous faisions des relevés. Je pense que c'est comme ça. Maintenant, c'est ma vie. Je vivais alors à Vicence, où j'ai passé mon enfance, et à l'âge de treize ans, après la mort de ma mère, je suis allé à Venise et je suis entré à l'Académie, et la ville, bien sûr, m'a envoûté. En effet, il y a peut-être en moi un certain byzantinisme, une analyse obstinée du détail et Venise se prêtait à cette étude. Quand je suis allé à Florence pour la première fois, je me suis aussitôt rendu compte de l'énorme différence architecturale entre les deux villes. Je ne veux pas dire par là que l'architecture toscane ne m'ait pas touché. Mais cette exactitude, cette sûreté qu'ils ont, ne correspondent pas véritablement à ma forme d'esprit. Je pense que peut-être je suis vraiment né vénitien. C'est un milieu dans lequel je me sens bien.

BRUNO ZEVI — Ce sont quelques-unes des toutes premières œuvres de Carlo Scarpa. Mais le souvenir le plus significatif qui me soit resté de la phase initiale de son travail remonte à 1951, quand Frank Lloyd Wright est venu à Venise. Le génial architecte américain voulut visiter la fabrique de verre Venini à Murano et, alors qu'il explorait l'atelier, il vit un meuble où étaient conservés des vases réalisés de nombreuses années auparavant. Il les regarda, stupéfait par leur forme et leur couleur. Il voulut les acquérir sur le champ, sans savoir qui en était l'auteur. Personne ne s'en souvenait. Plus tard, on découvrit que c'était Carlo Scarpa qui les avait dessinés. De ses premières expériences à caractère artisanal jusqu'à ses dernières architectures, Scarpa reste un cas unique en Italie, dans la profession, comme dans l'enseignement. Scarpa, en effet, n'a jamais obtenu son diplôme d'architecte, il n'a pas écrit – pas un livre, pas même un article ! –, et pourtant il est professeur ordinaire titulaire et, aujourd'hui, directeur de l'Institut universitaire d'architecture de Venise. Il y a vraiment de quoi s'en réjouir, parce que dans un pays aussi bureaucratisé que le nôtre, le fait que, pour une fois, les mérites réels prévalent sur les titres académiques est véritablement stupéfiant.

PAOLO PORTOGHESI — Le rôle de Scarpa dans l'architecture moderne italienne est double et, en un certain sens, contradictoire. D'une part, on ne peut dire que du bien de Scarpa parce qu'il est aujourd'hui l'un des rares qui continue à parler de l'architecture en son nom propre, prenant tous les risques sur ses épaules et qui réussit – en obtenant des résultat d'une qualité exceptionnelle – à démontrer que l'architecture existe encore, qu'elle peut même être encore une valeur, un moyen de connaissance et d'enrichissement de l'expérience humaine. De l'autre, Scarpa est indubitablement un aristocrate. Il est lié, pieds et poings, à une tradition artisanale très ancienne, celle de là où il est né. Il a absorbé, il s'est imprégné des éléments vitaux de cette tradition, d'une énorme importance mais, en un certain sens, il est entravé par ses racines quand il s'agit d'affronter des thèmes différents, de plus grande ampleur, de plonger les mains dans cette thématique plus universelle qui, pour les architectes des dernières générations, est peut-être plus importante que celle de la qualité. Il est cependant difficile de dire si le fait que Scarpa ait si peu construit, si le fait qu'il ne soit présent avec une œuvre importante dans aucune ville italienne, est la conséquence de son choix aristocratique ou plutôt une preuve de la manière dont, en Italie, les valeurs architecturales sont peu ressenties par la conscience collective, se heurtent à des oppositions continuelles dans toutes les institutions publiques. Et donc comment, très souvent, ces extraordinaires énergies vitales qui y sont encore, sont dilapidées, inutilisées. Je crois que Scarpa pourrait construire pour beaucoup de villes italiennes des choses de très haute valeur, utilisables par la communauté, et que s'il n'en est rien, cela ne peut être imputé seulement à sa paresse.

NARRATEUR (VOIX-OFF) — L'activité muséographique de Scarpa, qui commença par l'installation des Biennales et d'expositions de types divers, se poursuit et s'amplifie avec l'adaptation définitive d'édifices préexistants – le Palais Abatellis à Palerme en est un exemple – aux exigences d'une muséographie esthétiquement respectueuse du contexte et, surtout, créatrice et critique dans la présentation des œuvres.

BRUNO ZEVI — Comme on le sait, Scarpa a acquis une renommée internationale en matière de muséographie. Dans ce domaine, sa meilleure réalisation est sans aucun doute le musée d'art ancien de la Galerie régionale de Sicile, au Palais Abatellis à Palerme. On peut donc se demander : qu'est-ce qui différencie cet architecte de tous les autres ?

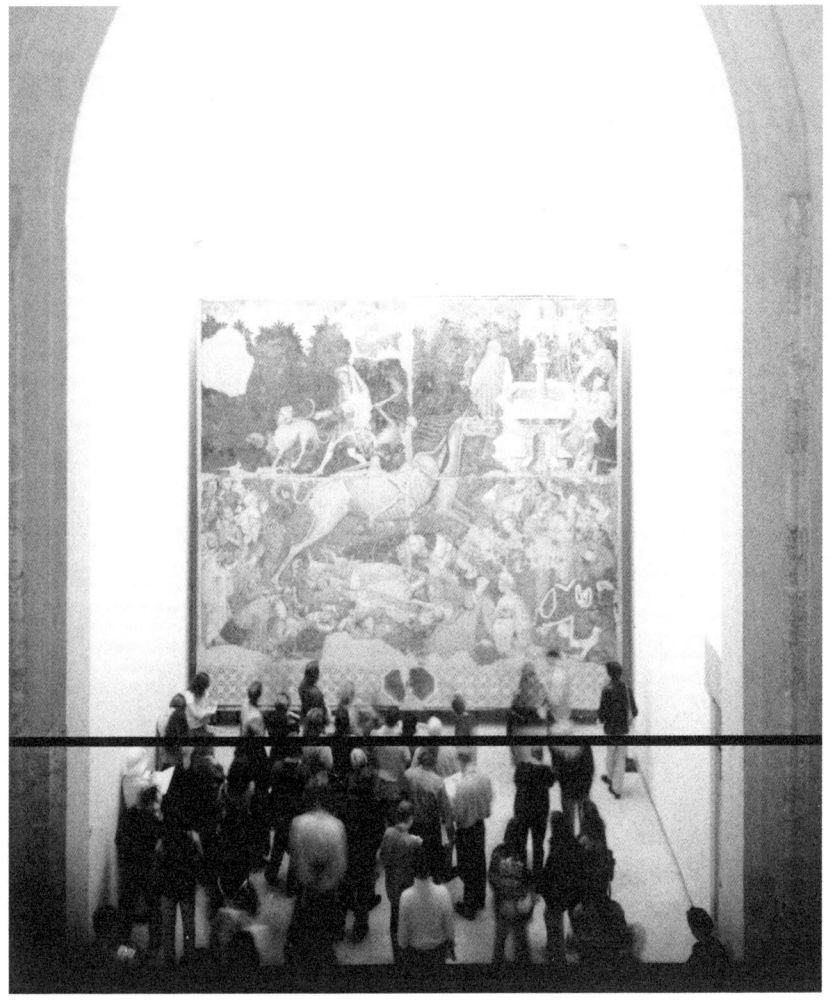

La salle du *Triomphe de la Mort* (XVe siècle), Palais Abatellis, Galerie régionale de Sicile, Palerme

La grande fresque est fixée sur un châssis métallique tubulaire.
Elle peut pivoter comme une porte pour être visible de dos. Un double vélum
tendu à la base de la coupole assure un éclairage naturel uniforme.

Photographie de Guido Guidi

Quelles qualités possède-t-il que n'ont pas ceux qui travaillent sur les mêmes questions ? La réponse est évidente : Scarpa aime la peinture et la sculpture. Il situe les œuvres dans l'espace où il les met en scène sur les murs en fonction de leur message esthétique et humain. Pour les autres, un tableau n'est généralement qu'un simple rectangle, un trou dans le mur : qu'il soit beau ou pas n'a guère d'importance. Voilà la différence. Le musée du Palais Abatellis est aussi remarquable sous un autre aspect, la relation entre le langage ancien, très original, de Matteo Carnelivari – l'homme qui l'édifia au XVe siècle – et l'intervention moderne. Les huisseries dessinées par Scarpa, en particulier les fenêtres, ne miment pas et ne recherchent pas le contraste dialectique avec les formes de la Renaissance sicilienne ; elles dialoguent avec elles, en une sorte de stimulation réciproque, comme si elles s'exaltaient les unes les autres.

NARRATEUR (VOIX-OFF) — Pour le Palais Abatellis, Scarpa, si fortement lié à la tradition vénitienne, s'était projeté vers le Sud, faisant la démonstration de sa sensibilité envers cette culture si éloignée de lui, la Renaissance sicilienne. C'est à Possagno que Scarpa, au contact des paysages de la Vénétie intérieure, de la terre ferme de la Vénétie et de l'art de Canova, a construit l'œuvre qui, à notre avis, exprime plus que toute autre les qualités de cet architecte qui possède l'art de se servir de la lumière, de la couleur, de la plasticité de la matière, pour former un tout qui en synthétise dialectiquement les diverses composantes. [Il est question de la Gypsothèque Canova à Possagno et de son agrandissement par Carla Scarpa.]

CARLO SCARPA — J'avais remarqué que dans la Gypsothèque – la grande, l'ancienne –, le fond de la salle était d'un gris bleu pâle ou tirant sur le bleu parce que, selon un principe vaguement XIXe siècle, on avait pensé que le blanc des plâtres se détacherait mieux sur un fond sombre. Mais j'étais contre cette idée, parce que j'y trouvais une grande froideur ; cela créait une atmosphère glaciale. Et comme j'aime beaucoup le blanc – une matière que l'on a toujours utilisée en Vénétie, je pense en particulier au stuc « marmorino » –, j'ai alors fait un échantillon et j'ai appelé les surintendants des Beaux-Arts pour qu'ils jugent de l'opportunité de s'en tenir au blanc. Et ils ont trouvé le résultat objectivement excellent. La rue qui est parallèle [à la Basilique du XIXe siècle] descend en pente et j'ai voulu en profiter pour créer un mouvement planimétrique. Dans la grande salle [de l'extension de la gypsothèque], j'ai imaginé une lumière venant du haut, mais qui ne serait pas donnée par les habituels lanterneaux, qui sont souvent défectueux et d'un effet déplorable en cas de pluie. Alors j'ai inventé cette fenêtre qui rentre à l'intérieur, pour ne pas avoir de vitres sur la façade. Au lieu d'en faire quatre symétriques, parce qu'ici je n'avais pas la même hauteur, j'ai pensé faire quelque chose en haut, tout là-haut, ça me semblait d'un effet très suggestif. Le jour de l'inauguration, le ciel était d'un bleu magnifique et on aurait dit – les vitres étaient parfaitement transparentes, très propres – qu'il était découpé en tranches. Et naturellement nous avons placé les sculptures d'une certaine qualité, en faisant des recherches de perspective, de manière à ce que l'on puisse voir d'un seul coup tout l'ensemble. Dans ces petites vitrines, il y a des modèles en terre cuite, très beaux.

Il me paraissait logique de relier le nouvel édifice à l'ancien, de le rapprocher. Avant la réalisation de ce bâtiment, celui-ci [la Basilique du XIXᵉ siècle] était isolé, parce que l'ancienne salle [préexistante, destinée à faire partie des agrandissements], qui était un peu plus grande que celle-ci, était déjà attenante à cet endroit-là. Nous n'avons rien abîmé, bien que ce ne soit pas un édifice historiquement irréprochable au point qu'il ne puisse pas être touché. Il y a ici des incohérences, des conduits d'évacuation des eaux : il faudrait qu'ils soient cachés, mais je n'ai pas voulu prendre la responsabilité de toucher aux choses du passé.

NARRATEUR (VOIX OFF) — Le Musée de Castelvecchio à Vérone est une autre étape du travail muséographique de Scarpa, ici au contact d'une ville aux caractères typiquement médiévaux. Une architecture de pierre, vigoureuse, dépourvue de toutes les subtiles ambiguïtés du byzantinisme vénitien.

LICISCO MAGAGNATO — En 1957, précisément à la veille de l'exposition *Da Altichiero a Pisanello*, j'ai proposé à l'administration que la restauration du musée et du château soit confiée à Carlo Scarpa. Le seul point sur lequel nous étions d'accord était qu'il fallait se débarrasser de tous les ajouts récents, revenir à l'ancien et adapter le musée au château et non l'inverse. Faire en sorte que les œuvres d'art vivent dans le château auparavant restauré. Les interventions de Scarpa sont toujours une dialectique avec l'environnement préexistant. Par exemple, les murs de la cour forment – comme on le voit – une sorte de trapèze : il intervient sur le plan en dessinant un rectangle rigoureux. Et ce rectangle rigoureux sert précisément à faire sentir que ce qu'il y avait avant se comportait tout à fait différemment. C'est pourquoi son intervention contraste avec le reste. La même chose se vérifie, par exemple, à propos des fenêtres. Il y a des fenêtres gothiques que l'on voit de l'intérieur : celle qu'il place

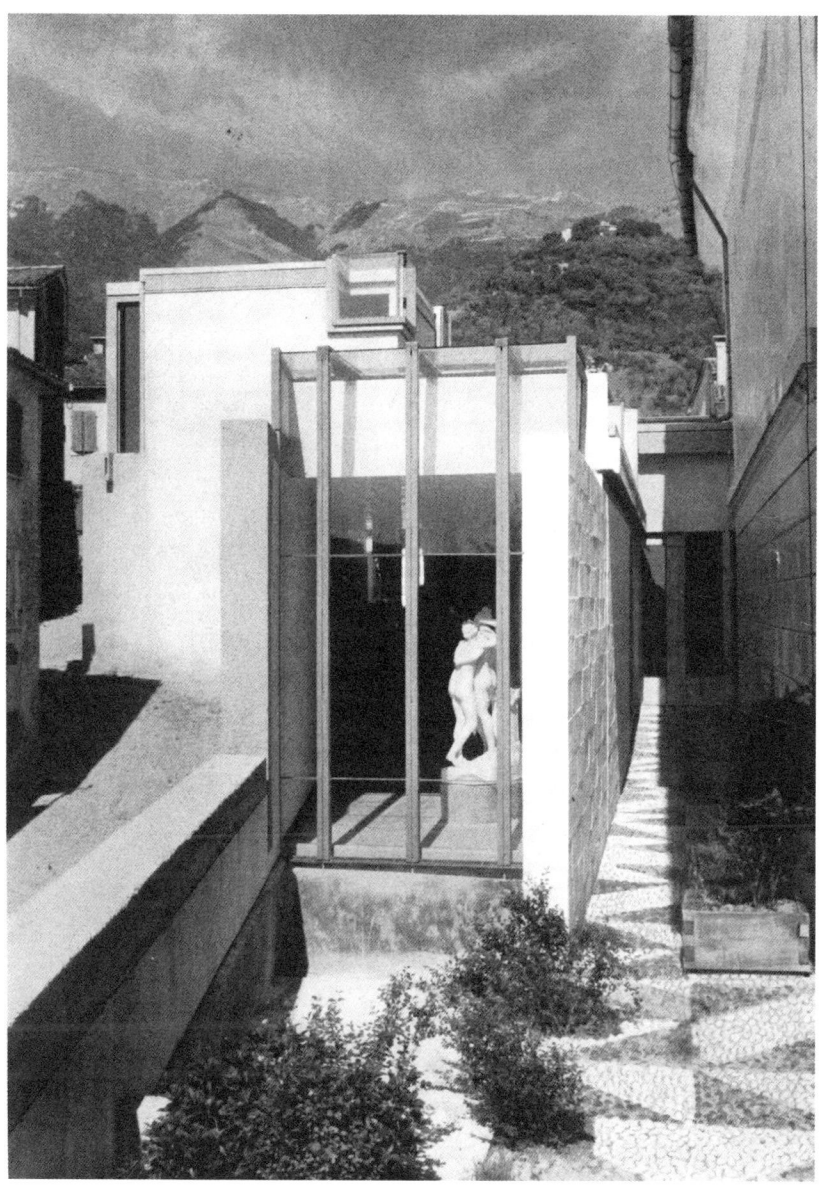

Vue générale de la Galerie de la Gypsothèque Canova, Possagno

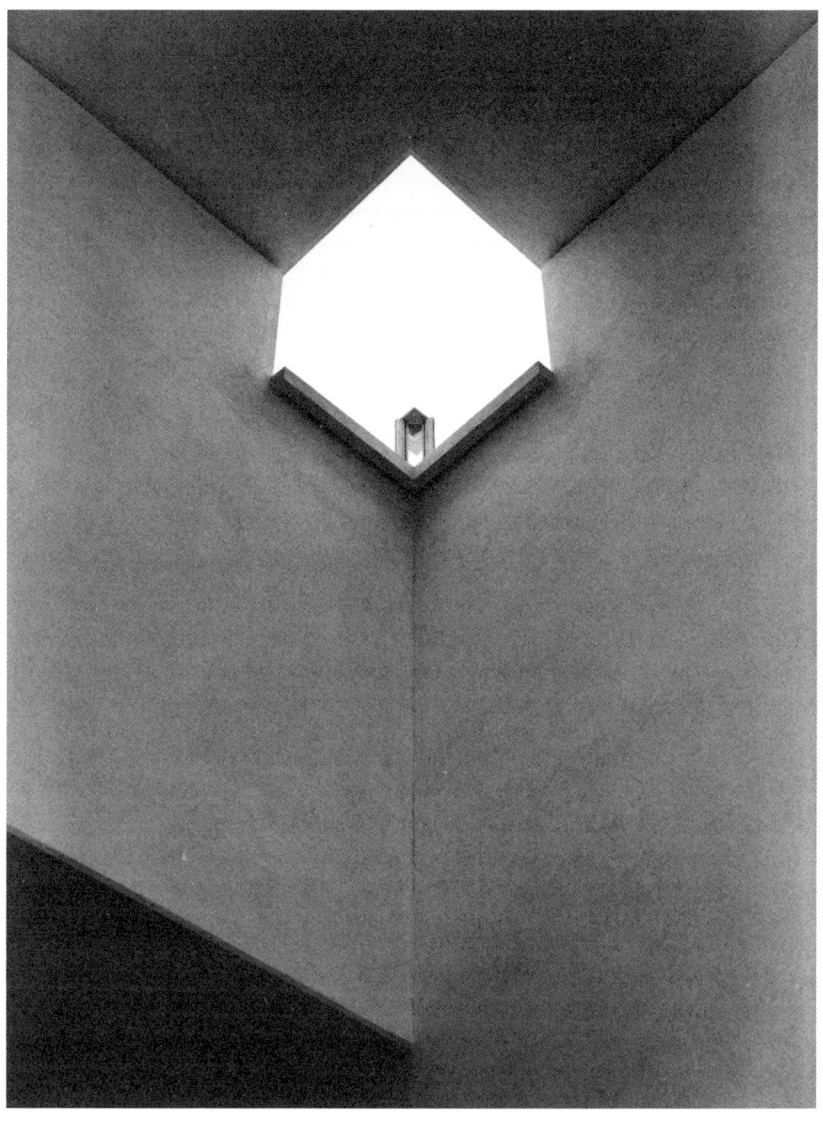

Fenêtre d'angle haute de la Galerie de la Gypsothèque Canova, Possagno

ici est une fenêtre d'un néoplasticisme rigoureux, qui contraste nettement avec l'autre période historique. Tout son travail de restauration du château s'est fait sur ce mode. D'un côté, donc, mettre l'ancien en évidence ; de l'autre, insérer le nouveau, dont la contiguïté avec les parties anciennes crée un contraste dialectique sur les points les plus intéressants de son travail. Par exemple, dans l'aile de la Galerie, il a créé deux charnières, nettes, qui séparent le nouveau du bâti médiéval, deux charnières où il élabore des solutions – souvent même très compliquées – mais qui ne s'appuient jamais aux murs de l'ancien, qui le frôlent. Deux charnières à l'endroit où il a placé la statue de *Cangrande* et où il a isolé une tour dans laquelle il fait un escalier, une bibliothèque. À l'endroit précis où nous nous trouvons maintenant.

NARRATEUR (VOIX-OFF) — Les nécessités techniques de la restauration de Castelvecchio amènent l'architecte à expérimenter une technologie souvent audacieuse dans le contexte d'un bâtiment historique. C'est le cas de la poutre qui soutient le sol abaissé de l'étage supérieur courant tout le long du plafond de la grande galerie. Avec quelques astuces chromatiques, Scarpa parvient à donner au métal froid une allure qui fait de la poutre elle-même un objet de musée, qui s'accorde aux socles des statues qu'il avait personnellement dessinés jusque dans leurs plus infimes détails.

CARLO SCARPA — Ce petit veau, ce jeune taureau – il est très beau –, on lui a retiré les cornes. Alors j'ai proposé d'en mettre au moins une, dorée. Parce que le musée en avait deux : l'une provenait de Thiene [en Vénétie], ils l'ont ramenée à Thiene ; elles étaient placées ici. J'ai une grande passion pour l'œuvre d'art. J'ai toujours cherché à connaître, à savoir, à comprendre, et il me semble aussi que j'ai personnellement d'assez bonnes connaissances critiques. Je ne sais pas écrire, je ne pourrais pas écrire un article critique, mais je ressens vivement ces valeurs. Et alors elles m'émeuvent. En fait, je préfère faire un musée plutôt que des gratte-ciels. Logiquement, ce devrait être le contraire, parce que, dans ce cas, il serait possible de créer tandis que, dans l'autre, on s'adapte et on s'apprivoise aux choses existantes. On pourrait dire aussi que l'on fait du mimétisme. Non pas de l'ordre du formel, c'est-à-dire de l'identique, mais on essaye de donner une interprétation. Lorsqu'il s'agit de placer des œuvres d'art, le sens critique du muséographe peut avoir un rôle très important ; ça peut être une façon de les interpréter et de leur donner un positionnement beaucoup plus brillant, en un certain sens. Mais tout à l'avantage de l'œuvre, naturellement, et non de l'emplacement en soi.

Dans une œuvre qui n'est pas forcément exceptionnelle, on peut toujours trouver quelque chose qui ressortira mieux au sein d'un ensemble. Il n'est pas nécessaire que l'œuvre soit éminente en termes absolus et, d'ailleurs, il n'y a pas toujours des œuvres de haute qualité. Voyez cette solution [le revers de la *Statue de Sainte Cécile* dans la Galerie du rez-de-chaussée] : ces lignes verticales qui descendent sur ce plan, à plat, ici, comme ceci qui devient plat ici aussi, me semblaient importantes, très importantes. Et il me semble que c'est un avertissement critique pour qui regarde cette œuvre. J'aurais dû la retourner, j'aurais dû la voir de face. Mais je crois que je n'aurais pas saisi l'essentiel de cette forme que je viens de vous montrer. Tandis que si le visiteur la perçoit en entrant – si moi je la lui fais remarquer avec ce point de vue critique –, il doit en ressentir la qualité particulière. Alors, peut-être, il revient la regarder encore. Il se retourne pour saisir certaine finesses extraordinaires d'exécution : cette chute de ce petit ruban qui referme ici. Elles sont disposées orthogonalement à la salle. J'aurais pu les placer en diagonale, comme on le fait souvent pour les statues, mais il me semble que c'est au visiteur de faire ce mouvement. Il essaie de regarder à droite et à gauche, il bouge. Et donc je voudrais dire qu'ausculter certaines qualités d'un objet plastique, que ce soit une sculpture ou une peinture, peut aider intuitivement à trouver comment le placer. Cette étrange fenêtre ? La portée préexistante était celle-ci, mais on voyait alors ces choses ignobles – il faudrait les photographier. Alors, en faisant seulement ainsi, je me suis rendu compte que, de cette façon, je voyais seulement le pont, et même que, en m'approchant, je pouvais profiter de la vue de San Zeno, de l'Adige qui coule. Et ces choses-là, on les oublie, on ne les voit plus.

NARRATEUR (VOIX-OFF) — Mais là où toute l'habileté de Scarpa muséographe semble s'exprimer, c'est dans l'installation de la statue symbole de Vérone, le [condottiere] *Cangrande della Scala*, qu'il a placée là au milieu, comme axe et charnière entre les différentes parties du château.

LICISCO MAGAGNATO — La mise au point du projet a pris beaucoup de temps. Parti de l'idée de refaire la flèche au sommet de laquelle est posée la statue équestre de Cangrande, à l'emplacement qu'elle occupe sur les « Arche Scaligere » [les tombeaux monumentaux de la famille Scaligeri], et qui était le sien avant d'être transférée au musée, il abandonna ensuite cette idée pour une solution à caractère rigoureusement muséographique. Ainsi la statue ne repose pas sur une base monumentale, mais sur un véritable support muséal. Et c'est précisément la forme

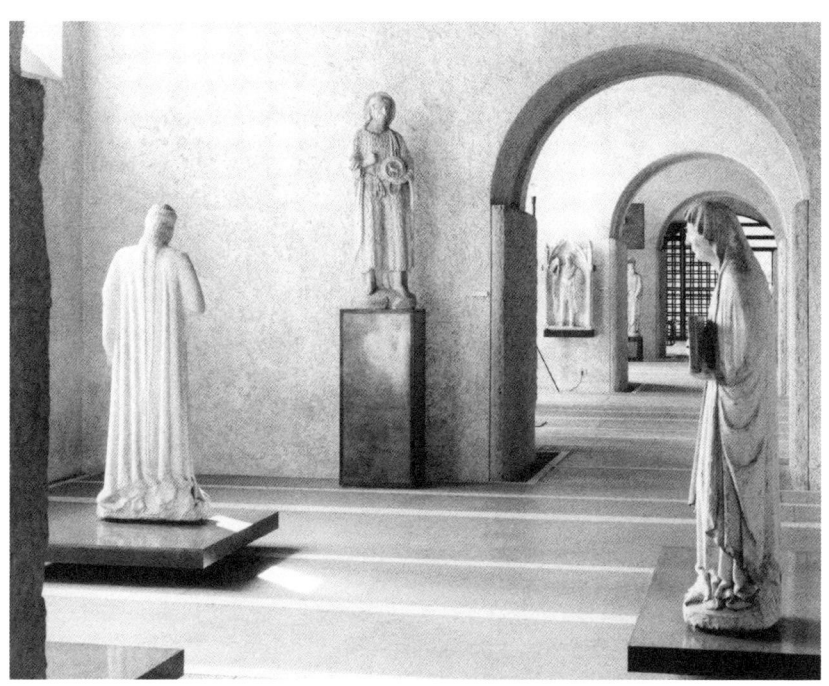

Salle de la *Statue de Sainte Cécile*, Galerie des sculptures, Musée de Castelvecchio, Vérone

La *Statue de Sainte Cécile* se trouve à gauche, de dos.

Photographie de Guido Guidi

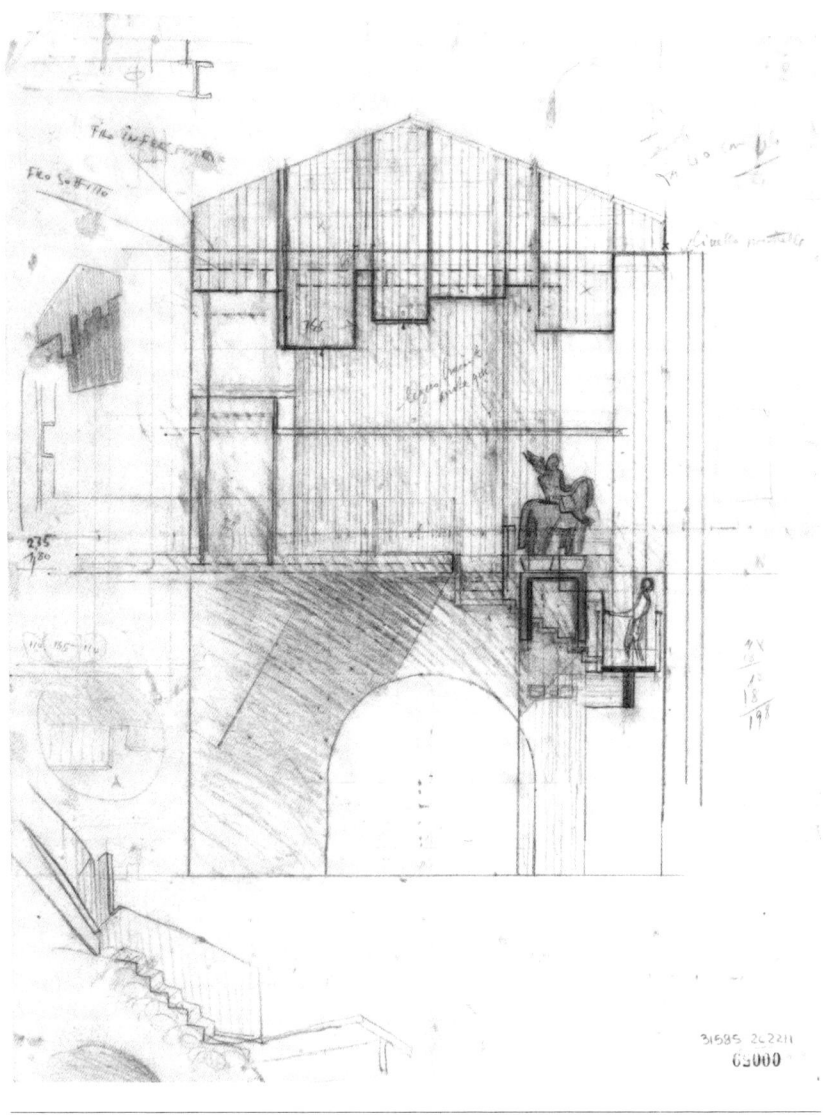

Coupe de l'aire d'exposition de la statue de *Cangrande della Scala* en correspondance avec la passerelle oblique, c. 1962-1964

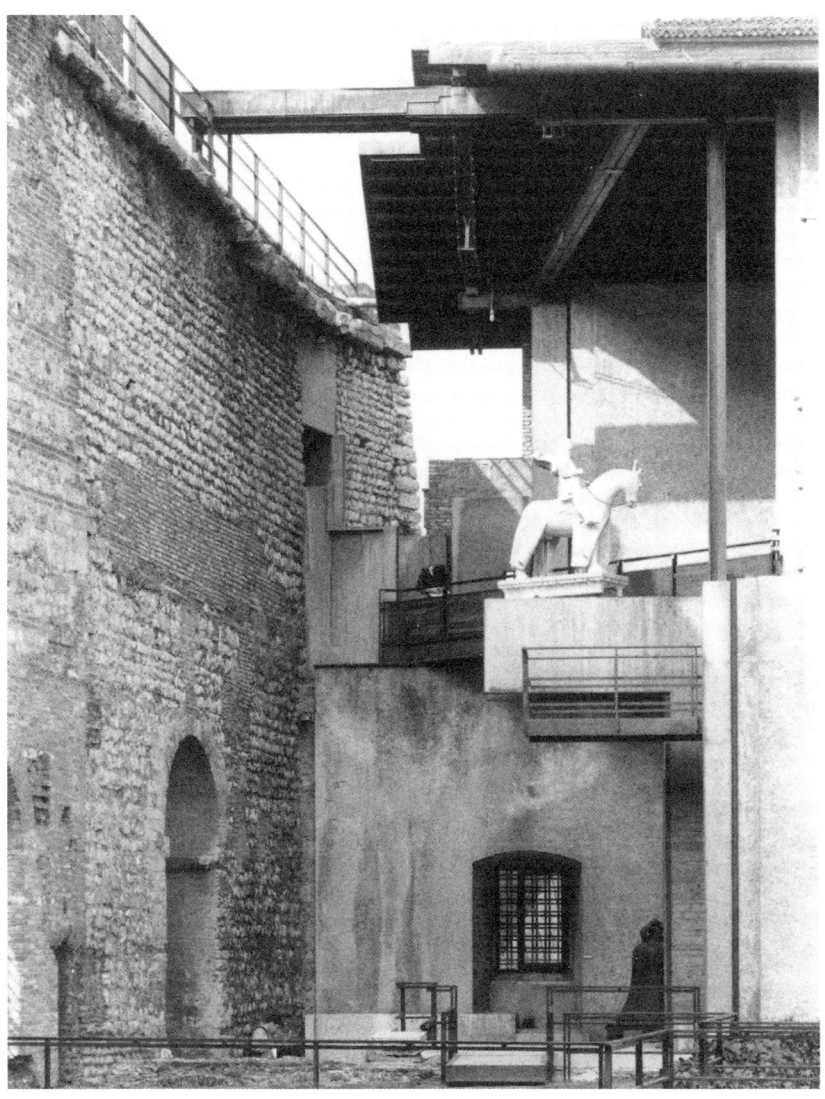

Installation de la statue de *Cangrande della Scala*, Musée de Castelvecchio, Vérone

Photographie de Guido Guidi

finale que nous voyons ici [sur le dessin], une forme dans laquelle l'élément architectural est dressé comme un objet que l'on offre. Ceci est d'ailleurs typiquement dans sa manière de faire les supports et d'offrir l'objet au visiteur. Voilà pourquoi le *Cangrande* est situé comme ça. C'est ce que l'on voit en élévation, mais ça se voit encore mieux en planimétrie. La statue est placée dans une position qui peut être retournée dans tous les sens, nous pouvons la voir d'en haut, d'en bas, de droite et de gauche, dans toutes les positions, précisément comme un objet enveloppé dans le regard du visiteur. Il est d'ailleurs singulier que ces dessins, qu'il a réalisés pour déterminer l'emplacement de la statue, présentent des analogies avec ceux qu'en son temps Ruskin avait fait de ce monument. Et c'est là, je crois, un indice de la veine culturelle de Scarpa, qui le lie profondément à Ruskin dans un même amour des formes gothiques et de la matière même des monuments. Je pense que, parfois, sa manière de travailler est mal interprétée. Elle est mal interprétée parce qu'on pense qu'il aime les matières précieuses. Non. Il aime la matière pour elle-même, qui peut être la matière brute, le ciment béton, la terre cuite, la brique, la pierre – il l'aime pour elle-même – et il l'élabore en des formes qui sont adaptées de la matière même.

NARRATEUR (VOIX-OFF) — Depuis de nombreuses années, Scarpa est chez lui à la Biennale de Venise, le lieu de ses expérimentations les plus intéressantes, auxquelles sa notoriété se nourrit constamment.

CARLO SCARPA — C'était en 1948, il y a plus de vingt ans désormais. À part l'avant-dernière [la Biennale de 1970] et celle de 1956 parce que j'étais à l'étranger. Quels rapports peut-il y avoir entre l'installation d'une exposition de ce type et les installations des musées dont je me suis occupé aussi par le passé ? D'abord, il y a une différence énorme : dans les musées, les auteurs sont tous morts et ici nous avons affaire à des vivants. Alors ces messieurs m'ont fait observer que, je ne dirais pas leur exigence mais leur désir idéal, serait d'avoir une salle fermée, une seule porte d'entrée. Tandis que, par exemple, de nombreux architectes défendaient l'idée du plan libre pour des expositions ou des salles de musées, nous avons finalement dû convenir que le plan libre n'est pas du tout adéquat pour les expositions d'auteurs vivants. J'ai eu souvent aussi des conflits, et nous avons même dû faire des modifications importantes, qui plus est dans les dernières heures du chantier, très dramatiques dans ce genre de cas.

NARRATEUR (VOIX-OFF) — Dans le cadre de la récente Biennale [1972], Scarpa a installé une petite salle où sont exposées les interventions des maîtres de l'architecture moderne à Venise. On peut également y voir l'ensemble du projet de Frank Lloyd Wright pour la fondation Masieri qui fit l'objet d'âpres polémiques et dont la condamnation restera à jamais l'un des plus brillants exemples de la cécité des administrateurs de notre patrimoine artistique.

CARLO SCARPA — L'affaire Masieri est très simple. Entre Ca' Foscari et le Palais Balbi, se trouvait la propriété de la famille Masieri, une petite maison qui, après les tristes événements qui frappèrent la famille, fut donnée à l'Institut universitaire d'architecture de Venise pour en faire une fondation à la mémoire d'Angelo Masieri, destinée au logement des étudiants de notre institut. La maison est très petite, sa planimétrie est irrégulière – un triangle –, on le voit très clairement ici, sur les dessins qui d'ailleurs nous furent envoyés vingt jours après que ce projet ait été commandé à Frank Lloyd Wright. Le Palais Balbi est ici. La jonction avec la propriété, l'accès à l'immeuble étaient ici, dans ce sens [le long de la *calle*]. Nous avons conseillé à Frank Lloyd Wright de ne pas l'utiliser pour garder des possibilités d'ouvertures de fenêtres si besoin était. Il nous a envoyé le projet, qui consiste en quelque chose de très petit, mais qui effraya toute l'Italie à ce moment-là parce que, dans la perspective qui fut publiée, on voyait l'altimétrie entre le Palais Balbi et la tour – la petite tour de cette petite maison – presque à la même cote. Alors que c'était faux, et une photographie permet de le démontrer : ici, on a un rapport de proportions exact entre ce qu'aurait été l'édifice de Frank Lloyd Wright, le Palais Balbi et la Ca' Foscari. Pour Frank Lloyd Wright, la façade devait présenter – il le dit lui-même – comme de très fins pilastres, comme des pousses de riz sortant de l'eau, avec des balcons en saillie. Ici, dans cette position, on a une vue merveilleuse sur le Canal Grande. Je pense que Venise est une ville qui accepterait, mieux que n'importe quelle autre ville italienne, l'expression moderne de l'architecture. Prenons certains aspects, les non-symétries, la grande variété des altimétries, les constructions hautes et basses, les rues larges et étroites, les très beaux espaces intérieurs : si on pouvait récupérer dans le tissu historique des parcelles de ce type, il ne devrait y avoir aucune crainte de défigurer la ville, à condition qu'il s'agisse d'un projet digne de ce nom.

NARRATEUR (VOIX-OFF) — Quand on parle de Venise, de sa mort, on oublie presque toujours qu'il y a deux types de destructions : celle qui est en cours dans les rez-de-chaussée, avec ces magasins, ces boutiques et ces restaurants qui cèdent de plus en plus au mauvais goût imposé par la société de consommation, et celle causée par les restaurations faussement historiques qui éventrent les vieux passages et les bâtiments en ne tenant absolument pas compte de la nécessité d'une évaluation critique de ce qui doit être restauré. Les interventions de Scarpa vont à contre-courant de ces deux tendances, en particulier le magasin Olivetti aux Procuratie Vecchie de la place Saint-Marc, et la restauration de l'entrée de la bibliothèque et du Palais Querini [aujourd'hui Fondation Querini Stampalia].

GIUSEPPE MAZZARIOL — La signification critique de cette intervention concerne non seulement le bâtiment dans lequel nous sommes, le Palais Querini, mais la ville dans son entier. À mon avis, c'est un exemple pilote des restaurations que nous avons proposées au début des années 1960. Il s'agissait de rendre une demeure de cette importance adéquate à un usage actuel : en l'espèce, une bibliothèque et une pinacothèque installées sous un ample portique que le XIXe siècle – la seconde moitié du XIXe siècle – avait décoré à sa manière avec de petites perles de bois, de fausses colonnes, toute une scénographie véritablement ridicule. Ici où nous sommes, dans ce magnifique petit jardin, cette espèce de *hortus conclusus*, il y avait des bidons, des vieux bidons, il n'y avait pas d'arbres, naturellement, il n'y avait rien. D'ailleurs, le parterre n'était pas à la hauteur où vous le voyez aujourd'hui, c'est Scarpa qui l'a mis à ce niveau surélevé. Comment Carlo Scarpa aborde-t-il cette restauration ? Son intention est de restituer l'état d'origine de ce palais, ce qui doit l'être dans ce palais qui... depuis quand ? depuis les XIVe, XVe, XVIe, XVIIe, XVIIIe siècles... a vécu tant de siècles. C'est une espèce de palimpseste sur lequel chacun a écrit quelque chose. Avec une grande simplicité, Carlo Scarpa a dit : « Retrouvons dans ce palais les modes de vie, les mesures de la ville. Comment vit-on dans cette ville ? Quel est le premier problème qu'elle me pose ? L'accès. L'accès ne devra plus se faire par la *caletta* [la ruelle] : il se fera par le *campo* [la place]. Parce qu'au XIXe siècle, quand le comte Querini arrivait en gondole par les grandes portes sur le canal, le comte Querini entrait par le *campo*. Nous ferons un pont. Un autre problème : l'eau rentre, et l'*acqua alta* est de plus en plus fréquente. Nous allons faire en sorte qu'on puisse entrer sans se mouiller, bien entendu, mais sans empêcher l'eau de pénétrer par des *barrages* [en fr. dans le texte], parce que l'eau est une condition de la vie de Venise. Nous la ferons entrer jusqu'où il sera nécessaire ». Scarpa a donc fait des canalisations. Certes, nous devons pouvoir vivre ici, même si nous sommes au rez-de-chaussée. On dit qu'à Venise on ne peut pas vivre au rez-de-chaussée.

Non, il faut pouvoir y vivre ! Alors il a créé tout un système d'aération, derrière le badigeon, sur châssis, de telle manière que je n'ai pas constaté la moindre apparition de salpêtre, d'humidité ou autre. Pendant trois ans, Carlo Scarpa a travaillé aux côtés des ouvriers, et cela a pu se faire parce qu'il travaillait avec eux à partir d'un dessin. Pensez à celui, magnifique – aussi en tant que tel, en tant que dessin, qu'œuvre graphique – de la mosaïque du dallage, ici, de l'entrée.

Mais, pour Carlo Scarpa, le projet est un point de départ. C'est mettre en forme une première hypothèse qui – du moins dans l'expérience que j'ai eu lors de nombreuses occasions de travail commun – est ensuite systématiquement contredite au stade de l'exécution. Quand l'ouvrier commence à mettre en œuvre cette idée, l'architecte intervient et corrige. Il apporte les modifications nécessaires entre ce qui était l'hypothèse graphique et ce qui, à l'étape suivante, en est la réalisation formelle. Et il intervient aussi manuellement en se substituant, dans certains cas, à l'ouvrier et en lui indiquant comment il doit faire. Et il y a une communion entre l'ouvrier et ce maître à l'ancienne qui, parfois, est vraiment touchante. Tout un rapport s'instaure sur le chantier, un rapport particulier d'entente, d'intelligence commune des choses en train de se faire. Et très souvent, Scarpa accepte aussi des suggestions, des indications. Ceci le porte, naturellement, à ne jamais préétablir les temps d'exécution, qui, pour lui, pourraient se prolonger ad infinitum.

GINO ZANON — Je travaillais pour une entreprise, Ceccolin, dont lui, Scarpa, était le client. J'en ai ensuite pris la succession et j'ai continué – et mes fils aussi – à travailler pour Scarpa. Il fait toujours des choses nouvelles, il nous confie toujours des travaux très difficiles, mais nous nous mettons d'accord sur la manière de les construire, de les mener jusqu'au bout.

PAOLO ZANON — Voilà quinze ans, plus ou moins, que nous travaillons pour Scarpa. Nous avons commencé avec le magasin Olivetti sur la place Saint-Marc ; nous avons fait diverses choses pour le Palais Querini ; nous avons travaillé pour les Biennales, et aussi à Montréal au Canada. Nous avons également fait diverses installations. Le dernier chantier, c'est celui de San Vito, où nous sommes en train de faire toutes les parties en métal du cimetière [Tombe Brion]. Scarpa dessine des perspectives qui font très bien comprendre le travail qu'il y a à faire, comment c'est fait, les mesures, puis il nous colore les métaux en une couleur, le fer en autre, le bois en une autre encore. Nous pouvons aussitôt identifier les parties que nous devons réaliser.

FRANCO ZANON — Je suis le plus jeune de la famille et, comme mon père et mon frère, il y a plusieurs années que je connais le professeur Carlo Scarpa et que je travaille pour lui. C'est très beau de travailler avec lui car nous faisons des travaux très importants, et de prestige aussi. Cela nous donne de grandes satisfactions parce que moi, ce qui m'intéresse, c'est le travail véritablement artisanal. Parce que c'est construit pièce par pièce, pensé et construit. Vraiment une pièce unique. Pour un artisan, travailler ainsi, c'est l'idéal.

SAVERIO ANFODILLO — Ceci est la dernière œuvre du professeur Scarpa : c'est la coupole de l'église [de l'ensemble monumental de la Tombe Brion, dans le cimetière] de San Pietro di Altivole, l'un des derniers chantiers sur lesquels nous avons collaboré avec lui. Voilà maintenant trente-cinq ans que nous exécutons tous ses travaux. Nous avons fait le Musée Correr, nous avons fait l'exposition chinoise [en 1954]. Nous aimons beaucoup travailler avec lui. Nous avons des difficultés parce que ses horaires ne sont pas du tout les nôtres. Il confond le jour et la nuit. Il nous appelle à n'importe quelle heure du jour ou de la nuit pour que nous fassions ceci ou cela. Pour nous, c'est une contrainte mais nous le faisons volontiers parce que c'est une personne d'une grande humanité, et nous nous en trouvons très bien. Il est ami avec tous mes ouvriers. Mon ouvrier Bressanello, par exemple, a même donné le nom du fils de Scarpa à son fils : il s'appelle Tobia. J'ai trouvé en lui quelque chose d'extraordinaire que ne possède aucun des autres architectes : le choix de la couleur. Il faut savoir que lui, avant d'être architecte, il était peintre. Il arrive même que, pour obtenir un certain effet, il aille d'ici à Castelfranco Veneto chercher une toile, qu'il laisse tomber tout le travail en cours pour aller chercher cette toile. Ceci, c'est toute la coupole du cimetière [Tombe Brion]. Elle est faite en poirier et en ébène. Ceci est le détail du dessin de la coupole. On voit exactement, tous les niveaux, les décrochements en poirier et en ébène. On voit aussi que le dessin du professeur est toujours à l'échelle 1:10, mais, quand nous avons besoin de quelque explication, immédiatement il fait un croquis et il le fait grandeur nature.

PAOLO PORTOGHESI — Observer les dessins de Scarpa, c'est la meilleure façon pour comprendre comment il conçoit ses projets, comment il arrive lentement à définir chaque détail de ses réalisations architecturales. Ce sont des dessins fascinants parce que ce sont des moments de recherche exprimés par des lignes. Nous y lisons non seulement sa définition géométrique de l'objet mais aussi sa tentative de comprendre quel sera l'effet spatial des architectures. Et ceci, nous le voyons à travers l'usage qu'il fait des ombres ou surtout des fonds de couleurs de ses dessins qui indiquent les différences de matières et définissent déjà la valeur atmosphérique de ces architectures ou, du moins, en donnent un avant-goût. Un autre aspect extrêmement intéressant de ses dessins, ce sont les messages écrits qu'ils contiennent, adressés à ceux qui seront chargés de les réaliser. On trouve souvent des définitions de matières, ou des annotations qui vont au-delà de ce qui peut être dit par le signe. Dans ce cas, l'architecte fait appel aux mots pour mieux transmettre son message et, surtout, pour définir minutieusement ce qui sera la tâche de ses collaborateurs. Pour Scarpa, ce ne sont pas des personnages lointains, de simples exécutants matériels, mais de véritables collaborateurs, et souvent des amis. Il s'adresse avec cette confiance qui est typique de l'artisan ancré dans son métier, de l'artisan qui sait endosser des rôles divers, dans le domaine intellectuel, mais qui ne néglige jamais ce contact direct avec les exécutants, avec ceux qui doivent mettre en pratique, qui doivent construire dans le sens que lui sait donner à ce terme.

CARLO SCARPA — Qu'est-ce que le métier d'architecte ? C'est un métier comme un autre. Il a sa technique, ses façons de procéder. Je pourrais répondre, par exemple, comme Le Corbusier à qui il a été demandé comment il conçoit un projet. Il a répondu qu'il a dans sa poche un petit bout de crayon, qu'il rumine, qu'il réfléchit un certain temps, puis, avec éventuellement une petite annotation, l'idée lui vient, alors il la schématise, la met sur le papier. Le premier croquis. D'ailleurs, moi non plus, je ne parviens pas à travailler directement, tout de suite. Si l'idée ne vient pas, alors je ne peux rien faire. Je travaille un peu à la manière traditionnelle, comme je l'ai appris à l'école. J'ai trouvé que dans tout ce que j'ai appris à l'école, il n'y a rien eu à jeter. Je ne sais pas... De l'exactitude, de la clarté, ne pas surcharger, par exemple. Mais je veux dire qu'il faut toujours avoir une certaine idée en tête, oui une certaine idée. Maintenant, après, le métier, le « comment faire » : on prend un morceau de papier et on y trace quelque chose. Comment peut-on faire ? Je ne saurais dire. La première esquisse sera un petit bout de papier avec des notes dessus. Et puis, vous le savez probablement mieux que moi, vous aussi, vous avez appris comme cela, il me semble ? On pose une règle sur le papier. Après tout, ces pièges-là, ça peut aider aussi. Les vieux architectes travaillaient avec seulement deux équerres, les vieux, c'est sûr, n'avaient pas toutes ces choses. Aujourd'hui, nous avons celles-ci qui, à nous, nous suffisent. Les techniciens modernes ont le technographe [règle articulée fixée sur la table à dessin]. Comment peut-on travailler de cette façon, mécanique ? Cela me paraît impossible. Par exemple, moi qui suis gaucher, ça ne me conviendrait pas ; je devrais m'en faire fabriquer un inversé. Et c'est là que le travail commence.

Narrateur (voix-off) — C'est la dernière œuvre de Scarpa, encore inachevée : le cimetière de San Pietro di Altivole à San Vito près d'Asolo. Ici sont résumés une partie des thèmes élaborés durant des années et des années de patient travail, à la recherche d'une architecture qui se rapproche de plus en plus de l'abstraction.

Carlo Scarpa — La famille qui, à l'origine, avait ici un terrain assez vaste, décida d'acquérir une parcelle plus grande limitrophe à l'extérieur. Les propriétaires des terrains avaient mis en vente une certaine surface, il fallait donc acheter toute la parcelle. Et ce périmètre nouvellement acquis avait des dimensions telles que l'on s'est dit : qu'allons-nous faire ici ? En considérant la partie de ce côté-ci, qui est en direction du nord, j'ai pensé, avec cette idée de l'arc, rassembler les deux tombes, celle du mari et celle de sa femme. Ces personnes sont nées ensemble, elles ont travaillé ensemble toute leur vie, l'épouse a beaucoup participé au travail de son mari, à la création et au développement de leur entreprise, alors j'ai trouvé juste de les rapprocher, qu'ils soient ensemble. Voilà pourquoi il y a deux sarcophages et je les ai placés ici, dans la partie la plus ensoleillée. Ils sont vus dans les axiales générales, et aussi dans cette partie, ici, où on voit le vieux cimetière, en entier. J'ai imaginé qu'il fallait que l'entrée se fasse par le vieux cimetière et donc qu'ici, en ce point-ci qui marquerait, en un certain sens, le début de leur évocation, il y ait un édicule d'entrée. On pourrait s'y tenir à couvert, en cas de mauvais temps. Dans cette partie éloignée, j'ai pensé à un plan d'eau, sur lequel doit se dresser un petit pavillon. Il y en a quelques esquisses de ce côté. Dans l'idée d'un lieu pour la méditation, isolé et tranquille. Si là, il y a des gens qui déambulent, ici on est isolé. De ce côté où le terrain devient, je dirais, exubérant, j'ai imaginé une petite chapelle – ou un petit temple – qui peut servir pour des enterrements, des services funéraires, des cérémonies en ce sens. Comme elle a une entrée privée, à part, on peut imaginer garder le cimetière fermé et ce point pourrait être aussi orienté le dos au village, donc pourrait servir aussi au village.

Narrateur (voix-off) — Asolo représente le refuge sur la terre ferme [au cœur de la Vénétie], la fuite de la lagune, le retour à la campagne. Dans cette campagne, la dernière œuvre de Scarpa semble

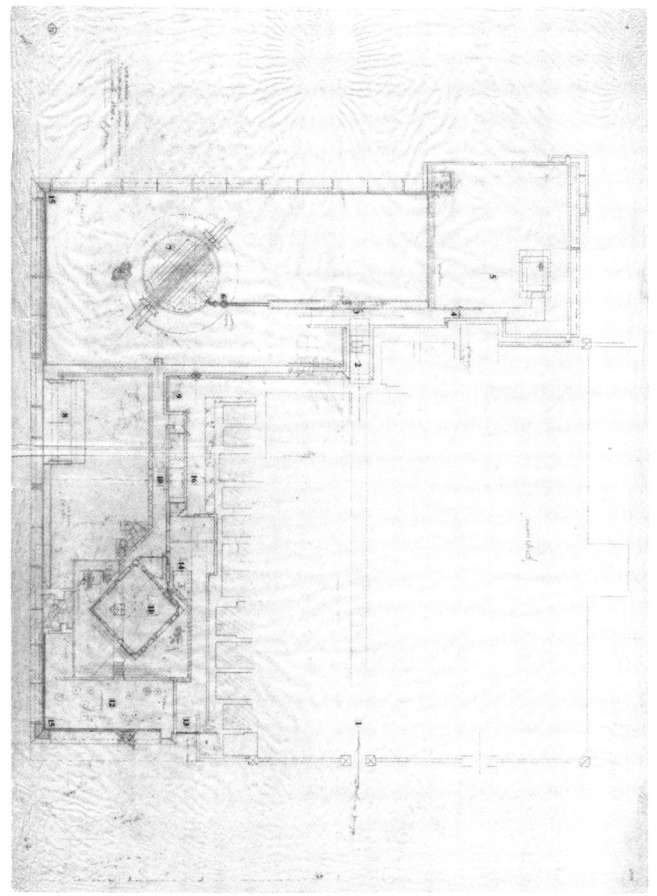

Tombe Brion, cimetière de San Vito d'Altivole, plan d'ensemble à l'échelle 1/100, 1975

1. l'Allée des Cyprès et l'entrée du vieux cimetière ; 2. le porche d'entrée du « jardin des morts » ; 3. l'ouverture-œil du porche d'entrée ; 4. La porte de cristal immergée ; 5. Le miroir d'eau et le petit kiosque sur l'eau ; 6. la « Source » ; 7. L'arc tombal d'Onorina et Giuseppe Brion ; 8. La tombe des parents ; 9. La tombe de Carlo Scarpa et de sa femme ; 10. Le cloître et la sacristie ; 11. le « Tempietto » chapelle mortuaire ; 12. l'« ortus cupressus » (cimetière des curés) ; 13. l'entrée des morts pour les services funèbres ; 14. Le puits artésien ; 15. les regards dans l'angle du mur d'enceinte ; 16. Le parcours « Tempietto » (vieux cimetière)
[numéros ajoutés par Philippe Duboÿ !]

évoquer une nostalgie de l'eau dont seront emplis les canaux et les vasques, où se reflèteront, en se dématérialisant, les scansions rythmées du béton. L'eau reste l'un des motifs dominants de l'architecture de Scarpa.

NARRATEUR (VOIX-OFF) — L'utilisation de la matière chez Scarpa a des origines lointaines, profondément enracinées dans une terre qui, avec ses pierres et ses couleurs, a enchanté et enchante les visiteurs de toutes sortes. Torcello est un peu la matrice d'une conception coloriste de l'architecture dont le fil, perpétué pendant des siècles par les architectes et les peintres, semble aujourd'hui se rompre. C'est sa tentative désespérée de renouer ce fil qui fait toute la valeur de Scarpa et la difficulté de ce dessein transparaît souvent dans la sérénité contradictoire qui émane de ses œuvres. On ne peut que regretter que l'on n'offre pas à l'œuvre de cet architecte assez d'occasions d'exprimer, d'une façon plus élaborée et plus développée, la fécondité de sa recherche.

CARLO SCARPA — Vous avez vu comme ces plaques de pierre [sur le côté de la cathédrale de Torcello] sont belles ? Elles sont comme des volets. À se demander qui, la nuit, pouvait bien aller les fermer ? Ou peut-être étaient-elles là pour la défense, après tout ? Eh bien, ce souvenir – c'est un souvenir de jeunesse, j'avais quatorze ans quand je suis venu ici avec mes premiers professeurs pour étudier ces choses et en faire le relevé –, il m'est resté si présent à la mémoire que je m'amuse souvent à voir si ce ne serait pas une solution applicable. Ce sont des détails. Pas des valeurs architecturales éminentes, importantes. Mais j'aime les employer, quand c'est possible. En fait, mon rêve serait de réaliser la maison d'un homme riche qui me permettrait, grâce à ses moyens, de déplacer les murs. Oui, on peut déplacer une cloison. Une cloison de huit mètres de longueur, de quatre de hauteur, à la structure légère, on peut la faire glisser. Il y a des panneaux que l'on déplace dans tellement d'endroits : la maison [Schröder de] Rietveld est entièrement faite de panneaux mobiles. Elle contient quatre pièces mais, d'un seul coup, elle s'ouvre et c'est une pièce unique. Or ce critère-ci est un peu différent. C'est un critère purement fonctionnel, presque artisanal, d'aménagement intérieur, qui s'ouvre. Moi je parle de valeurs proprement architecturales qui devraient permettre diverses dispositions d'espaces et qui, refermées, restent encore des valeurs architecturales. Quand Frank Lloyd Wright est venu ici [dans la cathédrale de Torcello], il a été très ému et il est même allé voir – il a pris ça comme un signe, qui sait ce que ça signifiait pour lui ? – une pierre merveilleuse qui était devenue un tableau informel, sous l'effet de l'humidité. Alors nous l'avons photographiée et nous lui avons envoyé la photographie.

La valeur des matières, le sens de choses... Le campanile de Saint-Marc, celui d'origine, était certainement comme ça : d'abord, c'était une tour et, avec le temps, c'est devenu un campanile. En regardant celui-ci [de la cathédrale de Torcello], on peut penser que le campanile d'origine pouvait être comme celui-là. Des briques noircies par le temps. Cette tour, maintenant, admirable, si belle... Là, il y a un côté restauré et on voit qu'il a perdu sa vigueur, à cause de la couleur rosâtre qui, en revanche, est ici jaune ; jaunes verts, jaunes noirs, jaunes bruns, avec quelques goulottes qui seront insérées pour rejointoyer les briques qui se corrodent. À Saint-Marc aussi, ça devait être comme ça, mais quand le campanile est tombé et qu'ils l'ont refait, le positivisme du XIXe siècle imaginait faire des choses parfaites et ils ont cru alors pouvoir dire « où il était, comment il était », mais ce n'est pas vrai, le campanile de Saint-Marc est une falsification absolue ! En effet, il est laid. Or je pense qu'à l'origine il ne l'était pas, parce que la finesse suprême est dans ces coloris et dans la façon dont sont faits les joints. Par exemple, vous pourriez fort bien construire avec de la brique, faire des choses modernes. On l'a fait, en Amérique. Frank Lloyd Wright a construit des maisons en briques. Les briques américaines sont très bien là-bas : tout y est neuf. Mais ici, on ne peut pas utiliser la brique moderne, faite par des machines, mal, avec la tréfileuse, ça devient comique, ça ressemble à de la pâtisserie, ça n'a ni exactitude ni forme. Alors le matériau que vous employez est gâché dès le départ.

Une poutrelle d'acier n'a jamais de fin. Elle commence au point X et va finir au point Y. Quand est-ce qu'une poutrelle d'acier a une fin ? Voilà les problèmes qui, d'après moi, sont les causes des crises de l'architecture moderne. Un chapiteau ionique, avec sa base, ses cannelures, son architrave, avec ses proportions, avait un début et une fin. C'est comme le corps de l'homme : le torse, les jambes, etc. À l'inverse, une poutrelle d'acier – et qu'on ne me dise pas le contraire – n'a pas de fin ! Si, ici, je rattache l'autre, qui va au-dessus, je fais la diagonale, je mets tous les boulons en acier qu'il faut, ce n'est pas une forme achevée. Ce n'est pas une forme, comment dire, exprimée.

Narrateur (voix-off) — Fermée.

Carlo Scarpa — Fermée et exprimée. Non ! Fermée ? Elle pourrait être ouverte. Mais elle doit être achevée.

Narrateur (voix-off) — Conclue.

CARLO SCARPA — Oui, elle doit être conclue, achevée. Et cela, cette phase-là, elle ne l'a pas. Et voilà pourquoi un gratte-ciel en parallélépipède, fait de cette façon, on ne sait pas très bien à quelle échelle il doit être fait : trois cent, quatre cent, cinq cent mètres ? Ces derniers temps, en Amérique, ils sont parvenus à faire des choses un peu plus expressives. Par exemple, ils ont fait un gratte-ciel comme ceci, et donc celui-ci résiste de manière optimale aux pressions du vent. Mais ils ont dû, par exemple, le faire de cette manière, le renforcer par des contrevents. Alors nous nous posons la question : dans les appartements qui sont ici, dans ces sections plus petites, comment se sentent ces messieurs qui ont une poutrelle de cinquante centimètres en travers de la fenêtre ?

NARRATEUR (VOIX-OFF) — Généralement, ce sont des bureaux.

CARLO SCARPA — La réponse est : « Généralement, ce sont des bureaux ! » Alors nous répondrons comme ce noble monsieur que j'ai connu il y a bien des années chez Olivetti, à Ivrea [dans le Piémont], et qui m'avait dit : « Vous resteriez dans un bureau qui aurait une belle baie vitrée ici, mais ici il y a des brise-soleil disposés à l'horizontale et je ne vois jamais le panorama ! ». Alors que, depuis une petite ouverture, il l'aurait vu, clair et limpide. Ce sont les défauts de l'architecture moderne, à laquelle nous devons opposer quelques objections, réagir d'une manière ou d'une autre, pour essayer de nous exprimer. On pourrait répliquer à cela que de nombreux artistes importants, comme Louis Kahn, comme Le Corbusier y ont déjà apporté leur réponse. C'est vrai. Et nous, en Italie, peut-être nous ne l'avons pas encore donnée. Certes, il n'appartient pas à moi de pouvoir le faire. Parce que, au fond, je ne suis pas la bonne personne pour cela.

NOTE — *
Cet entretien s'est tenu sur la RAI en 1972 pour l'émission télévisée réalisée par Maurizio Cascavilla et Gastone Favero. Les intervenants successifs, tous Italiens, sont : l'historien, critique d'art et architecte Bruno Zevi (1918-2000) ; l'architecte et théoricien Paolo Portoghesi (*1931), également premier directeur de la Biennale de Venise d'architecture ; le directeur des musées et galeries de Vérone (au moment de l'entretien) Licisco Magagnato (1921-1987) ; le directeur de la Fondation Querini Stampalia (au moment de l'entretien) Giuseppe Mazzariol (1922-1989) ; les artisans Gino, Paolo et Franco Zanon de l'entreprise Ceccolin ; l'artisan Saverio Andofillo. La traduction est de Françoise Liffran.

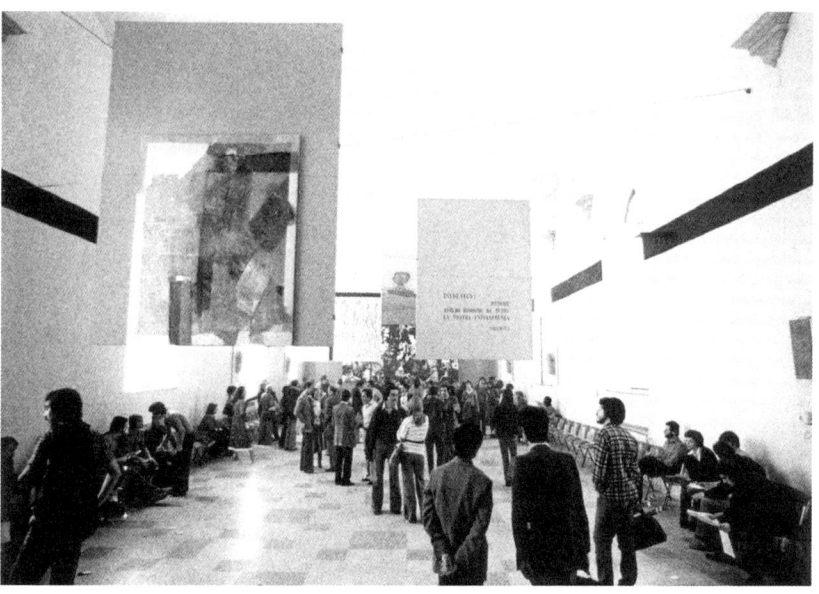

Aula Magna, Institut universitaire d'architecture de Venise, à l'occasion du trentième anniversaire de la Libération le 24 avril 1975

Sur la cimaise de gauche : œuvre d'Alberto Gianquinto, sur celle de droite : citation d'Antonio Gramsci, dernière cimaise de gauche : œuvre de Mario Deluigi, au fond : l'estrade avec *Scontro di situazione* d'Emilio Vedova

Aula Magna, Institut universitaire d'architecture de Venise

1975

Depuis 1965, l'Institut universitaire d'architecture de Venise (IUAV) s'est installé dans le Couvent des Tolentini conçu, comme l'église voisine, par Vincenzo Scamozzi en 1599 pour les frères Théatins : un siège prestigieux restauré par l'architecte Daniele Calabi (1906-1964). La restructuration actuelle de l'Institut a malheureusement effacé au cours de ces dernières années presque toutes les traces des interventions de Scarpa et de Calabi. Seule l'entrée monumentale sur le campo, projet de Scarpa réalisé après sa mort par l'un de ses collaborateurs, Sergio Los, et ses mythiques tables à dessin, inspirées par les étals du marché du Rialto, qui traînent, rares, dans les salles du couvent, ont survécu.

Pour la célébration du « trentième anniversaire de la Libération de la dictature fasciste », le directeur de l'Institut, l'architecte Carlo Aymonino (1926-2010), confia la restauration de l'ancien réfectoire du couvent, l'Aula Magna, à Carlo Scarpa, qui est inauguré le 24 avril 1975 pour cette manifestation politique et culturelle. « La citation de Gramsci à l'entrée de la salle, précise Aymonino dans son discours d'inauguration, ‹ Instruisez-vous, parce que nous aurons besoin de toute votre intelligence ›, doit être comprise non comme un appel paternaliste aux étudiants mais comme un engagement de nous tous pour comprendre les tâches auxquelles nous sommes appelés à donner une réponse positive. [...] Nous inaugurons aujourd'hui l'Aula Magna de notre faculté comme un lieu ouvert aux rencontres et à la confrontation de toutes les forces externes de la ville et de la Vénétie. Ce n'est pas une décision improvisée mais la suite d'une longue pratique dans cette direction déjà expérimentée. L'élément nouveau est l'hommage matériel qu'un groupe d'intellectuels vénitiens a voulu fournir comme expression de cette fonction civique, un hommage qui témoigne de la rencontre entre leur expérience et l'histoire, même mineure, de l'IUAV. C'est la génération de la Résistance et celle qui suivit qui confirme la continuité d'un engagement pris ensemble. Remercions donc Vittorio Basaglia, Mario Deluigi, Alberto Gianquinto, Armando Pizzinato, Carlo Scarpa et Emilio Vedova pour s'être complètement engagés non seulement pour le ‹ décor › d'une salle que nous voulons publique et sociale, mais pour avoir accepté d'être présents avec leurs œuvres de peintres, qui s'insèrent comme les nôtres dans le débat culturel et politique, et donc dans le débat critique. [...] Dans ce lieu, pour cet anniversaire et dans cette prospective, c'est un témoignage concret des objectifs que nous nous sommes donnés pour *laisser des traces* de notre volonté de renouvellement démocratique que confirme la présence, personnelle et institutionnelle, de Bruno Trentin : les liens entre l'école et le monde du travail sont à peine ébauchés, le chemin pour les rendre stables est long et difficile. Mais n'oublions pas que ce sont les syndicats, et plus particulièrement celui des métallurgistes, qui nous ont donné les indications les plus stimulantes pour une transformation profonde de la société dans son ensemble, impliquant les organisations productives et sociales et la participation de chacun, individuellement et collectivement. L'unique garantie pour battre définitivement le fascisme est de construire une démocratie réelle et de participer à la construction d'une société socialiste »¹.

Le contexte est explicitement politique, Carlo Aymonino est l'un des candidats du Parti communiste italien (PCI) aux élections municipales de Venise qui auront lieu en juin de la même année. La situation politique en Italie est très tendue et la gauche italienne commémore sur tout le territoire l'anniversaire de la Libération, le 25 avril 1945. La présence de Bruno Trentin (1926-2007), intellectuel, théoricien du droit du travail et syndicaliste de premier plan de la gauche transalpine, ne fait que renforcer l'orientation politique de l'Institut. Né en France d'un père, Silvio Trentin, professeur de droit administratif à Ca' Foscari à Venise, qui, refusant le fascisme, émigra dès 1926, Bruno Trentin s'est engagé dans la Résistance, dès l'âge de quinze ans, en France puis en Italie, où il commande une brigade du mouvement laïc et libéral *Giustizia e Libertà*, devient dès 1949 membre de la CGIL (la CGT italienne) puis du Parti communiste et, depuis 1968, le secrétaire général de la FIOM, la fédération des métallurgistes. Carlo Scarpa, habitué du lieu en tant que professeur, chargé de « coordonner » les œuvres des artistes pour cette commémoration prétexte à la restauration de cette salle de l'Institut, doit répondre aux aspirations exprimées clairement par son directeur.

Dans la leçon inaugurale de l'année académique 1963-1964 tenue par Carlo Scarpa dans cette même salle sur le thème de *l'arredamento* (l'architecture d'intérieur), Scarpa en analyse les caractéristiques : « Observons cette salle un instant. Nous pouvons dire que c'est un espace intérieur qui a son architecture : une voûte aplatie avec des pinacles aux angles. Ces pinacles ont besoin d'un ordre qui est donné par la nécessité constructive du projet. Il ne fait aucun doute que cette salle est un peu nue, non ? Un peu sourde. Sur le mur du fond, il y a un *lavabo* parce que c'était un réfectoire où l'on prenait ses repas. Les tables étaient disposées d'une certaine manière. Comment pouvait-on l'aménager ? Il y avait certainement des grandes tables disposées sur les côtés à droite et à gauche alors que, maintenant, cette salle ressemble un peu à un tableau de Campigli : un millier de têtes, plutôt une centaine. Beaucoup de petits enfants. En ce moment, je visualise exactement les deux grandes tables : il y avait très certainement des dossiers de bois pour être au chaud et s'asseoir. Par rapport au gothique qui représente le caractère classique des *boiseries* qui entourent aussi le chœur des églises, ici, nous sommes à une époque plus avancée de la culture et c'est pour cela que l'on peut faire l'hypothèse de ces dossiers. Vous voyez donc que nous avions un stylobate, c'est-à-dire une base sombre qui supportait un peu la nudité des murs. Ce qui était très logique puisque c'était un couvent. Puis vint l'avènement d'un goût un peu tourmenté qui nécessita que l'on décore le mur du fond. Peut-être qu'à l'origine on aurait mis une tapisserie, un tableau ou peut-être rien. Probablement qu'il y avait aussi une petite chaire pour qu'un frère novice puisse s'adonner à la lecture et au prêche et accompagner de méditations d'ordre religieux cet acte humain et matériel auquel il faut se soumettre quotidiennement. Imaginons ces grandes tables latérales : de belles tables de chêne si nous nous trouvions dans le Nord, chez nous probablement en noyer, une belle épaisseur de noyer massif, qui peut se déformer cela n'a aucune importance : avec le temps, il devient même plus beau. Il devient même une œuvre d'art informelle que l'on pourrait, au hasard du temps, envoyer à la Biennale comme œuvre d'art

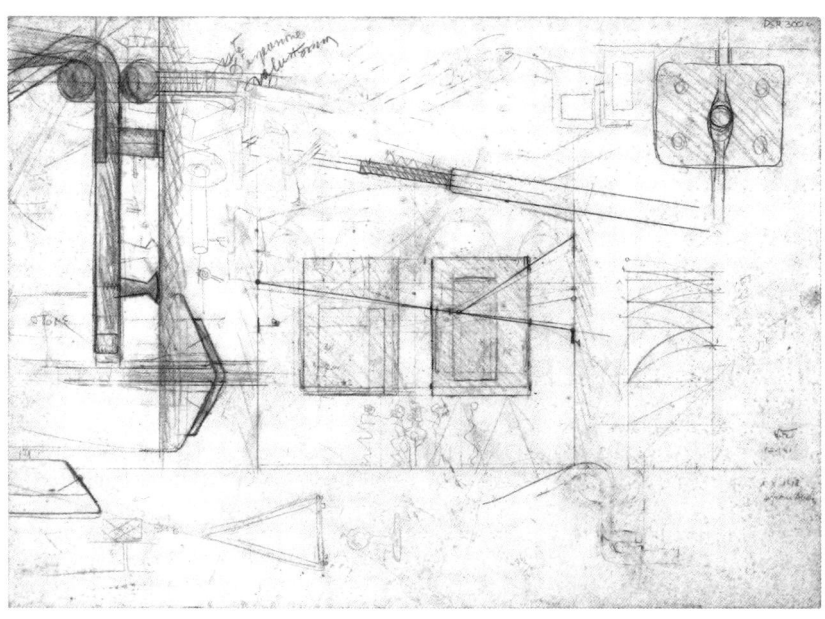

Élévation et études de détail pour l'accrochage des tirants dans l'Aula Magna de l'Institut universitaire d'architecture de Venise pour le trentième anniversaire de la Libération le 24 avril 1975

À droite, l'étude de la disposition des cimaises suspendues selon la règle du nombre d'or

Crayon sur papier

ou d'art Pop. Une fois évoqué tout cela, les valeurs positives de cette salle deviennent authentiques : alors qu'en ce moment, je ne vois pas de valeurs positives. C'est le pourquoi de ma réflexion, cette salle n'est pas une salle pour des assemblées, ni pour des réunions de personnes : j'espère que vous m'avez compris. *Provisoirement*, c'est une salle pour des assemblées, puisque nous ne pouvons pas nous permettre de bâtiments nouveaux : nous n'avons pas assez d'argent pour construire un nouvel institut, parfaitement moderne, de notre époque. L'Italie est pleine de monuments qui n'ont plus l'usage d'origine et qui souvent sont d'un grand secours : si nous n'avions pas eu ce vieux couvent avec ces grands espaces, nous aurions été dans l'embarras. [...] Aujourd'hui, beaucoup de ces bâtiments qui ne sont plus utilisés selon leur fonction d'origine retrouvent un usage comme instituts, écoles, administrations ou musées – cela, je ne veux pas en parler, étant une espèce de spécialiste : j'aurais trop de choses à dire »[2].

Cette réflexion de Carlo Scarpa montre bien l'importance du lieu et de son histoire dans l'élaboration d'un projet : il en est l'illumination et le fondement. De la restauration de Calabi, Scarpa ne garde que le très beau dallage aux motifs géométriques rectangulaires irréguliers, alternant pierre de Vérone rose et blanche. Les appliques néo-corbuséennes qui scandent régulièrement la salle sont remplacées par des petits spots pratiquement invisibles. La lumière naturelle est filtrée comme toujours par des écrans rectangulaires de *cencio di nonna* dans l'embrasure des fenêtres sur toute la hauteur jusqu'au départ du cintre. Une large frise bleue court tout le long de la salle, selon les règles de l'ordonnance classique, légèrement en dessous du départ de l'arceau des fenêtres, et se termine au niveau du *lavabo*, évoquant explicitement par une ligne horizontale affirmée l'architecture de l'Humanisme, celle de l'architecte du lieu, Vincenzo Scamozzi, disciple de Palladio. Reste alors à mettre en scène cette manifestation politique : la complicité de Scarpa avec les peintres Mario Deluigi ou Emilio Vedova ne fait pas de doute. Antifasciste convaincu, il n'a cependant pas adhéré au parti communiste comme ses amis, les peintres Vedova, Armando Pizzinato (1910-2004), Alberto Gianquinto (1929-2003) et Vittorio Basaglia (1936-2005). Il s'en explique au même moment dans ses cours : « Si on se vend à la politique, on ne peut pas faire le métier d'architecte ou de peintre, ou de sculpteur, ou de musicien, n'est-ce pas ? L'art n'a rien à voir avec le discours politique. Notre propre métier n'a rien à faire avec la politique, absolument rien. [...] Le Fascisme a voulu faire grand et a fait petit : quand la grandeur faillit, c'est épouvantable »[3]. Encore une fois, c'est son métier qui l'emporte. Pour placer les œuvres des artistes dans cette salle qui se veut un lieu de rencontre sociale et, en même temps, la plus grande salle de cours de l'Institut, Scarpa invente une scénographie suspendue par de fins tirants de section circulaire qui présente les œuvres sur des cimaises recto-verso disposées latéralement au-dessus du public. Les ancrages au mur et aux cimaises font l'objet d'un soin particulier. Pour positionner les trois cimaises, il utilise le système des tracés régulateurs harmoniques du nombre d'or, auquel il a souvent recours comme le Corbusier, mais sans vouloir, comme lui, en normaliser l'usage[4].

Cette disposition des œuvres sur des cimaises suspendues est logique : sur les murs, entre les fenêtres, les tableaux auraient été à contre-jour. Disposés ainsi, ils bénéficient pleinement de la lumière naturelle. Plutôt qu'au caractère muséal d'un accrochage classique, cette solution correspond au caractère de manifeste de cette inauguration et s'inscrit, dans l'espace de la salle, dans la continuité du dessin géométrique du dallage de Calabi : une source d'inspiration de Scarpa ? La salle est précédée d'un vestibule, certainement l'ancienne salle du *lavabo* déplacé sur le mur du fond de l'ancien réfectoire. On entre par le milieu : sur la cimaise de gauche, le tableau de Gianquinto, sur celle de droite, la citation de Gramsci visible dès l'entrée ; sur la troisième et dernière cimaise de gauche le tableau de Deluigi qui précède une estrade où un triptyque, composé de deux panneaux rouges posés en biais encadrant la gigantographie-collage de *Scontro di situazione* de Vedova, couvre entièrement le *lavabo* déplacé du vestibule : un anachronisme pour Scarpa.

Depuis l'estrade, on découvre, à gauche sur la cimaise au dos de Gramsci, l'œuvre de Pizzinato et, à gauche, au dos de la cimaise de l'entrée, celle de Basaglia. Toute l'avant-garde post-cubiste de Venise de l'Après-guerre est présente à cette manifestation : Deluigi comme précurseur, Vedova et Pizzinato anciens résistants, communistes et signataires des manifestes de la Nuova secessione artistica italiana en 1946 devenu ensuite Fronte Nuovo delle Arti en 1947, enfin les générations suivantes, Gianquinto et Basaglia, eux aussi inscrits au PCI[5].

En 2009, pour la Biennale de Venise, Bruce Nauman investit la salle immaculée entièrement vide, seulement habitée par le son : plus aucune trace de la scénographie de Scarpa !

NOTES — *

1
« Inaugurazione dell'Aula Magna, giovedi 24 aprile 1975. Intervento del Direttore dello IUAV Carlo Aymonino », in *1973-1978 Annuario. Instituto universitario di architettura di Venezia*, Electa, Milan s.d. [1979 ?], p. 170-171.

2
Carlo Scarpa, « Prolusione : sull'arredamento per l'inaugurazione dell'anno accademico 1963-1964 », in Franca Semi, *A lezione con Carlo Scarpa*, Cicero, Venise 2010, p. 56-57.

3
Carlo Scarpa, leçon du 23 janvier 1975, in Franca Semi, op. cit., p. 71. Voir également la note 8 du chapitre consacré à la première Galerie du Cavallino, infra.

4
Dans la bibliothèque de Scarpa : Le Corbusier, *Le Modulor*, *L'Architecture d'Aujourd'hui*, vol. I et II, Boulogne, 1948 et 1955, et trois exemplaires des *Cahiers du Nombre d'or* d'Elisa Maillard.

5
Giuseppe Marchiori, *Il Fronte Nuovo delle Arti*, Giorgio Tacchini, Vercelli 1978 ; Enrico Crispolti, *Il fronte Nuovo delle Arti. Nascita di una avanguardia*, Nerri Pozza, Vicence 1997.

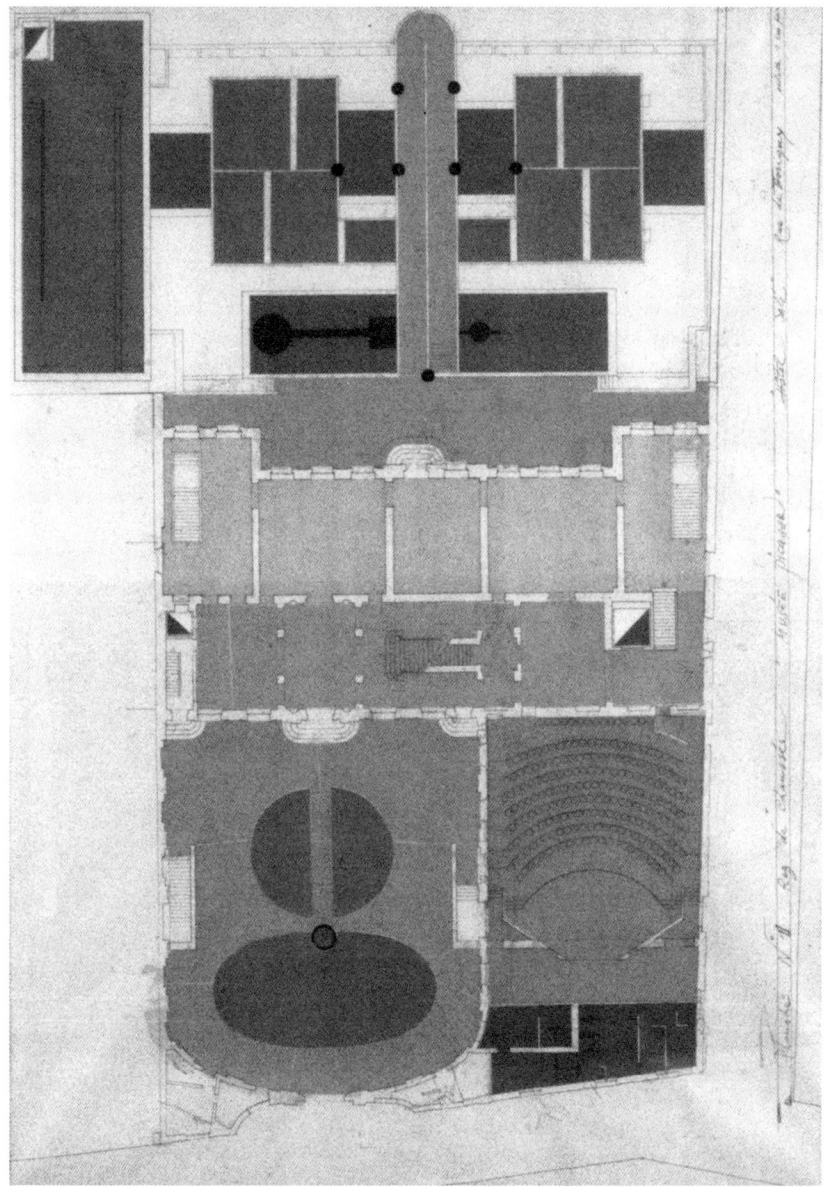

Hiroyuki Toyoda, planche n°1 : rez-de-chaussée Musée Picasso, 1976

Crayon et Zip (papier autocollant) de couleur sur tirage héliographique

Aménagement d'un Musée Picasso en l'Hôtel Aubert de Fontenay dit Hôtel Salé, Paris

1976

« Il était beaucoup espéré et attendu de l'intervention de Carlo Scarpa, le plus célèbre assurément des invités, le plus âgé aussi des protagonistes. Celui qui avait organisé quelques-unes des expositions les plus prenantes des dernières décennies avec leurs mémorables mises en scène (que l'on pense aux *mostre* Paul Klee en 1948 à Venise, Antonello da Messina en 1953, Mondrian en 1956 à Rome, et tout récemment, c'était en 1974 à Venise pour *Byzance au Palais des Doges*), ne devait-il pas trouver, dans l'installation de Picasso à Salé, l'occasion d'une intense réflexion sur la bonne manière de la disposition. Celui qui avait aménagé le Musée Correr, le Palais Abatellis de Palerme, la nouvelle aile de la Gypsothèque de Possagno, le Musée de Castelvecchio à Vérone, trouvait ainsi, peut-être trop tard, sa première possibilité d'exercice en France.

Ses propositions, figurées dans de surprenants dessins qui sont assurément les plus beaux de ceux fournis par les concurrents, restaient très allusives. Aussi bien les collections n'étaient-elles pas encore connues, ce qui ne pouvait que gêner grandement Scarpa dont le génie de metteur en scène ne s'excitait que sur des problèmes concrets. Ce n'est pas un hasard si ses feuilles étaient surtout des vues d'extérieur. Comme [Roland] Castro, Scarpa proposait de construire à l'arrière, mais en se tenant sur le seul côté sud pour mieux effacer la pénible mitoyenneté. Son bâtiment aurait contenu le cabinet des estampes et des dessins. Comme [Jean] Monge, il installait sous le jardin privé les expositions temporaires et salles de sculptures : dans l'axe, une longue rampe se terminait par une sorte de rotonde surplombant le jardin public qui permettait au visiteur d'accéder au niveau supérieur aménagé en jardinets. Les quelques croquis, aux coloris si vifs et verts, de Scarpa montraient combien il était sensible à l'environnement. Dans l'Hôtel Salé, Scarpa faisait grand usage des mezzanines. Ses dessins, non accompagnés de devis et d'explication écrites, valaient surtout par leur qualité graphique. Mais l'aura du personnage et le charme de son verbe pouvaient-ils suffire à convaincre un aréopage soucieux de ne pas trop aller à l'aventure ? À l'évidence, son projet impliquait de plus précis développements. Scarpa voulait-il vraiment s'y contraindre ? Sa mort en 1978 a de toute façon rendu inutiles les regrets »[1].

Voici comment Bruno Foucart, historien de l'art et conseiller technique du secrétaire d'État à la Culture de l'époque, Michel Guy, se débarrassa par une pirouette finale d'assez mauvais goût de la figure embarrassante de Carlo Scarpa, *outsider* de la consultation d'idées ouverte auprès de quatre architectes pour l'aménagement d'un Musée Picasso dans l'Hôtel Aubert de Fontenay dit « Hôtel Salé » à Paris sur proposition de Jean Leymarie. Bruno Foucart avoue la mauvaise foi implicite du jury et son incompétence devant les « surprenants dessins », « les plus beaux de ceux fournis par les concurrents », pourtant accompagnés d'un budget prévisionnel de 15 456 000 Francs toutes taxes comprises et d'explication écrites. Le premier musée projeté par Scarpa sans qu'il ait eu connaissance précise des œuvres exposées. Préoccupé par l'exiguïté du bâtiment, il osa projeter sur une parcelle construite, avant le massacre de l'enclos de l'Hôtel Salé, après un curetage d'îlot pour cause d'insalubrité, le cabinet des dessins et la bibliothèque : éloge sincère aux murs mitoyens de Paris. Cela provoqua son élimination immédiate comme l'atteste la lettre de Michel Guy : « J'ai pris connaissance personnellement des propositions, que vous avez présentées à la Direction des Musées de France et à la Direction de l'Architecture avec le plus vif intérêt. Pour l'essentiel, le projet respecte l'hôtel sans en modifier les structures et sans en mettre en cause les parties protégées. Il dégage les surfaces demandées au programme. Toutefois, on peut craindre que le parti proposé mette en cause la présentation de la façade, côté jardin, par la construction d'un bâtiment nouveau et par la création de patios destinés à l'éclairement de la galerie enterrée, quel que soit l'intérêt évident offert par celle-ci et du point de vue muséographique. Dans ces conditions, malgré l'intérêt de vos propositions à bien des points de vue, il ne m'apparaît pas possible de retenir votre étude »[2].

Lors de la présentation du projet au Louvre, après que le directeur de la Réunion des Musées de France, l'ancien ambassadeur Emmanuel de Margerie (1924-1991), se soit inquiété de savoir si l'on passait sous la rampe d'accès entre le musée souterrain et le rez-de-chaussée de l'Hôtel Salé, lui et les membres du jury, dont Bruno Foucart, avaient du mal à lire la clarté et l'intelligence du projet de Scarpa. Les bruits les plus divers circulaient : Scarpa ne faisait-il pas partie des « Brigades rouges » ? En tous les cas, il était certainement communiste. Excédé par les questions déconcertantes du jury, Scarpa murmura à l'oreille d'un de ses collaborateurs français : « Son'mona, andiamo via ». Le lendemain, Dominique Bozo, le futur directeur du Musée, demanda à ce même collaborateur de venir chez lui expliquer toutes les planches du projet, mais en vain. Quelques années plus tard, Bozo lui avoua que c'était le meilleur projet. C'est Siegfried Giedion, dès 1928, dans son manifeste pour le Corbusier intitulé *Bauen in Frankreich*, qui donne l'explication de l'embarras de ce conservateur, du jury et du ministre : « La France était un pays de rentiers. Comme d'autres pays nantis, y domine *la peur du risque*. La peur de se lancer dans le vide. Le retard de la France. [...] Il ne fait qu'illustrer la tyrannie d'une tradition qui hante les esprits et qui refuse de se départir de ses habitudes pour s'adapter à la vie »[3].

Cette invitation au concours, à l'initiative de Jean Leymarie, historien de l'art, directeur de musée, familier de Scarpa, témoigne de sa fortune en France par le biais d'historiens de l'art, de conservateurs de musées ou d'artistes habitués de la Biennale de Venise. Comme André Chastel, familier de Scarpa depuis la Biennale de 1948, qui, un an auparavant, à propos de l'exposition consacrée à Carlo Scarpa organisée par Luciana Miotto à l'Institut de l'Environnement, rue d'Ulm, est certainement l'aiguillon du choix de Carlo Scarpa pour cette consultation : « Beaucoup de voyageurs d'Italie le connaissent sans l'avoir identifié : c'est le plus grand scénariste d'exposition d'art qui existe là-bas, et sans doute dans toute l'Europe. [...] Scarpa a donc renouvelé la muséographie et il serait grand temps que l'on s'en avisât – en dehors de quelques personnes averties – dans notre pays »[4].

La lettre de commande du Directeur des Musées de France est datée du 21 avril 1976 ; les temps sont brefs puisque la remise du projet est fixée au 6 juin suivant. Scarpa ne se contenta pas des relevés du bâtiment mis à sa disposition. Un premier voyage lui permit d'affiner sa connaissance du lieu par une visite en présence de Bruno Foucart et de l'architecte en chef Bernard Vitry (1907-1984). Certaines indications

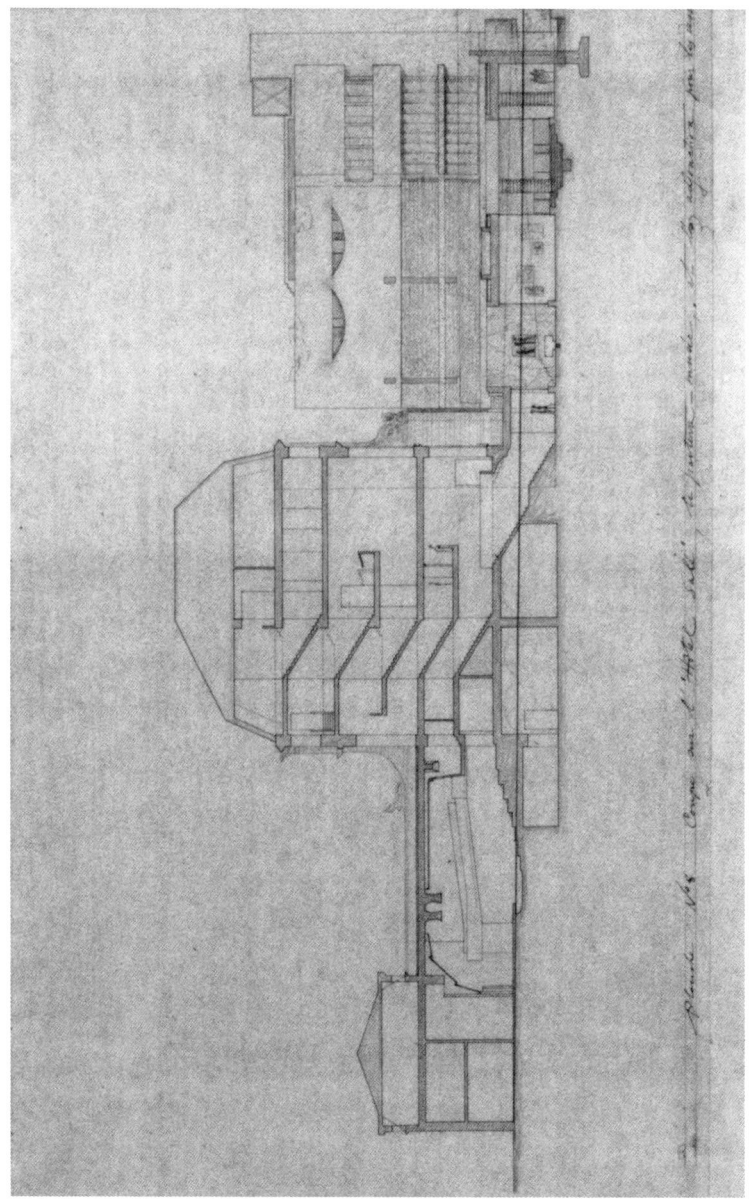

Carlo Scarpa, planche n°5 : coupe sur l'Hôtel Salé, 1976

De gauche à droite, l'intérieur de la salle polyvalente, la distribution des étages de l'hôtel avec l'administration au dernier étage (au-dessus des salles d'exposition), le « parterre » des expositions temporaires au-dessus duquel s'élève la façade du Cabinet des dessins

Crayon sur tirage héliographique

et contraintes d'ordre architectural à prendre en considération furent balayées en quelques secondes par son expérience des monuments historiques, comme les lambris ou les boiseries – « toutes du XVIIIe siècle, à conserver » – de certaines salles, alors qu'il démontra d'un tour de main que c'était un travail de menuiserie mécanique du début du XXe siècle. En ce qui concerne les structures de la petite chapelle à conserver, ce n'était qu'une copie en plâtre. Sur le travail de restitution de la façade par l'architecte en chef, à la question de Scarpa : « À quoi correspondent les cheminées sur le toit, Monsieur Vitry ? », la réponse fut inattendue : « À rien, mais un toit de cette époque a toujours des cheminées ». Les questions pertinentes et embarrassantes de Scarpa n'ont pas plaidé en sa faveur du côté de l'historien de l'art et de l'architecte.

Le texte explicatif accompagnant les planches et le descriptif chiffré de la proposition de Scarpa, qu'il a voulus provisoires, rend bien compte de l'hypothèse muséographique proposée, malgré l'absurdité de cette préfiguration : un musée sans contenu, la dation de la famille Picasso. Pour Scarpa, « placer correctement une œuvre d'art implique qu'on en comprenne la nature, le caractère, l'essence la plus spécifique »[5], donc une fois établie l'organisation du musée, c'est bien *la mise en valeur* de l'œuvre de Picasso qui devait en être le fondement, l'illumination. En son absence, Scarpa fait preuve encore une fois de son savoir muséographique : « Nous avons, avant de dessiner quoi que ce soit, procédé à une analyse de l'Hôtel Salé et de son îlot. Nous ne nous sommes guère posés la question de savoir si Picasso aurait souhaité un tel environnement tant la réponse nous paraissait positive. Notre expérience muséographique nous a conduit à nous tenir aux strictes exigences du programme et par là-même à proposer deux nouvelles constructions : l'une verticale pour la réserve, la salle d'exposition des dessins et le cabinet des estampes, l'autre horizontale pour les expositions temporaires et la disposition en plein air des sculptures. La construction verticale permet de résoudre le problème de la mitoyenneté : l'horizontale de redimensionner le terre-plein actuel et de recréer l'environnement classique d'un hôtel parisien tel qu'il apparaît sur le cadastre. Le parcours de la visite assure la liaison entre l'ancien et le nouveau. La rampe ouverte, placée au-dessus du parterre temporaire, permet par exemple une appropriation visuelle de l'ensemble des bâtiments anciens. Les remarquables salles voûtées du sous-sol deviendraient ainsi des espaces parfaitement adéquats pour l'exposition de céramiques tandis qu'une salle polyvalente s'inscrirait dans l'ancienne cour d'entrée de l'hôtel. Nous avons recherché dans l'ensemble du projet une certaine unité d'éclairages naturels : c'est ainsi que nous avons prévu un système de patios qui, dans le musée temporaire du parterre, permettrait une exposition des œuvres à la lumière naturelle : il en est de même pour les salles d'exposition de l'hôtel. Nous avons tenu compte, dans le corps du bâtiment ancien, de la distribution classique du bâtiment et de ses valeurs architecturales. La mezzanine projetée dans les salles du premier étage redimensionne les espaces d'exposition sans les modifier, permettant ainsi d'exposer simultanément les œuvres et les esquisses ou documents qui s'y rapportent. Quant à notre proposition pour le jardin public demandé en bout de parcelle, nous pensons que l'espace réservé à la réception des œuvres destinées aux expositions temporaires permet à la fois de clore le jardin et de redonner toute sa valeur urbaine à l'îlot et à la rue qui le borde »[6].

La leçon de Carlo Scarpa ne fut pas entendue. Toute l'attention du jury était pour le projet du lauréat Roland Simounet (1927-1996) qui, ironie du sort, avant de commencer les travaux, envoya ses deux collaborateurs Vincent Cornu et Benoît Crépet en Italie à la recherche de Carlo Scarpa. La restructuration et l'extension du musée par Jean-François Bodin menées jusqu'à sa réouverture en 2014 ne font que confirmer la justesse de la proposition de Scarpa. Mais a-t-il su en saisir toutes les finesses comme par exemple le choix de l'appareillage du mur mitoyen des immeubles de la rue de la Perle comme matériau du bâtiment nouveau proposé par Scarpa ? Alors que ce splendide mur a été totalement défiguré par un enduit couleur pierre orné de treillis en bois façon jardin classique ! Aura-t-il, comme Scarpa, l'idée de restituer l'escalier monumental de l'hôtel, toujours trop à l'étroit, dans son vaste espace d'origine ? Ou la curiosité de se procurer l'un de ces fameux manuels Roret, celui du chaufournier[7] pour réhabiliter cette science de la chaux dont Scarpa s'était fait l'apprenti sorcier ?

« Nous pouvons nous efforcer d'échapper, nous réfugier dans le passé, nous pouvons aussi essayer de comprendre, explorer ce qui se passe aujourd'hui. Les grands créateurs font la sentinelle avec toutes leurs antennes pour appréhender l'avenir. Ils partent là où la vie est la plus intense, cherchent la tension la plus forte autour d'une naissance nouvelle pour anticiper la société future et créer l'âme. Le grand art est toujours la recherche »[8]. Pour conclure avec Willem Sandberg, cette page du XXe siècle où, avec Carlo Scarpa, ils s'illustrèrent de connivence dans l'art d'exposer.

NOTES — *

1
Bruno Foucart, « De l'Hôtel Salé au Musée Picasso », *Revue de l'Art*, n°68, 1985, p. 37 et 40.

2
Lettre du secrétaire d'État à la Culture Michel Guy adressée à Carlo Scarpa, 9 juillet 1976, Archives Carlo Scarpa, MAXXI-Collezione Architettura, Rome.

3
Siegfried Giedion, *Construire en France, en fer, en béton*, La Villette, Paris 2000, p. 110.

4
André Chastel, « À propos d'une exposition (perdue) de Carlo Scarpa, vénitien », *Le Monde*, 27 juin 1975.

5
Cité par Luciana Miotto, « Carlo Scarpa : la mise en scène des œuvres d'art », in *Techniques et Architecture*, « Musées. Muséographies », n°326, septembre 1979, p. 101. Willem Sandberg ouvre le numéro avec « Le Stedelijk de 1945 à 1963 », p. 29-32.

6
Texte explicatif rédigé par les collaborateurs français de dernière minute qui assistèrent pendant une petite semaine Carlo Scarpa à Paris dans la phase finale qui précéda la présentation du projet au Louvre (Francoise Véry, Pierre Saddy, Jean-Pierre Peneau et Philippe Duboÿ), in « Projet pour le Musée national Picasso. Projet Carlo Scarpa », *L'Architecture d'aujourd'hui*, n°202, avril 1979, p. 82. Un extrait de ce texte est publié par Luciana Miotto, *op. cit.*, p. 110.

7
Valentin Biston, *Manuel théorique et pratique du chaufournier contenant l'art de calciner la pierre à chaux et à plâtre, de composer toutes sortes de mortiers*, Roret, Paris 1828. Bibliothèque de Carlo Scarpa.

8
Willem Sandberg, exergue au numéro spécial de *Techniques et Architecture*, « Musées. Muséographies », *op. cit.*, p. 29.

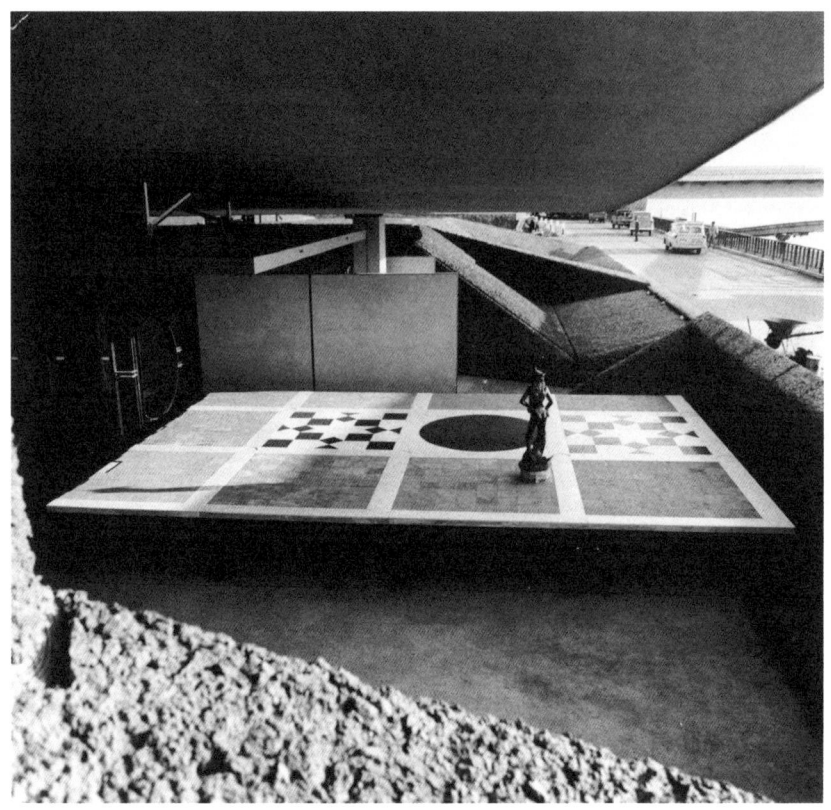

Secteur de la Poésie, Pavillon italien, *Expo 67*, Exposition universelle de Montréal, 1967 ; commissaire : Giulio Carlo Argan

Le *David* (1430-1432) de Donatello est posé à l'extérieur du Pavillon sur le dallage de *La Flagellation du Christ* (c. 1455) de Piero della Francesca

Carlo Scarpa
L'architecture peut-elle être poésie ?
1976

Je suis très ému parce que la tradition de mes études me portait, en raison de la position géographique de Venise, à être attentif à la modernité venant de Vienne, avec les noms célèbres que vous connaissez tous. Naturellement, l'artiste que nous avons le plus connu, pour ainsi dire le plus aimé, et qui nous a le plus enseigné, est celui qui avait la faveur des revues allemandes. C'était Josef Hoffmann, et, chez Hoffmann, il y a une petite... pourquoi petite, plutôt une grande expression du sens de la décoration qui, pour les étudiants de l'Académie des Beaux-Arts [dont Carlo Scarpa faisait partie], pouvait faire penser, comme disait Ruskin, que l'architecture est décoration. Cela tient au simple fait qu'au fond, je suis un peu byzantin et que, chez Hoffmann, se trouvent des caractéristiques orientales ou, si vous voulez, qui concernent une Europe tournée vers l'Orient. C'est difficile à expliquer mais, intuitivement, quelqu'un qui connaît les formes expressives de cet architecte me donnera raison.

Maintenant, je vais vous faire rire, car il faut bien rire de temps en temps de ces professeurs qui s'exhibent un peu et parlent de choses sérieuses, souvent obscures et mystérieusement énigmatiques. En vérité, et malheureusement, je suis l'héritier d'une tradition culturelle, celle du Monument à Victor Emanuel II érigé à Rome, parce que j'étais le meilleur élève de mon professeur [Guido Cirilli], qui fut lui-même le meilleur élève de l'auteur de ce monument [Giuseppe Sacconi ; érigé entre 1885 et 1911]. Vous avez aujourd'hui plus de chance que nous parce que vous vivez dans un climat homogène dans lequel la culture mondiale, internationale, porte justement le nom de Style international. Le malheur de la pauvreté d'esprit de l'Italie de ce moment-là était que, dans les Académies des Beaux-Arts comme la vôtre, les personnalités qui y enseignaient appartenaient au goût éclectique du XIXe siècle. Alors, nous avons dû faire un certain effort pour nous détacher de la formation pédagogique que nous avions reçue. On devrait toujours faire cet effort, car même si on effectuait ses études dans le plus large et le meilleur environnement culturel qui soit, pour obtenir une certaine qualité personnelle et ce sens d'autorité morale que tout individu, dans le domaine de l'art, doit conquérir – sans quoi il ne pourrait se déclarer artiste –, il faudrait couper le cordon ombilical. Aussi, ce fut une chance pour moi, à peine mes études terminées, de trouver un ouvrage intitulé *Vers une architecture* ; ce fut une révélation. À partir de ce moment-là, les conditions *spirituelles* changèrent totalement.

Tout cela pour rappeler les étapes d'une vie modeste qui, au fond, ne prétend pas être celle d'un maître, comme l'affirmait auparavant Monsieur Peichl. Des maîtres, en ce moment, il n'y en a plus. Ils sont tous morts. Un maître est celui qui exprime des choses nouvelles. Les autres, s'ils le peuvent, l'écoutent et le comprennent. Mais nous, moi au moins, je ne me considère pas comme un maître, parce que dans notre pauvre tête, nous sommes plein des composantes modernes apportées par ces hommes dont je viens de dire qu'ils sont, pour notre malheur, tous morts. Les grands architectes modernes ne sont plus là. Le dernier, Louis Kahn, a disparu d'une manière un peu lugubre [en 1974]. Ce sont des pertes graves, car il me semble qu'il n'y a personne pour prendre leur place.

Sur l'invitation qui m'a été envoyée, on me demandait de répondre à la question : « L'architecture peut-elle être poésie ? » Peut-elle, point d'interrogation. Bien sûr qu'elle peut être poésie. Frank Lloyd Wright l'avait déjà déclaré dans une conférence à Londres. Alors la réponse est : oui, parfois, l'architecture est poésie, mais elle ne l'est pas toujours. La société ne demande pas toujours de la poésie. La poésie n'est pas une chose de tous les jours. Mais on ne doit pas penser et il n'est pas possible de dire : je ferai une architecture poétique. La poésie naît de la chose en soi, si celui qui la fait a en lui cette nature. Quelquefois, cela dépend de conditions différentes, des finalités ou des réalisations de l'architecture.

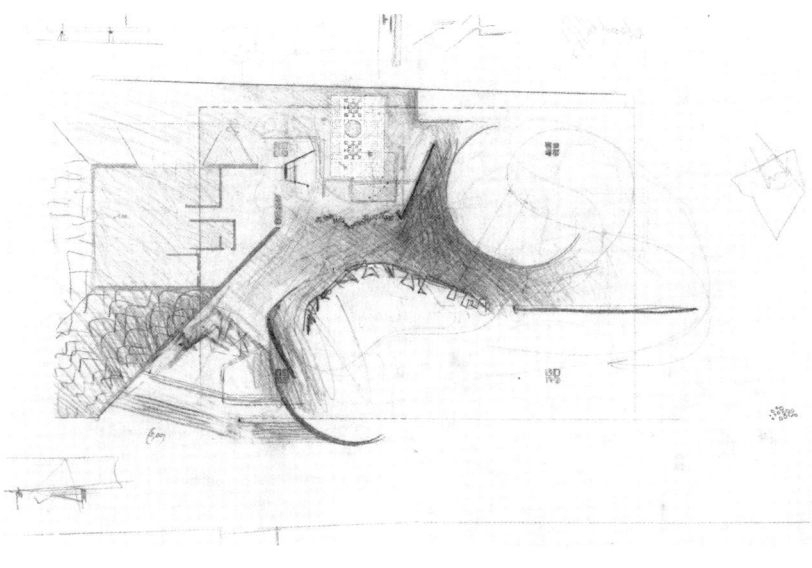

Plan général du Secteur de la Poésie, Pavillon italien,
Expo 67, Exposition universelle de Montréal, 1967

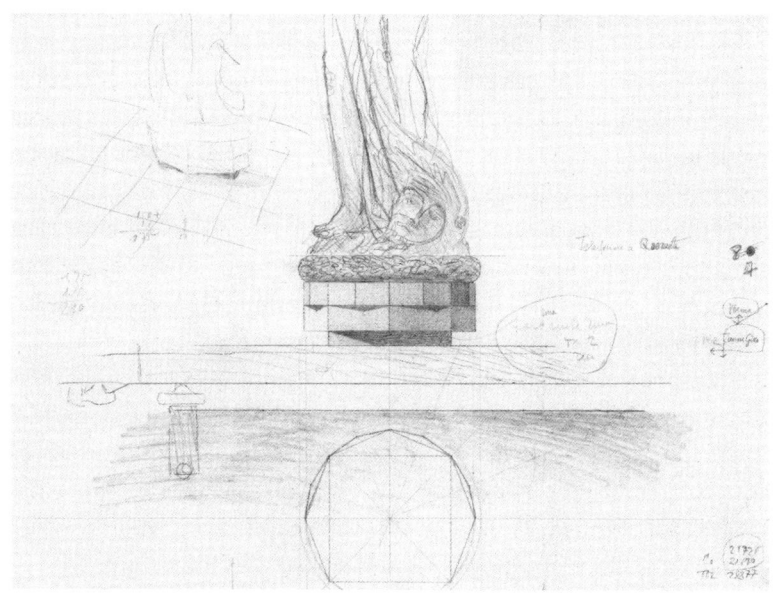

Détail du socle du *David* de Donatello : une solution scarpienne classique pour passer
du cercle du socle en bronze de la statue au carré posé sur le dallage

Crayon sur papier calque léger

Pas toute l'architecture... Je veux dire que, quelquefois, l'architecture est poésie aussi bien dans l'Antiquité que de nos jours. Par exemple, la Sécession de Josef Olbrich est pleine de poésie, elle se trouve à deux pas d'ici. La question pourrait être celle-ci : quand est-ce que la base d'une colonne attique est poésie et quand est-ce qu'elle ne l'est pas ? On pourrait dire que cette architecture qui devrait être poésie devrait s'appeler harmonie. Parce que l'harmonie pourrait être un très beau visage de femme, harmonique parce que toutes ses proportions sont parfaites. Entre deux choses semblables, il peut y avoir d'énormes différences. Voilà une base attique, elle n'est même pas belle, il me faudrait le bon modèle, je l'ai oublié. Si je la fais ainsi, ce n'est plus la même chose. Il y a des différences subtiles. Alors cela veut dire qu'il y a des objets, c'est-à-dire des formes qui expriment quelque chose, mais l'architecture est un langage difficile à saisir. Je ne dis pas ça pour vous, qui voulez la faire, mais pour l'ensemble de l'humanité qui regarde les choses, et pour qui peinture, sculpture, poésie peut-être, musique surtout, sont compréhensibles – l'architecture restant un langage mystérieux.

Le professeur Peichl a dit tout à l'heure que je suis allé au Japon. Au Japon, on voit nettement une différence entre ce qui est shintoïste et ce qui est bouddhiste. Le bouddhisme est une influence chinoise. Le shintoïsme représente le vrai Japon, authentique. Tout notre goût moderne comme nos critères critiques vont vers le shintoïsme et non vers le bouddhisme. C'est vrai, l'architecture glorieuse ne nous plaît pas. Si vous regardez dans les livres – on n'est pas forcé d'aller au Japon –, vous noterez cette différence. Mais on ne peut pas dire *a priori* que le shintoïsme est plus poétique que le bouddhisme du point de vue architectural. C'est une inversion de valeurs parce que la valeur d'une œuvre consiste dans sa capacité d'expression maximum. Quand une chose est très bien exprimée, cette valeur devient très grande. Je ne voudrais pas que vous pensiez que je suis venu ici pour faire un sermon. Je suis un homme très humble et très simple. J'ai fait quelques réalisations. Je suis un peu spécialiste, je le dis d'une manière ironique – quelle barbe les spécialistes, mais le monde moderne aime les spécialistes –, je suis un petit peu *muséographe*. J'ai fait beaucoup d'expositions, mon travail est très restreint, des réalisations qui ne sont pas très importantes.

NOTE — *
Ce texte est la transcription partielle d'une conférence donnée à l'Akademie der Bildenden Künste, Vienne, le 16 novembre 1976.

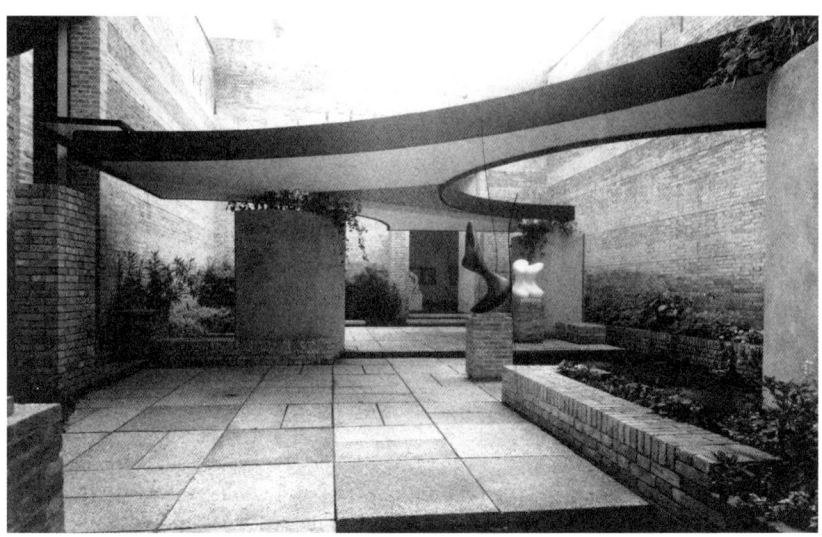

Carlo Scarpa
« Jardin des sculptures », Pavillon central, Biennale de Venise, 1952
Sculptures de Salvatore Messina

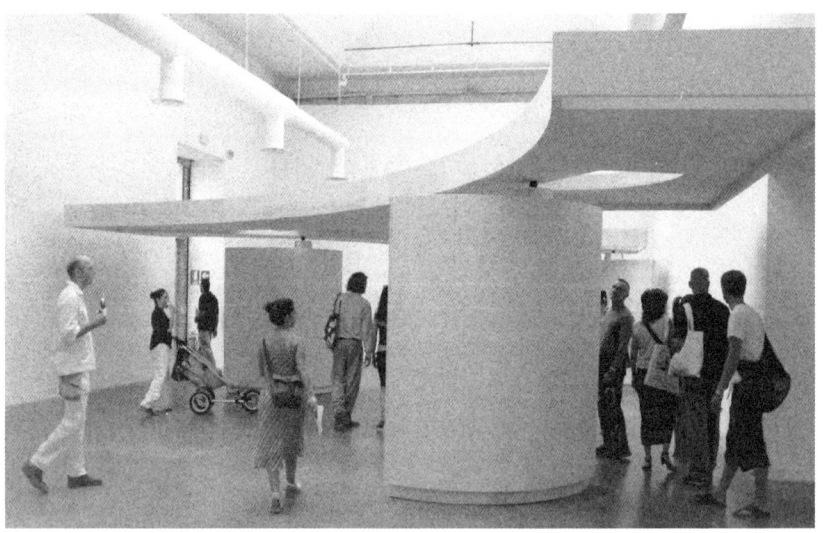

Gabriel Orozco
Shade Between Rings of Air, Biennale de Venise, 2003
Reproduction à l'échelle 1 de la marquise du « Jardin des sculptures »
de Carlo Scarpa dans la salle attenante du Pavillon central

Épilogue : Gabriel Orozco, Biennale de Venise

2003

En 1951, alors que les insuffisances du Pavillon central de la Biennale sont de plus en plus criantes, Carlo Scarpa est chargé de résoudre le problème de la ventilation des salles d'exposition. Supprimant quelques salles de l'aile nord, il ouvre une petite cour aux murs élevés, version moderne du *giardino pensile* [jardin suspendu], et conçoit ce qui doit être à la fois un lieu de passage, d'exposition et de repos. Ces trois fonctions a priori contradictoires sont condensées dans la dynamique d'une *pensilina*, une marquise trilobée, tendue entre les accès aux deux salles d'exposition attenantes, au-dessus d'un jardin géométrique. La marquise prend appui sur trois sphères d'acier, invisibles depuis le sol, posées sur des piliers en ellipse, aux orientations variées, offrant une diversité surprenante de points de vue. Le sommet de chaque pilier fait office de jardinière de sorte que la puissante volée de béton de la marquise semble léviter, en toute légèreté, au-dessus du lierre. La hauteur des murs d'enceinte, le resserrement de l'espace, la diversité des matériaux et des textures, le ruissellement de l'eau achèvent de faire du lieu une véritable sculpture. Alberto Viani refusa cette année-là d'y exposer ses œuvres, déclarant : « Il y a déjà une sculpture dans ce jardin, c'est un accomplissement poétique.

[...] Des sculptures sous une sculpture, cela ne s'est jamais vu »[1].

En 2003, l'artiste mexicain Gabriel Orozco s'entretient avec le critique et commissaire d'exposition Hans Ulrich Obrist sur le projet qu'il destine à la Biennale de Venise qui ouvrira l'été suivant[2].

HANS ULRICH OBRIST — Et Carlo Scarpa, puisqu'il est directement impliqué par votre nouvelle œuvre destinée au Pavillon central de la Biennale de Venise ? Pouvez-vous m'en dire davantage sur cette œuvre et votre intérêt pour son travail ?

GABRIEL OROZCO — Pour le moment, elle n'est pas terminée. Et ce n'est pas facile de parler d'une œuvre qui n'est pas terminée. On doit s'en tenir à des spéculations. [...] Son titre est *Shade Between Rings of Air* [« Une ombre entre des anneaux d'air »]. Je reproduis la *pensilina*, la structure de pergola que Scarpa a déposée dans le patio. En fait, je la reproduis à l'échelle 1 dans l'espace adjacent. Je ferai peut-être aussi une intervention éphémère dans les deux espaces, mais je n'en suis pas encore certain. On aura donc l'image en miroir, distordue, du patio réel, reproduit comme une sorte de maquette platonicienne idéale, mais de même taille que son modèle, donc ce n'est pas à proprement parler une maquette, bien que cela fonctionne aussi comme une maquette à l'échelle. Cette pergola est un contenant. C'est aussi une structure très légère et fragile. C'est un espace dans un espace. La boîte à chaussures[3] était un *white cube* dans un *white cube*. Là, il s'agit d'un miroir dans l'espace, ils jouent en double. Avec cet espace, je nie l'espace, et il est encore vrai dans ce cas que ce nouvel objet dans le *white cube* est, d'une certaine manière, indépendant du *white cube*, il est en rapport avec la réalité, avec le vrai patio, le climat, la lumière du soleil, la végétation. Mais c'est quand même un objet en soi, et comme je le soustrais au royaume de l'architecture pour l'inscrire dans le royaume de l'art, il devient une sorte de sculpture. Mais c'est encore un réceptacle, comme l'original.

Hans Ulrich Obrist — Ce n'est pas un ready-made ?

Gabriel Orozco — La boîte à chaussure était un réceptacle, et cela aussi c'est un réceptacle. Les couvercles de yaourt [*Yogurt Caps*, 1994] aussi étaient des réceptacles. C'est la même chose. Scarpa a réalisé ce magnifique patio comme un réceptacle pour sculptures. Le problème, c'est qu'il était tellement beau, tellement fort qu'il s'est révélé très difficile pour les artistes d'en faire usage. Ma version du patio n'est pas un ready-made. Elle fonctionne. La boîte à chaussure est une boîte à chaussure.

Hans Ulrich Obrist — Mais la pergola de Scarpa est un dispositif d'installation pour exposer des sculptures. Richard Hamilton me disait, voici quelques années, que « chaque exposition importante a inventé un nouveau dispositif d'exposition ».

Gabriel Orozco — Oui, c'est un dispositif d'exposition et l'on peut voir qu'il a été utilisé dans les années 1950 et 1960 par des sculpteurs traditionnels comme Jean Arp. Aujourd'hui, il est obsolète. Le problème avec l'architecture, c'est que si vous faites un musée, l'architecte la plupart du temps le conçoit et le construit comme une sculpture. Ici, je déplace un morceau d'architecture dans le monde de la sculpture pour voir ce que cela donne. C'est une expérience sur les relations de la sculpture et de l'architecture. Il y a un autre aspect : c'est que ni le patio de Scarpa ni *Shade Between Rings of Air* ne sont monumentaux. Cela fait une grande différence. On peut dire qu'aujourd'hui l'architecture s'efforce de combler le besoin apparent de monumentalité que la sculpture refuse désormais de satisfaire. C'est un enjeu politique : l'architecture assume un rôle que l'art contemporain récuse. Il s'agit d'une critique de la monumentalité architecturale.

Hans Ulrich Obrist — Le titre de votre œuvre est intrigant. Quel rôle jouent les titres pour vous ? Où passe la ligne entre une œuvre et son titre ?

Gabriel Orozco — Les titres sont importants en règle générale. J'essaie d'avoir recours à des titres descriptifs et directs, mais dotés d'un certain potentiel poétique. Donc quand je parle d'« une ombre entre des anneaux d'air » je ne mens pas. C'est une description assez précise de ce patio, de ce qu'il produit, mais je le nomme différemment, c'est pourquoi cela paraît poétique.

NOTES — *

1
Cité par Orietta Lanzarini, Carlo Scarpa, *L'Architetto e le arti, Gli anni della Biennale di Venezia 1948-1972*, Marsilio, Venise 2003, p. 128.

2
Hans Ulrich Obrist, « Gabriel Orozco », in *Interviews*, vol. I, Carta, Milan 2003, p. 651-652.

3
Empty Shoe Box [Boîte à chaussures vide], 1993, œuvre exposée à *Aperto*, Biennale de Venise, 1993.

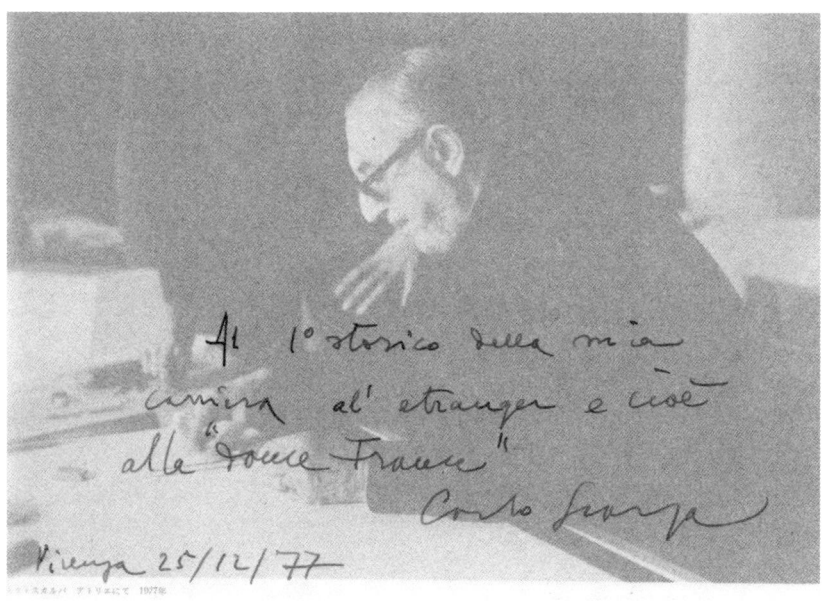

Dédicace de Carlo Scarpa à
Philippe Duboÿ, 25 décembre 1977

Biographie de Carlo Scarpa

Nous avons fidèlement suivi, à quelques exceptions près et en la simplifiant, la chronologie établie par Orietta Lanzarini in *Carlo Scarpa. Mostre e Musei 1944/1976, Case e Paesaggi 1971/1978*, Guido Beltramini, Kurt Forster, Paola Marini (éds.), Electa, Milan 2000, p. 455-460 ; ainsi que le catalogue des œuvres établi par Sergio Polano, in *Carlo Scarpa 1906-1978*, Francesco Dal Co et Giuseppe Mazariol (éds.), Electa, Milan 1984, p. 97-149.

1906
2 juin : naissance à Venise de Carlo Scarpa, fils d'Antonio Scarpa, instituteur, et d'Emma Novello, qui ouvrira un atelier de couture à Vicence (Vénétie).

1908
La famille Scarpa s'installe à Vicence.

1919
À la mort d'Emma Novello, la famille retourne à Venise. Carlo Scarpa est admis au cours triennal de l'Académie royale des Beaux–Arts de Venise.

1922-1926
Admis au cours spécial d'architecture de l'Académie, il fait ses armes sur des suivis de chantier d'églises et de campaniles dans la province de Vénétie, en tant qu'assistant de l'architecte Vincenzo Rinaldo. À Murano, la société Cappellin & Co., maîtres–verriers, lui confie des travaux d'aménagement d'espaces industriels et la restauration du Palais Da Mula.

1926
Obtention du Diplôme d'habilitation au dessin d'architecture de l'Académie. En tant qu'assistant de l'architecte Guido Cirilli, il commence à enseigner à l'Institut universitaire d'architecture de Venise (IUAV). En septembre, il présente sa demande d'admission à l'Ordre des architectes, sans succès. Premiers chantiers de construction à Fontaniva (Padoue) pour l'industriel du béton armé préfabriqué Angelo Velo.

1927-1930
Conseiller artistique de la société Cappellin & Co. La verrerie occupe l'essentiel de son temps. Travaux variés d'architecture d'intérieur.

1931
Avec quatre jeunes architectes vénitiens, il signe l'*Adhésion au mouvement rationaliste* publiée le 19 mai dans *Il Lavoro fascista*. C'est l'étape vénitienne d'un mouvement qui, depuis la fondation en 1926 du Groupe 7 et la *Première exposition rationaliste* à Rome en 1928, gagne la jeune génération des

architectes italiens. Il travaille à l'aménagement de la maison de l'antiquaire Ferruccio Asta, qui lui vaudra les éloges, dans la revue *Casabella*, d'Edoardo Persico, l'un des chefs de file du mouvement rationaliste.

1933
Carlo Scarpa est chargé de l'enseignement de la décoration à l'IUAV, puis du dessin du verre. Il est depuis 1932 conseiller artistique de la société Venini & Co. à Murano, dont il aménage le stand aux Ve, VIe et VIIe Triennales de Milan (1933 ; 1936 ; 1940).

1934
Il épouse Ottorina Lazzari (dite « Nini »), nièce de l'architecte Vincenzo Rinaldo. Il reçoit le diplôme d'honneur de la Triennale de Milan pour les verreries exposées au stand Venini. Projets pour le plan régulateur de Mestre et l'aéroport de Venise.

1935
Naissance de son fils Tobia. Il est chargé de l'aménagement de la faculté de Ca' Foscari, siège de l'Institut supérieur d'économie et de commerce. Travaux variés d'architecture d'intérieur.

1937
Premier dispositif d'installation pour l'exposition *Oreficeria veneziana* [Bijouterie vénitienne] dans la *loggetta* de Sansovino, campanile de la place Saint-Marc. Rencontre l'éditeur et marchand d'art Carlo Cardazzo.

1941
Aménagements intérieurs ; restructuration d'édifices anciens à usage d'habitation. Il aménage la galerie d'art moderne Il Cavallino pour Carlo Cardazzo, ainsi que la maison du sculpteur Arturo Martini avec lequel il noue une amitié au long cours.

1942
Pour la XXIIIe Biennale de Venise, il installe l'exposition d'Arturo Martini dans le Pavillon central. Travaux divers *d'arredamento*.

1944
Il commence les travaux de réaménagement des Galeries de l'Académie de Venise.

Nommé professeur ordinaire à l'IUAV (décoration), il est également chargé du cours de dessin professionnel à l'Institut artistique industriel de Venise pour les années 1945-1946 et 1946-1947. Projet de cinéma et de sa cafétéria annexe pour la ville de Valdobbiadene (à proximité de Trévise).

1947
À l'invitation de l'Association pour l'architecture organique que vient de créer Bruno Zevi et dont il est membre, il prononce à Ca' Giustinian de Venise la conférence « Considérations sur le [style] Liberty ». À la VIIIe Triennale de Milan, il est consulté par l'Istituto del Lavoro de Vénétie sur les relations artisanat/industrie. Participe au concours pour le plan régulateur du Lido.

1948
Intense activité de projets en Vénétie. Carlo Scarpa est en outre mobilisé par plusieurs expositions à la XXIVe Biennale de Venise, celle de la « Renaissance de la culture italienne » : les expositions d'Arturo Martini, de Carlo Carrà, Giorgio De Chirico et Giorgio Morandi (*Trois peintres italiens de 1910 à 1920*), de Massimo Campigli, de Filippo De Pisis, de Paul Klee et de la Collection Peggy Guggenheim. Au Palais du Cinéma du Lido, il installe la *Prima esposizione tecnica del Cinema*.

1949
Projets pour l'hôtel Bauer à Venise. Il installe l'exposition de Giovanni Bellini au Palais Ducal et la *Rassegna d'arte contemporanea* au Musée Correr, aile Napoléon. Aménagement du nouveau siège de la galerie Il Cavallino, de l'atrium et du salon d'honneur de l'hôtel Danieli, du stand pour la presse du Palais du Cinéma du Lido. À la Xe Mostra du Cinéma, il fait partie du jury du documentaire et du court-métrage sur l'art.

1950
Projets de résidences et de boutiques à Venise et Udine. Il conçoit et réalise pour la société Telve (Venise), une agence téléphonique d'inspiration néo-plastique. Aménagement de la salle verte de l'antique café Pedrocchi à Padoue. À l'invitation de

Carlo Cardazzo, il construit le spectaculaire (et provisoire) Pavillon du Livre d'art dans les Jardins de la Biennale de Venise. À l'occasion de la XXVe Biennale, il installe, outre diverses sections du Pavillon central, l'exposition *Les Affiches de la Biennale* dans l'aile Napoléon du Musée Correr, et la *Mostra internazionale del libro e del periodico cinematografico* au Lido.

1951
À l'occasion de la remise du doctorat *honoris causa* de l'Université de Venise à Frank Lloyd Wright, il le rencontre personnellement. Projet pour la Tombe Veritti à Udine en collaboration avec l'architecte Angelo Masieri. Installation de l'exposition de Gianbattista Tiepolo au Pavillon central des Jardins de la Biennale. Stand à la IXe Triennale de Milan, section Hôtellerie : *Abitazione e camera per un albergo in città*.

1952
À l'occasion de la XXVIe Biennale de Venise, il construit la billetterie et la nouvelle entrée des Jardins. Au Pavillon central, il ouvre la petite cour des sculptures et dessine sa *pensilina* (marquise). Au Musée Correr, il installe *L'Œuvre graphique de Henri de Toulouse-Lautrec* et différentes expositions.

1953
Projet pour la villa Zoppas à Conegliano (Trévise). Réorganisation du Musée Correr à Venise. Installe l'exposition *Antonello da Messina e la pittura del '400 in Sicilia* à Messine. Début des travaux de réaménagement du Palais Abbatellis à Palerme pour y accueillir la Galerie régionale de Sicile. D'une exécution exceptionnellement rapide, le projet est achevé en 1954.

1954
Commence à Rome une série de conférences sur des questions de muséographie pour les boursiers Fulbright à l'Instituto d'Urbanistica, un cycle qui se poursuivra jusqu'en 1960. La Direction des Beaux-Arts lui demande une suite de conférences sur le même thème, destinée aux responsables des musées italiens (« Problèmes de muséographie contemporaine : rapport entre l'espace muséographique et l'oeuvre d'art, matériaux et technique d'illumination »).

Élu membre de l'Accademia delle Arti e del Disegno de Florence. Il installe l'exposition *Arte antica Cinese* au Palais Ducal de Venise, réorganise l'Aula Magna de la Ca' Foscari, et travaille au Pavillon du Venezuela aux Jardins de la Biennale (1953-1956).

1955
Ses collègues le proposent en vain pour un diplôme *honoris causa* d'architecte. Conférence Fulbright : « Examen critique de quelques œuvres personnelles ». Il est chargé de la direction de la Section des techniques du métal du cours expérimental de design industriel à l'Istituto Veneto. Projets pour le centre culturel de La Spezia et pour le tribunal de Venise. Il installe la sculpture *La Partigiana* de Leoncillo Leoncilli, première version du *Monument à la Résistance*, au débouché de la via Garibaldi sur les Jardins de la Biennale – le monument sera détruit par une bombe fasciste. Projet d'*arredamento* pour l'étude de l'avocat Luigi Scatturin, dont la table *Signori, prego, si accomodino* [Je vous en prie, Messieurs, installez-vous]. Travaux de réaménagement de quelques salles du Musée des Offices (Florence) avec Ignazio Gardella et Giovanni Michelucci (1954-1956). Début des travaux de réaménagement de la Gypsothèque Canova à Possagno (Trévise). Projet et réalisation de la maison de l'avocat Luciano Veritti à Udine.

1956
Première d'une série de dénonciations pour exercice illégal de l'architecture. Conférence Fulbright : « Architecture rationnelle et architecture organique en Italie ». Cours sur les applications de la géométrie descriptive à l'IUAV. Concours pour la colonie Olivetti à Brusson (Ivrea, Piémont). À Rome, à la demande de Palma Bucarelli, directrice de la Galerie nationale d'Art moderne, il y installe l'exposition de Piet Mondrian. Premiers contacts avec le Musée de Castelvecchio (Vérone).

1957
Reçoit en janvier le Prix Olivetti pour l'architecture. Il rencontre Alvar Aalto à Rome, à l'occasion d'un colloque. Conférences à Venise sur « L'architecture américaine contemporaine » et à Milan sur « La position

de l'architecte moderne en Italie ». Projets pour le siège des grands magasins La Rinascente à Catane. Projet de camping à Fusina (Vénétie). Divers projets d'aménagements intérieurs. Il réinstalle l'exposition de Piet Mondrian au Palazzo Reale de Milan. Début de l'aménagement du magasin Olivetti vénitien place Saint-Marc. Début de la réorganisation de la collection des peintures du Musée Correr. Projet pour le cabinet des dessins et gravures des Offices à Florence, avec l'architecte Edoardo Detti.

1958
Élu membre de l'Académie vénitienne, classe des architectes. Conférence Fulbright : « Insertions modernes dans le contexte historique vénitien ». Installations pour la XXIXe Biennale de Venise dont l'exposition d'Alberto Viani. Il installe au Castelvecchio de Vérone l'exposition d'art médiéval *Da Altichiero a Pisanello*. Projet de boutique et de salle d'exposition pour la firme de verrerie Salviati. Projets d'hôtel à Florence et de lycée à Chioggia. Lancement des travaux d'aménagement du Castelvecchio à Vérone (première phase : 1958-1964).

1959
Conférence Fulbright : « Les problèmes muséographiques dans mon expérience personnelle ». Cours à l'IUAV sur l'architecture et l'aménagement intérieurs et la décoration. Projets de réaménagements intérieurs à Venise. Installe l'exposition *Vitalità nell'arte* au Palazzo Grassi et *Un siècle d'art du verre à Murano* au Palazzo della Gran Guardia (Vérone).

1960
Seconde dénonciation pour exercice illégal de l'architecture, cette fois-ci par le président de l'Ordre des architectes de Venise. Conférence à Venise à la mémoire de Frank Lloyd Wright dont il présente l'œuvre à la XIIe Triennale de Milan, au Palazzo dell'Arte – l'exposition lui vaut le Grand Prix du jury international. Il installe trente-sept salles du Pavillon central de la XXXe Biennale de Venise dont les expositions *Les Dessins de Erich Mendelsohn* et *Artisti italiani e stranieri*. Aménagements d'appartements à Venise. Appartement et Tombe Zilio à Udine. Ancien scénographe de théâtre, collectionneur et mécène, Dino Gavina, devenu l'un des initiateurs de l'industrie italienne du design et du meuble, fonde la société Gavina, dont Carlo Scarpa est le président. Il sera tout aussi lié à la société Simon International, créée par Dino Gavina en 1968.

1961
Carlo Scarpa suit l'installation de l'exposition *Il senso del colore e il dominio delle acque* [Le sens de la couleur et la domination des eaux] au Palazzo del Lavoro dans le cadre de l'exposition *Italia 61*. Projet et début des travaux à la Fondation Querini Stampalia. Projet et mise en œuvre du magasin Gavina à Bologne.

1962
Carlo Scarpa quitte Venise et s'installe à Asolo (Trévise). Il reçoit le Prix national IN–ARCH pour la restructuration du Palais Abbatellis. Nommé membre du comité B2 Formes et dessins de la Commission internationale du verre dont le siège est à Paris. À l'IUAV, il est nommé professeur de composition. Travaux divers au Pavillon central de la Biennale pour la XXXIe Biennale. Il élabore plusieurs propositions pour la transformation globale du Pavillon. Il installe l'exposition *Cima da Conegliano* à Trévise. Projets d'habitations diverses en Vénétie. Début des travaux de reconstruction du théâtre Carlo Felice de Gênes.

1964
Projets divers dont le restaurant de l'Institut œnologique de San Michele all'Adige (Trente) et la Villa Zentner à Zurich. Installations au Pavillon central de la XXXIIe Biennale de Venise dont l'exposition *Arte d'oggi nei musei* et celle de l'exposition de Giacomo Manzù au Musée Correr.

1965
Ses avocats mettent un terme aux poursuites engagées à son encontre par l'Ordre des architectes vénitiens. Il reçoit la médaille d'or pour l'art et la culture du Ministère de l'Instruction publique et, pour la seconde fois, le Prix national IN–ARCH pour la rénovation du Castelvecchio de Vérone. Projet pour la maison De Benedetti-Bonaiuto à Rome.

1966
Il est invité à présenter son travail dans le cadre de l'exposition que le Museum of Modern Art (New York) consacre à l'architecture des musées. Il participe au concours international pour la rénovation de la Neue Pinakothek de Munich. Projets pour la Place du Dôme à Modène, pour l'entrée de l'IUAV à Venise et la rénovation du Palais Labia devenu le siège de la RAI. Pour la XXXIIIe Biennale de Venise, il installe l'exposition *Aspetti del primo astrattismo italiano, Milan-Como, 1930-1940*, et particulièrement les salles consacrées à Lucio Fontana et Alberto Viani.

1967
Il reçoit le Prix du Président de la République pour l'architecture. Voyage aux États-Unis pour approfondir sa connaissance de l'œuvre de Frank Lloyd Wright. Il y fait la connaissance de Louis Kahn, qu'il accueillera plus tard en Italie. Première visite du Japon. Il installe le Secteur de la Poésie pour le Pavillon italien de l'Exposition universelle de Montréal et l'exposition d'Arturo Martini au Couvent de Sainte-Catherine de Trévise. Début de la seconde phase d'intervention au Castelvecchio. Projet pour le cimetière monumental San Cataldo de Modène. Avec l'architecte Edoardo Detti, il réalise le nouveau siège de la maison d'édition Nuova Italia à Florence.

1968
Il installe le nouveau *Monument à la Résistance* (*La Partigiana* de Augusto Murer) qu'il déplace sur la rive des Jardins de la Biennale et dépose sur une plateforme *galeggiante*, ennoyée par la marée. Pour la XXXIVe Biennale, il installe notamment l'exposition *Linee della ricerca contemporanea dall'informale alle nuove strutture*. Avec celui de Louis Kahn, Franco Albini et de Paul Rudolph, son travail y est exposé. Il dessine la table *Doge* pour la société Simon International. Concours pour un nouveau théâtre municipal à Vicence – compétition avec Franco Albini et Ignazio Gardella. Projets pour la Fondation Angelo Masieri (le précédent projet, fourni par Frank Lloyd Wright, avait été rejeté par la mairie de Venise).

1969
À la requête de son ami Aldo Businaro, Carlo Scarpa est invité au Japon comme consultant des sociétés Cassina et B&B. Projet de magasin d'optique à Bolzano et d'illumination pour les jardins de Castelfranco (Trévise). Installe *Frescoes from Florence* à la Hayward Gallery (Londres) et *The Drawings of Erich Mendelsohn* à l'Université de Berkeley (Californie). À la demande d'Onorina Brion, veuve du célèbre industriel, il projette la tombe familiale dans le cimetière de San Vito d'Altivole (Trévise). Elle sera achevée en 1978, date à laquelle la tombe de Scarpa y trouvera place.

1970
Élu membre du Royal Institute of British Architects (RIBA). L'Arts Council lui confie l'installation de l'exposition de Giorgio Morandi à la Royal Academy of Arts (Londres). Divers projets dont un *country club* près de Vicence.

1971
Restructuration du Château de Brescia transformé en Musée des Armes et projet de magasin à Bologne. Maison Roth à Asolo (Trévise). Divers projets expérimentaux, dont un pavillon pour barbecue dans le jardin de son ami Aldo Businaro, Villa Palazzetto Monselice (Padoue), qui l'occuperont jusqu'à la fin de sa vie.

1972
Quitte Asolo pour s'installer à Vicence. Nommé directeur de l'IUAV. Membre d'une commission pour la sauvegarde du Teatro Olimpico de Palladio à Vicence. Pour sa dernière Biennale de Venise, la XXXVIe édition, il organise *Aspetti della scultura italiana contemporanea* et *Quattro progetti per Venezia*, celle-ci présente les projets jamais réalisés de Frank Lloyd Wright, Le Corbusier, Louis Kahn et Isamu Noguchi pour Venise. Il installe *Capolavori della pittura del XX secolo (1900-1945)* au Musée Correr. Maison Lupi à Vicence. Dessine les tables *Valmarana* et *Quatuor* pour Simon International. Étudie la réorganisation de la Collection Franchetti à la Ca' d'Oro, à la demande de son directeur, l'historien Michelangelo Muraro.

1973

Scarpa est élu membre de l'Accademia Olimpica de Vicence. Projets pour la fondation Querini Stampalia à Venise, pour le restaurant Fini à Modène et le dernier étage du Palais Strozzi à Florence. Il installe *Il ritratto di Venezia* au Musée Correr, *Le Corbusier puriste e il progetto di Pessac* à la Fondation Querini Stampalia, et l'exposition posthume de son ami le peintre Tancredi à la Rotonda di via Besana à Milan. Dessine la table *Orseolo*. Début des travaux du siège de la Banca Popolare de Vérone, Piazza Nogara. Carlo Scarpa est consulté pour le nouveau siège du Musée de Messine.

1974

Début de la troisième phase des travaux du Castelvecchio. Il installe *Venise et Byzance* au Palais Ducal de Venise et l'exposition de Gino Rossi à Trévise, ainsi que deux expositions qui lui sont consacrées : l'une à la Heinz Gallery (Londres), organisée par le RIBA, l'autre à Vicence, près de la Basilique palladienne. Il dessine le divan et le fauteuil *Cornaro* pour Simon International et commence sa collaboration avec la société Bernini en dessinant la bibliothèque *Zibaldone*. Étudie la transformation du Couvent de Sainte-Catherine de Trévise en musée et le Monument aux victimes du massacre de la Piazza della Loggia de Brescia. Divers projets de restructuration, dont celle du Couvent de Saint-Sébastien (Venise) en siège de la faculté des lettres. Début des travaux de la Villa Ottolenghi sur le Lac de Garde à Bardolino.

1975

Il est nommé membre honoraire de la Fondation Pierre Chareau (Paris). Il réaménage l'Aula Magna de l'IUAV à Ca' Foscari. Il installe la « petite » exposition *Carlo Scarpa*, organisée par Luciana Miotto de l'Université Paris-Vincennes à l'Institut de l'Environnement, et l'exposition de Giuseppe Samonà, *50 anni di architetture* au Palazzo Grassi. Il dessine le lit *Toledo* pour Simon International. Projets divers de résidences privées à Belluno et Pesaro. Études pour un musée archéologique à Feltre (Belluno).

1976

Il est élu membre de l'Accademia di San Luca de Rome. Professeur hors-classe à l'IUAV. Participe au concours international pour la transformation de l'Hôtel Salé en Musée Picasso (Paris). La ligne de mobilier 1934 que Scarpa avait dessinée pour son appartement en 1934 est mise en production par la société Bernini. Projets de magasins, de sièges de banques et de bureaux. Nouveau portail pour la faculté des lettres de l'Université de Venise – il sera achevé après sa mort.

1977

Fin de son activité d'enseignant à l'IUAV. En novembre, conférence *L'architecture peut-elle être poésie ?* à l'Académie des Beaux-Arts de Vienne. Études et projets pour l'Université de Palerme, du portail d'entrée de l'IUAV au Couvent des Tolentini, d'un immeuble pour la société Benetton à Trévise, etc. Consultations pour la mise en valeur du site archéologique du Palais Forti, à Vérone. Il installe l'exposition d'Alberto Viani à la Ca' Pesaro. Création de la bibliothèque *Rialto* et, en collaboration avec Marcel Breuer, de la table Delfi pour Simon International, de la table *Scuderia* et du siège *Kentucky* pour Bernini. Différents projets de magasins, dont celui de la firme Alessi à Bassano del Grappa (Vicence).

1978

Projet pour la Bibliothèque de la Scuola Normale Superiore (Pise), d'une villa à Oneglia (Imperia), d'une autre à Al Saoud (Ryad) pour le prince Abdul Aziz I Ben Saad, pour le siège de la banque populaire de Gemona (Udine), pour la Tombe de la famille Galli à San Ilario Alto, Nervi (Gênes), etc. Il installe l'exposition *Carlo Scarpa* à la Galerie ID à Madrid et projette l'installation de l'exposition de Mario Cavaglieri à Rovigo. La société Rossi & Arcandi lance la production des couverts en argent dessinés par Scarpa pour Cleto Munari.

Le 28 novembre, en voyage au Japon, Carlo Scarpa meurt des suites d'un accident à Sendai. Il est enterré dans la Tombe Brion au cimetière de San Vito d'Altivole (Trévise).

Muséographie de Carlo Scarpa

1925-1926
Murano : restauration du Palais Da Mula, nouveau siège de la verrerie Cappellin & Co.

1927
Monza, Villa Reale : salle d'exposition des verreries Cappellin & Co., IIIe Biennale des Arts décoratifs et industriels modernes (mai-octobre)
Florence, Lungarno Guicciardini : création du magasin de verrerie Cappellin & Co.

1930
Monza, Villa Reale : salle d'exposition des verreries Cappellin & Co., IVe Biennale des Arts décoratifs et industriels modernes (mai-octobre)
Paris : projet et réalisation (?) du magasin Cappellin et Veronese, rue Saint-Philippe du Roule

1932
Venise, XVIIe Biennale : Pavillon des Arts décoratifs, section « Italie ». Mario Deluigi et Carlo Scarpa exposent *Il Bagno*, mosaïque a fresco réalisée à Murano avec les maitres verriers Fratelli Donà

1933
Milan, Palazzo dell'Arte : salle d'exposition des verreries Venini & Cie., Ve Triennale (mai-octobre)

1935-1937
Venise, Ca' Foscari : restauration pour le nouveau siège de l'Institut supérieur d'économie et de commerce. Inauguration le 3 février 1937

1936
Milan, Palazzo dell'Arte : salle d'exposition des verreries Venini & Cie., VIe Triennale (avril-juin)

1937
Venise, campanile de la place Saint-Marc : exposition *Oreficeria veneziana*

1940
Milan, Palazzo dell'Arte : salle d'exposition des verreries Venini & Co., VIIe Triennale (avril-juin)

1941-1942
Venise, Riva degli Schiavoni : aménagement de la galerie d'art moderne Il Cavallino

1942
Venise, XXIIIe Biennale : exposition d'Arturo Martini, en collaboration avec Mario Deluigi

1944-1960
Venise, Galeries de l'Académie : réaménagement des salles du XVIe, XVIIe et XVIIIe

siècles (1944-1946) ; de la salle du XVe siècle dans la vieille église della Carità et de la salle du Cycle de Sainte-Ursule de Carpaccio (1947-1950) ; du salon central pour les Primitifs, des salles de Giovanni Bellini et de Giorgione, du XVIIIe vénitien et de San Giovanni Evangelista (1950-1960)

1948
Venise, XXIVe Biennale : Pavillon central, scénographie générale. Expositions d'Arturo Martini et *Trois peintres italiens de 1910 à 1920 (Carlo Carrà, Giorgio De Chirico et Giorgio Morandi)*, expositions personnelles de Massimo Campigli, de Filippo De Pisis, de Paul Klee, exposition *Collection Peggy Guggenheim* au Pavillon de la Grèce
Venise, Lido, IXe Mostra du Cinéma : Pavillon provisoire pour la *Prima esposizione tecnica del Cinema*

1949
Venise, Palais Ducal : exposition de Giovanni Bellini
Venise, Musée Correr, aile Napoléon : exposition *Rassegna d'arte contemporanea*
Venise, Lido, Xe Mostra du Cinéma : stands pour la presse et la propagande au Palais de Cinéma
Venise, La Fenice : exposition de scénographies
Venise, Frezzeria : aménagement de la nouvelle galerie Il Cavallino

1950
Venise, Lido, XIe Mostra du Cinéma : Pavillon provisoire pour la *Mostra internazionale del libro e del periodico cinematografico*
Venise, XXVe Biennale : Pavillon central, scénographie générale et Salon central, et réalisation du Pavillon du livre d'art pour la galerie Il Cavallino
Venise, Musée Correr, aile Napoléon : expositions *Les Affiches de la Biennale* et *Il lavoro nella pittura contemporanea*
Venise, place Saint-Marc : magasin d'antiquités et librairie Ongania

1951
Venise, Pavillon central de la Biennale : exposition de Gianbattista Tiepolo

1952
Venise, XXVIe Biennale : Pavillon central, scénographie générale, cour du Jardin des sculptures, nouvelle entrée et billetterie (1951-1952)
Venise, Musée Correr, aile Napoléon : exposition *L'oeuvre graphique de Henri de Toulouse-Lautrec*
Venise, Bibliothèque Marciana : exposition *Le Bicchèrne di Siena*
Venise, Ca' Giustinian : exposition du Congrès national de l'Institut national d'urbanisme

1953
Venise, Musée Correr : aménagement des sections historiques
Venise, Palais Ducal : exposition de Lorenzo Lotto
Messine, Palais Zanca (Hôtel de Ville) : exposition *Antonello da Messina e la pittura del '400 in Sicilia*

1953-1954
Palerme, Palais Abatellis : aménagement de la Galerie régionale de Sicile

1953-1956
Venise, Jardins de la Biennale : création du Pavillon du Venezuela

1954
Venise, Palais Ducal : exposition *Arte antica cinese*
Venezia, Ca' Foscari : réorganisation de l'Aula Magna

1954-1956
Florence, Musée des Offices : réorganisation des six premières salles du musée, avec Ignazio Gardella et Giovanni Michelucci

1955
Venise, Jardins de la Biennale : installation de la statue *La Partigiana* du sculpteur Leoncillo Leoncilli

1955-1957
Possagno (Trévise) : agrandissement de la Gypsothèque Canova

1956
Venise, XXVIIIe Biennale : Pavillon central, scénographie générale

1956-1957
Rome, Galerie nationale d'Art moderne, et Milan, Palazzo Reale : exposition de Piet Mondrian

1956-1958
Venise, place Saint-Marc : magasin Olivetti

1957-1960
Venise, Musée Correr : début de la réorganisation de la collection des peintures
Florence, Musée des Offices : aménagement du Cabinet des dessins et gravures, avec Edoardo Detti

1958
Venise, XXIXe Biennale : affiche et Pavillon central, scénographie générale de la « Section des artistes italiens » et des monographies de Georges Braque et Wols
Vérone, Musée de Castelvecchio : exposition *De Altichiero a Pisanello*

1958-1974
Vérone, Musée de Castelvecchio : réaménagement du musée

1959
Venise, Palazzo Grassi : exposition *Vitalità nell'Arte*
Vérone, Palazzo della Gran Guardia : exposition *Un siècle d'art du verre à Murano*

1960
Venise, XXXe Biennale : Pavillon central, scénographie générale, et expositions dont celles de Constantin Brancusi, du Futurisme, de Giovanni Guareschi, de Giovanni Korompay, de Francesco Somaini et de Erich Mendelsohn
Milan, Palazzo dell'Arte : exposition de Frank Lloyd Wright et exposition personnelle dans la section *Mostre personali di architettura*, XIIe Triennale

1961
Turin, Palazzo del Lavoro : *Il senso del colore e il dominio delle acque* dans le cadre de l'exposition *Italia 61*, Pavillon de la Vénétie
Vérone, Palazzo della Gran Guardia : exposition *Disegni di Vedova 1935-1950*, avec Arrigo Rudi

1961-1963
Venise, Fondation Querini Stampalia : pont d'accès, rez-de-chaussée avec salle d'exposition, jardin et escalier d'accès à la bibliothèque

1962
Venise, XXXIe Biennale : Pavillon central, entrée et scénographie générale
Trévise, Palais du Trecento : exposition de Cima da Conegliano

1962-1965
Venise : projets de transformation du Pavillon central de la Biennale

1963-1976
Trieste, Musée Revoltella : projets d'aménagement

1964
Venise, XXXIIe Biennale : Pavillon central, scénographie générale, notamment l'exposition *Arte d'oggi nei musei*
Venise, Musée Correr, aile Napoléon : exposition de Giacomo Manzù

1966
Venise, XXXIIIe Biennale : Pavillon central, scénographie générale, notamment l'exposition *Aspetti del primo astrattismo italiano, Milan-Como, 1930-1940* et les salles monographiques Lucio Fontana et Alberto Viani
Venise, Musée Correr, aile Napoléon : exposition de Giorgio Morandi

1966-1967
Munich, Neue Pinakothek : concours pour la reconstruction

1967
Montréal : Secteur de la Poésie, Pavillon italien, Expo 67
Trévise, Couvent de Sainte-Catherine : exposition d'Arturo Martini

1968
Venise : Jardins de la Biennale, Riva dei Partigiani : installation du *Monument à la Partigiana* du sculpteur Augusto Murer
Venise, XXXIVe Biennale : Pavillon central, entrée, mezzanine du Salon central et scénographie générale, notamment les

expositions *Linee della ricerca dall'informale alle nuove strutture, Quatro maestri del primo Futurismo italiano* et quatre monographies d'architecte dont la sienne

1969
Londres, Hayward Gallery : exposition *Frescoes from Florence*
Berkeley, Université de Californie : exposition *The Drawings of Erich Mendelsohn*

1970
Londres, Royal Academy of Arts : exposition de Giorgio Morandi

1971
Brescia, Château : aménagement du Musée des Armes

1971-1972
Vérone, Palazzo della Gran Guardia : projet de restauration

1972
Venise, XXXVIe Biennale : Pavillon central, scénographie générale, notamment l'exposition *Aspetti della scultura italiana contemporanea* et *Quattro progetti per Venezia*
Venise, Musée Correr, aile Napoléon : exposition *Capolavori della pittura del XX secolo (1900-1945)*

1972-1973
Venise, Ca' d'Oro : réorganisation de la Collection Franchetti (non achevé)

1973
Florence, Palais Strozzi : projet de musée d'Art moderne (attique et terrasse), avec Alvar Aalto, Ignazio Gardella, Hans Hollein, A. Irvine, Richard Meier et Giuseppe Michelucci
Venise, Musée Correr, aile Napoléon : exposition *Il ritratto di Venezia*
Venise, Fondazione Querini Stampalia : exposition *Le Corbusier puriste e il progetto di Pessac*
Milan, Rotonda di via Besana : exposition de Tancredi (conseiller)
Rome, Xe Quadriennale nazionale d'arte : conseil

1973-1974
Ferrare, Palais communal : exposition *Vitalità nel centro storico* (projet)

1973-1976
Messine, Galleria Nazionale d'Arte : projet, avec Roberto Calandra

1974
Venise, Palais Ducal : exposition *Venise et Byzance*
Trévise, Ca' da Noal : exposition de Gino Rossi
Londres, Heinz Gallery : exposition personnelle
Vicence, Basilique Paladienne : exposition personnelle

1974-1975
Trévise, Couvent de Sainte-Catherine : projet de « Museo civico »

1975
Venise, IUAV, Ca' Foscari : réaménagement de l'Aula Magna pour le trentième anniversaire de la Libération
Venise, Palazzo Grassi : exposition de Giuseppe Samonà, *50 anni di architettura*
Paris, Institut de l'Environnement, Université Paris-Vincennes : exposition personnelle

1976
Paris : consultation pour l'aménagement d'un Musée Picasso

1977
Venise, Ca' Pesaro : exposition d'Alberto Viani

1978
Madrid, Galerie ID : exposition personnelle
Rovigo, Accademia dei Concordi : exposition de Mario Cavaglieri

Bibliographie et expographie scarpienne de Philippe Duboÿ

Expositions (commissaire général)

— Carlo Scarpa, *Die andere Stadt/The Other City*, Museum für angewandte Kunst, Vienne, 1989-1990, accompagné d'un catalogue d'exposition publié par le Museum für angewandte Kunst, Vienne

— *Edoardo Detti (1913-1984), architecte et urbaniste : le dilemme du futur de Florence*, collaborations avec Carlo Scarpa, Assessorat à l'urbanisme de la province de Florence, Palais Medici Riccardi, Florence, 1993 ; itinérante au Département Urbanisme, Institut universitaire d'architecture de Venise (IUAV), Ca' Tron, Venise, 1994, accompagné d'un catalogue d'exposition publié par Electa, Milan

Expositions (comité scientifique)

— *Carlo Scarpa*, Galeries de l'Académie & Fondation Querini Stampalia, Venise, 1984

Livres et périodiques

— « Locus Solus, Carlo Scarpa et le cimetière de San Vito d'Altivole (1969-1975) », « Italie 75 », *L'Architecture d'aujourd'hui*, n°181, Paris 1974, p. 73-86
— Rédacteur en chef et articles « D'ailleurs c'est toujours les autres qui meurent » et « Errata-Courrier », *Carlo Scarpa*, numéro spécial, *AMC*, n°50, Paris 1979, p. 16-20
— « Carlo Scarpa, il reale assoluto », *Gran Bazaar*, n°10, Milan 1980, p. 136-143
— « Notice Carlo Scarpa », *Macmillan Encyclopedia of Architects*, New York 1982, vol. III, p. 672-673
— « Banca Popolare di Verona Head Offices », *GA–Global Architecture*, n°63, Tokyo 1983, n.p.
— « Il personaggio occultato », *Gran Bazaar*, n° 3/10, Milan 1983, p. 171
— « Scarpa/Matisse: cruciverba », *Carlo Scarpa, Opera completa*, Francesco Dal Co and Giuseppe Mazzariol (éds.), Electa, Milan 1984, p. 171-174
— « La tomba di Carlo Scarpa : Dio è nel particolare », *Gran Bazaar*, n°1/2, Milan 1984, p. 86-87
— « Carlo Scarpa, le cimetière de San Vito d'Altivole, Flectere si nequeo Superos, Acheronta movebo », *Cahiers de l'Energumène*, n°5, Paris 1985, p. 63-79

— Rédacteur en chef invité et article « Chronique d'un amour », *Carlo Scarpa*, numéro spécial, *Les Cahiers de la recherche architecturale*, n° 19, Marseille 1986, p. 8-11
— « Carlo Scarpa : L'Architecture d'abord ! », *Créer dans le Créé*, cat. exp., Centre Pompidou, Paris 1986, p. 14-16
— « Carlo Scarpa, selected drawings », *GA–Document*, n° 21, Tokyo 1988, n. p.
— « Dieses ist lange her. Die Grabanlage Brion von Carlo Scarpa », *Daidalos*, n° 38, Berlin 1990, p. 18-19
— « Dio è nel particolare », critique de *Carlo Scarpa, L'architetto e le arti. Gli anni della Biennale di Venezia (1948-1972)* de Orietta Lanzarini (éd. Marsilio), in *Carlo Scarpa. L'opera è la sua conservazione*, Archivio del Moderno, Accademia di Architettura, Venise 2004, p. 171-173
— « Passata la festa, gabbato lo santo ! La fortuna di Carlo Scarpa in Francia », *Studi su Carlo Scarpa 2000-2002*, Kurt Forster et Paola Marini (éds.), Marsilio, Venise, 2005, p. 351-369
— « Carlo Scarpa: lo Steri di Palermo », *Abitare*, n° 474, Milan, 2007, p. 118-119

Film

— Carlo Scarpa. *L'architecture peut-elle être poésie ?*, en collaboration avec Massimo Giacometti, Bureau de la recherche architecturale, Ministère de l'environnement, du logement, de l'aménagement du territoire et des transports (Recherche Corda, CERMA, Nantes), Paris, 1986

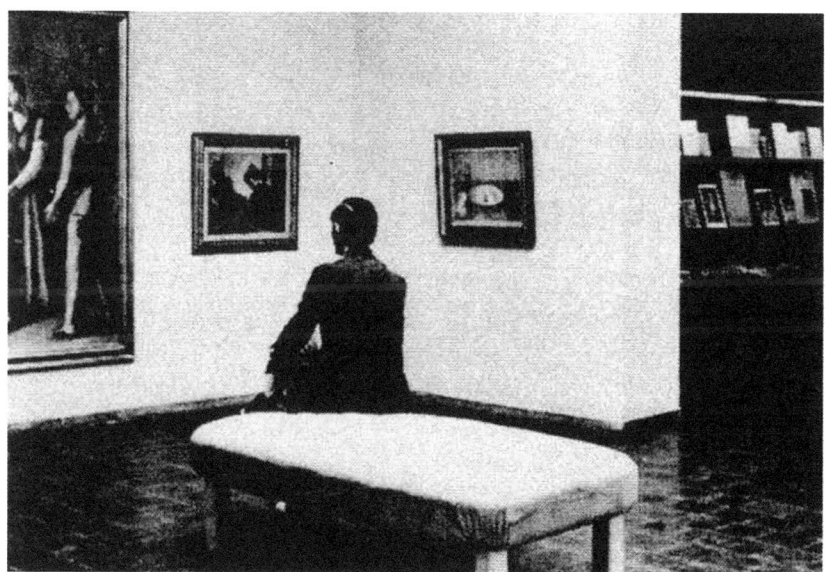

Carlo Scarpa, de dos, assis dans la Galerie du Cavallino qu'il vient d'aménager, Venise, 1942

Parti-pris éditorial

Le propos de ce livre est de privilégier les expériences de Carlo Scarpa muséographe dans le monde de l'art moderne et dans le domaine des expositions temporaires.

Les écrits de Scarpa sont rares – pour ne pas dire inexistants. Seuls témoignages de son travail : les derniers cours à l'Institut universitaire d'architecture de Venise, un petit nombre de conférences retranscrites, quelques entretiens enregistrés et une émission de télévision produite par la RAI en 1972, *Une heure avec Carlo Scarpa*, riche de propos et de documents, ici transcrite et publiée en français pour la première fois. Qu'il s'agisse de musées ou d'expositions, nous avons pris le parti de donner la priorité au point de vue des conservateurs, des historiens de l'art et des artistes qui ont travaillé avec Scarpa ou l'ont vu travailler, ou ont rédigé des comptes-rendus de ces expositions, fournissant ainsi une documentation de premier ordre.

Cette anthologie est guidée par le principe, cher à Le Corbusier, du synchronisme de l'image et de la parole : « Le lecteur s'imagine être dans une salle de conférence. [...] Il fait nuit ; sur l'écran défilent les images ; elles apparaissent avec précision au moment utile ; le conférencier développe sa thèse ; celle-ci se raccorde aux images. Par la typographie de ce livre, le lecteur se trouvera dans la situation de l'auditeur pour lequel cette conférence a été imaginée » (Le Corbusier, *Une Maison-Un Palais*, Connivences, Paris 1989, p. 1). Des légendes accompagnant les dessins ou les photographies des installations et dispositifs d'exposition guident la lecture des images.

Pour l'iconographie, nous avons donné la priorité aux dessins de Carlo Scarpa, empruntés aux Archives Carlo Scarpa (MAXXI–Collezione Architettura, Rome ; Archivio di Stato, Trévise), au Musée de Castelvecchio (Vérone), au Centro internazionale di studi di architettura/CISA Andrea Palladio (Vicence), aux Archives Dino Gavina (Bologne), aux Archives du Cavallino (Venise), au Musée Picasso (Paris), au Stedelijk Museum (Amsterdam), à des archives privées, enfin aux archives personnelles de Tobia Scarpa (Mogliano Veneto) où nous avons pu consulter la bibliothèque de Carlo Scarpa.

La documentation photographique provient des Archives Carlo Scarpa (MAXXI–Collezione Architettura, Rome ; Archivio di Stato, Trévise), des photographes Ugo Mulas et Guido Guidi, du fonds Ferruccio Leiss des Archives Alinari (Florence) et Roger Viollet (Paris), des archives de la Biennale de Venise (ASAC), des archives de la revue *Domus* (Mark E. Smith).

Nous remercions Gabriel Orozco de nous avoir autorisés à reproduire la photographie de son œuvre *Shade Between Rings of Air* exposée à la Biennale de Venise en 2003.

Philippe Duboÿ

Note sur l'auteur

Philippe Duboÿ est architecte, historien de l'art et professeur d'histoire de l'architecture et de l'urbanisme. Assistant de Carlo Scarpa à l'occasion du concours pour l'aménagement de l'Hôtel Salé à Paris en Musée Picasso (1976), il a rassemblé les archives Scarpa à sa mort (voir le numéro spécial de la revue *AMC* et celui des *Cahiers de la recherche architecturale*) et présenté, à l'occasion de l'exposition *Die andere Stadt/The Other City* au Museum für angewandte Kunst de Vienne (1989-1990), la totalité des dessins de Scarpa pour la Tombe Brion.

Parmi ses publications : *Lequeu, une énigme* (parue en 1986 en anglais chez Thames and Hudson et MIT Press ; en français chez Hazan en 1987) ; (dir.) Le Corbusier, *Croquis de voyages et Études*, La Quinzaine/Louis Vuitton, Paris 2009. Il dirige la collection « Histoires et Théories de l'Architecture » aux éditions in folio dans laquelle il a publié en 2005 *Construire en fer* d'Alfred Gotthold Meyer et *L'Architecture moderne* d'Alan Colquhoun.

Remerciements

Nous tenons à remercier particulièrement Orietta Lanzarini et Carla Sonego de leur précieuse collaboration sans laquelle cet ouvrage n'aurait pas vu le jour. Nos remerciement s'adressent également aux archivistes de Carlo Scarpa, en particulier à Elena Tinacci (Archives Carlo Scarpa, MAXXI–Collezione Architettura, Rome), à Maria Pia Barzan (Centro Carlo Scarpa, Archivio di Stato, Trévise), à Paola Marini et Alba Di Lieto (Musée de Castelvecchio, Vérone), à Guido Beltramini et Elisabetta Michelato (Photothèque Carlo Scarpa, CISA Andrea Palladio, Vicence), à Elena Brigi et Sandra Gavina (Archives Dino Gavina, Bologne), à Angelica Cardazzo (Archives du Cavallino, Venise), à Matteo Zannoni (Archivio Storico Luce, Rome), à Alessandra Biagianti et Francesca Cappellini (Archives Alinari, Florence), à Ferruccio Luppi (Fondation Piero Portaluppi, Milan), à Carmen Figini (Archives Domus, Milan), à Ad Petersen et Carolien Glazenburg (Stedelijk Museum, Amsterdam), à Luca Massimo Barbero pour la recherche des dessins de Lucio Fontana pour la Biennale de Venise de 1966, et enfin à Giovanni Pasinetti, l'un des fidèles et exceptionnels artisans collaborateurs de Scarpa.

Un remerciement particulier à Tobia et Carlotta Scarpa qui m'ont éclairé tout au long de l'élaboration de cette recherche patiente ainsi qu'à Stanislas et Pauline de Laboulaye pour m'avoir reçu à Rome, lors de mon séjour au MAXXI, dans leur merveilleuse résidence. Sans oublier les conseils judicieux de mes amis et proches : Alberta Bianchin, Marilù Cantelli, Florence Derieux, Guido Guidi, Luigi Guzzardi, Hélène Klein, Mario Lupano, Eleonora Mantese, Giorgio Mastinu, Luciana Miotto, Paola Scaramuzza, Franca Semi, Roberto Zancan et Adachiara Zevi.

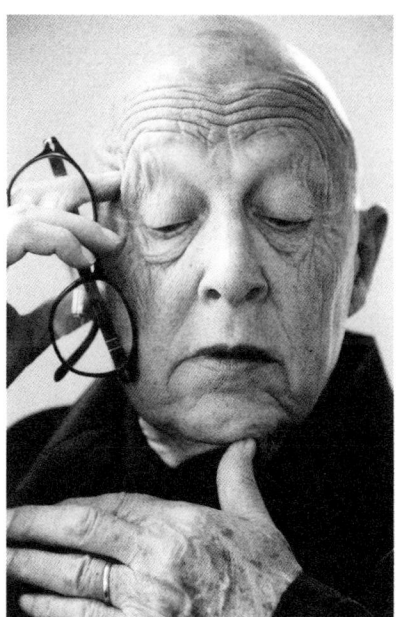

Philippe Duboÿ, 2014

Photographie de Carlotta Manaigo

Note sur la collection

Créée à l'initiative de l'association des Amis de La maison rouge pour soutenir l'action de la Fondation Antoine de Galbert, la collection « Lectures maison rouge » est aujourd'hui intégrée à la fondation.

Conçue et dirigée par Patricia Falguières, elle s'est donné pour objectif de susciter et de traduire des textes d'artistes, de critiques et d'historiens de l'art qui interrogent l'histoire de l'art contemporain, du collectionnisme et de l'exposition.

Chaque ouvrage est confié à une personnalité du monde de l'art et de l'architecture qui en suit l'élaboration et l'enrichit d'une préface et d'un appareil de notes.

Le premier titre de la collection, *White Cube – L'espace de la galerie et son idéologie* par Brian O'Doherty, a mis à la disposition du public, des artistes, critiques, curateurs, collectionneurs et étudiants en histoire de l'art, un ouvrage de référence, « l'une des plus heureuses trouvailles de la littérature artistique, tous siècles confondus » (Patricia Falguières).

Le second ouvrage, *Le Grand Déchiffreur – Richard Hamilton sur Marcel Duchamp. Une sélection d'écrits, d'entretiens et de textes*, dirigé par Corinne Diserens et Gesine Tosin, a permis au public français de découvrir le dialogue intense et érudit unissant Marcel Duchamp à Richard Hamilton – offrant ainsi un corpus inédit pour comprendre l'œuvre de ces deux artistes ayant bouleversé les données de l'expérience esthétique au vingtième siècle.

Le troisième ouvrage, *Huit textes, vingt-trois entretiens (1965-2009)*, dirigé par Jean-Pierre Criqui, regroupe une sélection d'écrits et d'entretiens avec Ed Ruscha, laquelle offre un éclairage fascinant et détaillé sur un artiste, à la fois peintre, dessinateur, graveur, photographe, cinéaste et concepteur de publications qui transformèrent radicalement la notion de livre d'artiste, et dont l'œuvre compte parmi les plus importantes du siècle dernier.

En 2012, la publication de l'ouvrage polyphonique *Autoportrait* de Carla Lonzi, préfacé et édité par Giovanna Zapperi, a permis aux amateurs français de découvrir cette figure indissociable de l'histoire culturelle, sociale et politique de l'Après-guerre ; et de plonger dans un montage textuel d'une nature inédite et indéniablement enrichissante pour tous ceux que la « fabrique de l'art » intéresse.

Intitulé *Carlo Scarpa – L'Art d'exposer*, le cinquième volume de la collection offre l'occasion unique, grâce à Philippe Duboÿ, l'un des meilleurs connaisseurs de son œuvre, de comprendre la pensée et les réalisations en matière d'expositions temporaires et de réaménagements muséaux de l'architecte italien, aujourd'hui au panthéon des muséographes.

En 2016, la publication de *Hubert Damisch & Jean Dubuffet – Entrée en matière*, dirigée par Sophie Berrebi, a montré la richesse d'un parcours intellectuel et artistique croisé, d'une relation érudite, faite de ruptures et d'un respect mutuel, entre une figure majeure de l'art du vingtième siècle, Jean Dubuffet, et un historien de l'art philosophe, Hubert Damisch.

Paru en 2017, *Ce que le sida m'a fait – Art et activisme à la fin du XXe siècle* d'Elisabeth Lebovici revient, avec le point de vue privilégié de l'auteure, sur les « années sida », cette période d'une créativité artistique et activiste née de l'urgence de vivre et du combat pour la reconnaissance de tous·tes.

Chaque volume bénéficie du parrainage d'un membre de l'association des Amis de La maison rouge. Cette formule offre aux collectionneurs la possibilité de s'engager personnellement en faveur de la création contemporaine et d'associer leur nom à l'enrichissement du débat critique.

La maison rouge renouvelle ses remerciements à Pierre Vollaire pour son fidèle soutien à la collection.

Directrice de collection
Patricia Falguières

Responsable éditorial
Pauline de Laboulaye

Directeur d'ouvrage
Philippe Duboÿ

Coordination éditoriale
Clément Dirié, Pauline de Laboulaye, Anne de Margerie

Traduction de l'italien
Françoise Liffran pour *Une heure avec Carlo Scarpa*

Conception graphique
no-do pour JRP|Ringier

Graphisme
Vera Kaspar, JRP|Ringier

Caractère typographique
NuSwift

Intérieur de couverture
Carlo Scarpa et la *Statue de Sainte Cécile*, Musée de Castelvecchio, Vérone ; Archives Ugo Mulas (Milan). Photo: Ugo Mulas Salle de l'exposition d'Alberto Viani, XXIXe Biennale de Venise, 1958 ; Archives Alinari (Florence)/© Alinari/Roger-Viollet. Photo: Ferruccio Leiss

Crédits photographiques
Archives Alinari (Florence)/© Alinari/Roger-Viollet. Photo: Ferruccio Leiss: p. 142; Archives Carlo Scarpa, MAXXI–Collezione Architettura (Rome) & Centro Carlo Scarpa, Archivio di Stato (Trévise): p. 46, 61-63; Archives Carlo Scarpa, MAXXI–Collezione Architettura (Rome): p. 84, 184, 197, 214, 217; Archives Carlo Scarpa, Musée de Castelvecchio (Vérone): p. 188, 205; Archives Casabella (Milan): p. 183; Archives Dino Gavina (Bologne): p. 162, 165, 166, 167; Archives Domus/Mark E. Smith (Milan): p. 202; Archives Guido Guidi: p. 180, 187, 189; Archives La Biennale de Venise/ASAC (Venise): p. 92, 94, 102, 109, 112, 114, 117, 220h; Archives Luce (Rome): p. 96; Archivio del Cavallino (Venise): p. 131h; Archives Musée Picasso (Paris): p. 208, 211; © Carlotta Manaigo: p. 237; Centro Carlo Scarpa, Archivio di Stato (Trévise): p. 89, 110-111, 122b, 125, 146, 149, 150, 152, 153, 154, 155, 156, 158, 159, 170, 173, 176; Collection Alberto Bassi: p. 14b; Collection Philippe Duboÿ: p. 57, 208, 211, 223; Collections privées: p. 105, 107, 175; Courtesy de Gabriel Orozco et Galerie Marian Goodman (Paris/New York): p. 220b; D.R.: p. 6 , 8, 13, 14, 19, 23, 24, 27, 28, 69, 70, 76, 78, 83, 98, 101, 104, 122h, 126, 128, 130, 131b, 132, 135, 138, 235; Edgar Hyman/ACS: p. 35; Fondation Piero Portaluppi (Milan): p. 86-87; Photothèque Carlo Scarpa, Centro internazionale di studi di architettura (CISA) Andrea Palladio (Vicence) & Archives Carlo Scarpa, Musée de Castelvecchio (Vérone): p. 187, 189

Fabrication
Présence graphique, France

Fabriqué en Europe

Tous droits réservés. Toute représentation ou reproduction, intégrale ou partielle, faite par quelque moyen que ce soit, sans l'autorisation préalable et écrite de l'éditeur constitue une contrefaçon sanctionnée par les articles L. 335 - 2 et suivants du Code de la propriété intellectuelle.

© 2014, Association des Amis de La maison rouge, La maison rouge et JRP|Ringier Kunstverlag AG

© 2017, pour la présente édition

Cette publication a bénéficié du soutien du Centre National des Arts Plastiques (Ministère de la Culture et de la Communication), aide à l'édition.

Édité par
JRP|Ringier
Limmatstrasse 270
CH – 8005 Zurich
Tel. +41 (0) 43 311 27 50
Fax +41 (0) 43 311 27 51
www.jrp-ringier.com
info@jrp-ringier.com

En coédition avec La maison rouge,
Fondation Antoine de Galbert, Paris
10, boulevard de la Bastille
F – 75012 Paris
Tél. + 33 1 40 01 08 81
www.lamaisonrouge.org
info@lamaisonrouge.org

ISBN 978-3-03764-266-5

Titres parus
Brian O'Doherty, *White Cube – L'espace de la galerie et son idéologie*, ouvrage dirigé par Patricia Falguières, 2008

Richard Hamilton, *Le Grand Déchiffreur – Richard Hamilton sur Marcel Duchamp. Une sélection d'écrits, d'entretiens et de textes*, ouvrage dirigé par Corinne Diserens et Gesine Tosin, 2009

Ed Ruscha, *Huit textes, vingt-trois entretiens (1965-2009)*, ouvrage dirigé par Jean-Pierre Criqui, 2010

Carla Lonzi, *Autoportrait*, ouvrage dirigé par Giovanna Zapperi, 2012

Hubert Damisch & Jean Dubuffet – *Entrée en matière*, ouvrage dirigé par Sophie Berrebi, 2016

Elisabeth Lebovici, *Ce que le sida m'a fait – Art et activisme à la fin du XXe siècle*, 2017

Les titres publiés par JRP|Ringier sont disponibles dans le réseau international de librairies spécialisées et sont distribués par les partenaires suivants :

— Suisse
AVA Verlagsauslieferung AG
Centralweg 16
CH – 8910 Affoltern a.A.
verlagsservice@ava.ch
www.ava.ch

— Allemagne et Autriche
Vice Versa Distribution GmbH
Potsdamer Str. 93
D – 10785 Berlin
info@vice-versa-distribution.com
www.vice-versa-distribution.com

— France
Les presses du réel
35, rue Colson
F – 21000 Dijon
info@lespressesdureel.com
www.lespressesdureel.com

— Angleterre et autres pays d'Europe
Cornerhouse Publications HOME
2 Tony Wilson Place
UK – Manchester M15 4FN
publications@cornerhouse.org
www.cornerhousepublications.org

— États-Unis, Canada, Asie et Australie
ARTBOOK|D.A.P.
75 Broad Street, Suite 630
US – New York, NY 10004
orders@dapinc.com
www.artbook.com

Pour obtenir une liste de nos librairies-partenaires dans le monde ou pour toute autre question, contactez JRP|Ringier directement à info@jrp-ringier.com, ou visitez notre site Internet www.jrp-ringier.com pour plus d'informations sur la compagnie et le programme éditorial.